新时代金融工作的探索与认识

EXPLORATION AND UNDERSTANDING
OF FINANCIAL WORK IN THE NEW ERA

—— 陈四清◎著 ——

中国金融出版社

责任编辑：李　融　李林子
责任校对：卓　越
责任印制：程　颖

图书在版编目（CIP）数据

新时代金融工作的探索与认识／陈四清著．－－北京：中国金融出版社，2025. 6 －－ ISBN 978 － 7 － 5220 － 2807 － 1

Ⅰ. F832 － 53

中国国家版本馆 CIP 数据核字第 2025PL9079 号

新时代金融工作的探索与认识

XINSHIDAI JINRONG GONGZUO DE TANSUO YU RENSHI

出版　**中国金融出版社**
发行

社址　北京市丰台区益泽路 2 号
市场开发部　（010）66024766，63805472，63439533（传真）
网 上 书 店　www. cfph. cn
　　　　　　　（010）66024766，63372837（传真）
读者服务部　（010）66070833，62568380
邮编　100071
经销　新华书店
印刷　涿州市般润文化传播有限公司
尺寸　169 毫米×239 毫米
印张　19. 125
字数　245 千
版次　2025 年 6 月第 1 版
印次　2025 年 10 月第 3 次印刷
定价　86. 00 元
ISBN 978 － 7 － 5220 － 2807 － 1
如出现印装错误本社负责调换　联系电话（010）63263947

序

中国式现代化与国有商业银行的责任

一

金融是现代经济的核心，推进中国式现代化离不开金融的关键支撑。党的十八大以来，以习近平同志为核心的党中央把马克思主义金融理论同当代中国具体实际相结合、同中华优秀传统文化相结合，深刻把握中国特色社会主义金融本质，借鉴吸收各国金融发展经验，积极探索新时代金融发展规律，持续推进我国金融实践创新、理论创新、制度创新，成功走出一条中国特色金融发展之路。

在2023年10月底召开的中央金融工作会议上，习近平总书记用"八个坚持"深刻阐明了中国特色金融发展之路的基本要义。这"八个坚持"明确了金融工作怎么看、怎么干，既有世界观又有方法论；既是新时代我国金融改革发展实践的经验升华，更是推进我国金融高质量发展和长治久安的根本之策，将我们党对金融发展规律的认识提升到了新高度。

在 2024 年初举行的省部级主要领导干部推动金融高质量发展专题研讨班开班式上，习近平总书记进一步阐释了中国特色金融发展之路的内涵，深刻回答了什么是金融强国、怎样建设金融强国等重大理论和实践问题，提出金融强国应当具备"六大关键核心金融要素"，强调要加快构建中国特色现代金融体系，培育中国特色金融文化，为推进金融高质量发展、建设金融强国进一步指明了方向。

国有商业银行作为我国金融体系的重要组成部分，是服务实体经济的主力军和维护金融稳定的压舱石。新时代新征程上，国有商业银行如何把准职能职责、找准变革方向、谋准发展路径，走稳走好中国特色金融发展之路，不仅事关自身发展，也关系中国式现代化和金融强国建设全局。

二

党的二十大报告指出，中国式现代化是中国共产党领导的社会主义现代化，既有各国现代化的共同特征，更有基于自己国情的中国特色。中国式现代化是人口规模巨大的现代化，是全体人民共同富裕的现代化，是物质文明和精神文明相协调的现代化，是人与自然和谐共生的现代化，是走和平发展道路的现代化。中国式现代化的本质要求是：坚持中国共产党领导，坚持中国特色社会主义，实现高质量发展，发展全过程人民民主，丰富人民精神世界，实现全体人民共同富裕，促进人与自然和谐共生，推动构建人类命运共同体，创造人类文明新形态。中国式现代化的中国特色与本质要求，为新时代金融改革发展指明了方向。

必须把维护党中央集中统一领导作为根本要求，突出金融工作的政治性。中国式现代化是中国共产党领导的社会主义现代化，坚持和加强党的全面领导是推进中国式现代化的首要原则。金融事关经济发展和国家安全，事关人民群众安居乐业，只有坚持党中央集中统一领导，才能确保金融改革发展方向正确，才能真正实现金融高质量发展。要把落实党中央决策部署作为首要任务，健全机制、加强督导、形成闭环，确保落地见效、形成生动实践。要提高政治判断力、政治领悟力、政治执行力，善于从政治上看问题、干工作，坚决扛起服务"国之大者"的金融职责。

必须深入践行以人民为中心的发展思想，强化金融工作的人民性。人民性是马克思主义的本质属性，推进中国式现代化必须坚持以人民为中心的发展思想。党的金融事业起于为人民服务、兴于为人民服务，必须充分体现人民性，努力满足人民群众日益增长的优质金融服务需求。要聚焦人民群众最关心最直接最现实的利益问题，聚焦人民群众急难愁盼问题，持续丰富高质量金融供给，不断提高金融服务的可及性和便利度。增强金融资源在城乡、区域、人群之间配置的均衡性，促进城乡区域协调发展，助力缩小收入差距，在推进共同富裕中展现更大金融价值。

必须全力服务高质量发展，构建更加适配新发展格局的金融发展模式。高质量发展是全面建设社会主义现代化国家的首要任务。推进高质量发展，必须贯彻新发展理念、加快构建新发展格局。金融要充分发挥优化资源配置的功能作用，聚焦高质量发展重点领域和薄弱环节，拿出助力补短板、强弱项、固底板、扬优势的新思路新举措，提升金融服务质效。要把服务扩大内需战略同深化金融供给侧结构性改革有机结合起来，发挥好金融贯通产业链、连接国内外的纽带作用，助力畅通国内国际双循环。把服务制造业发展摆在更重要的位置，面向稳链强链、产业升级，打造更具适应性、竞争力和普惠性的金融体系。

必须加大对科技创新的支持力度，助力提升科技自立自强水平。教育、科技、人才是全面建设社会主义现代化国家的基础性、战略性支撑。走好新时代新征程，实现科技自立自强至关重要。金融必须把服务科教兴国战略、人才强国战略、创新驱动发展战略贯通起来，助力我国科技加快实现从量的积累到质的飞跃、从点的突破到系统能力的提升。要完善金融服务科技创新的机制和模式，增强对基础学科、前沿科技、国家重大战略需求、人民生命健康等领域的服务能力，助力开辟新领域、新赛道。将优势金融资源优先投入创新环境较优的重点区域、外溢效应较高的重点行业、民生覆盖度较强的重点项目，以点带面、以面拓域，助力塑造发展新动能、新优势。

必须积极促进人与自然和谐共生，不断丰富绿色金融产品和服务供给。尊重自然、顺应自然、保护自然，是全面建设社会主义现代化国家的内在要求。我们必须牢固树立和践行绿水青山就是金山银山的理念，站在人与自然和谐共生的高度，谋划推进绿色金融发展。要积极顺应生产生活方式低碳转型要求，前瞻调整投融资布局，引导撬动各类资源流向绿色低碳循环经济领域。统筹考虑产业结构调整、污染治理、生态保护、应对气候变化，全面推进绿色金融体系建设，系统运用债券、基金、保险、碳金融等工具，加快发展绿色金融市场，助力推进碳达峰碳中和。

必须把防范化解金融风险作为永恒主题，以金融稳定维护国家安全社会稳定。国家安全是民族复兴的基石，社会稳定是国家强盛的前提。党的二十大报告明确要求，强化金融稳定保障体系，依法将各类金融活动全部纳入监管，守住不发生系统性风险底线。我们必须从总体国家安全观的高度去认识和把握金融风险，坚持底线思维、极限思维，增强忧患意识，不断完善全面风险管理体系，提升风险防控的整体性和有效性。前瞻性地应对外部形势变化和突发事件冲击，精准把握风险应对的力度和节奏，确保风险应对走在市场曲线前面，以实际行动维护金融长治久安。

三

推进中国式现代化，必须建设金融强国；建设金融强国，离不开一批强大的金融机构作支撑。国有商业银行基础好、业务广、体量大，是金融服务中国式现代化责无旁贷的中坚力量。要深入学习贯彻习近平新时代中国特色社会主义思想，特别是习近平经济思想金融篇，完整、准确、全面贯彻新发展理念，坚持金融工作的政治性、人民性，坚定不移走中国特色金融发展之路，围绕推动经济社会高质量发展、构建新发展格局、促进共同富裕等强化优质金融供给，为推进中国式现代化作出更大贡献。

——强化党中央的集中统一领导。始终在思想上政治上行动上同以习近平同志为核心的党中央保持高度一致，忠诚拥护"两个确立"，增强"四个意识"、坚定"四个自信"、做到"两个维护"，推动习近平总书记重要讲话精神和党中央决策部署不折不扣落实到位。坚持按党的方针办金融、按党的纪律管银行，在完善公司治理中加强党的领导，充分发挥党委把方向、管大局、保落实作用，有效激活各类治理主体作用，使党的领导政治优势、制度优势不断转化为自身发展优势、治理优势。

纵深推进全面从严治党，全面强化"严"的氛围，持续深化纪检监察体制改革，持之以恒正风肃纪反腐，强化金融反腐与金融风险处置有机衔接，一体推进不敢腐、不能腐、不想腐，坚决打好反腐败斗争攻坚战、持久战、总体战。坚持党管干部、党管人才，全面落实新时代党的组织路线，建设忠诚干净担当的高素质专业化金融干部人才队伍，为金融高质量发展提供坚实人才保障。

——提高金融服务新发展格局的能力。坚持金融服务实体经济的宗旨，按照国家发展规划的战略导向，积极传导宏观调控政策，统筹投融资总量、投向、节奏、价格，更好发挥金融在稳投资、促消费方面的积极作用，服务好扩大内需战略。综合运用直接融资和间接融资工具，保障现代化基础设施体系、国家重大战略项目融资需求。落实城乡协调和区域协调发展部署，做好乡村振兴金融服务，推动优化重大生产力布局，更好满足以人为核心的新型城镇化金融需求。

以金融供给侧结构性改革为主线，支持建设现代化产业体系。大力支持传统制造业升级、先进制造业发展和专精特新企业成长壮大，提高中长期和信用贷款比重，推动制造业高端化、智能化、绿色化发展。以供应链、信息链带动资金链，推动构建优质高效的服务业新体系。加大绿色信贷投放，完善支持绿色发展的金融政策和标准体系，协同推进降碳、减污、扩绿、增长。主动融入新型举国体制，发挥综合服务优势，用好数据资源要素，支持科技型骨干企业和科技型中小微企业发展，提高服务科技自立自强的能力和水平。

落实金融开放政策措施，与时俱进深化全球金融合作，积极以金融力量联通两个市场、畅通内外循环。围绕共建"一带一路"高质量发展、金砖经济合作、新工业革命伙伴关系构建等重点领域，优化金融资源配置，提升全方位服务水平。打造全球产业金融服务体系，增强对稳链强链、初级产品供给保障等领域的服务能力。主动参与国际金融治理，助力我国提升在全球金融体系中的话语权。

坚持以人民为中心的发展思想，把金融活水更多引入经济的"神经末梢"和千家万户，促进实现共同富裕。大力发展科技金融、数字普惠，用好用活各类纾困政策工具，支持中小企业、个体工商户、灵活就业群体，推动普惠金融增量、扩面、提质、降本。提高财富管理水平，丰富发展"第三支柱"养老金融产品，提供更多低门槛的保值增值金融工具，增加城乡居民财产性收入。坚持"房子是用来住的，不是用来炒的"的定位，围绕多主体供给、多渠道保障、租购并举的住房制度，建立新型房地产金融服务模式，促进房地产市场平稳健康发展。

——统筹好发展和安全。坚持总体国家安全观，从维护政治安全、经济安全的高度防范化解风险，持续加固风险防线，牢牢守住不发生系统性风险的底线。把各类金融活动全部纳入管理视野，强化总行分行、境内境外、表内表外、线上线下、商业银行子公司的风险一体化管理，不断提升风险管理整体性、统一性、有效性和前瞻性。紧盯金融市场、资产管理、网络信息安全等新兴领域的风险，全力维护金融稳定，服务构建新安全格局。

辩证看待不良贷款化解处置与支持经济转型升级之间的关系，既发挥好金融发现价值、配置资源、分散风险的作用，也善于在服务经济转型升级中改善资产质量。坚持专业化、市场化、集中化的原则，统筹谋划，分类施策，多措并举，综合采用市场化债转股、批量处置、破产重组等方法，提升不良资产化解效率和水平。

提升合规反洗钱能力，做好汇款、清算以及代理行准入等环节的反洗钱风险管控，着力提升反金融制裁能力。狠抓内部控制、尽职调查、关键人员、培训、内部审计等重点领域，加强合规反洗钱人才队伍建设，加大科技手段应用力度，提升全球反洗钱工作合规水平。

——持续深化改革创新。树牢正确的业绩观，把维护经济金融安全纳入管理目标，围绕做强做优做大，提高发展平衡协调可持续性，坚定不移走好质量第一、效率优先、创新引领的内涵式发展道路。改变资本消耗过大的传统经营模式，调整业务结构，重视"风险、资本、收益"的匹配，大力发展中间业务、零售等轻资本业务。在内部管理上，以经济资本等风险管理工具为核心，推动资本管理、风险管理和资产负债管理的协同和融合。

推动科技与业务深度融合，坚持高标定位、系统推动，聚焦数字化运营、营销、风控等，形成更有辨识度、更有影响力的成果。强化关键金融基础设施自主可控，提高网络安全防控水平，加强数据安全和客户隐私保护。压实数据安全责任，强化数据全生命周期管理，为数字化转型提供坚强支撑。

四

当前，世界百年未有之大变局加速演进，新一轮科技革命和产业变革深入发展，国际力量对比深刻调整，党和国家需要解决的矛盾和问题比以往更加错综复杂。同时，我国发展面临新的战略机遇，具备了更为坚实的物质基础、更为完善的制度保障，比历史上任何时期都更接近、更有信心和能力实现中华民族伟大复兴的目标。

放眼全球，世界之变、时代之变、历史之变的特征更加明显。一方面，国际形势不稳定不确定性明显增加，世纪疫情影响深远，逆全球化思潮抬头，世界经济复苏乏力，局部冲突和动荡频发，全球性问题加剧，世界进入新的动荡变革期。人口老龄化、绿色转型、全球产业链调整等，将从长周期上增加全球经济运行成本，倒逼市场主体和金融机构加快经营变革、提高运营效率。另一方面，和平、发展、合作、共赢的历史潮流不可阻挡，人心所向、大势所趋决定了人类前途终归光明。习近平总书记发出的全球发展倡议、全球安全倡议、全球文明倡议得到广泛认可，共建"一带一路"高质量推进，金砖国家务实合作不断取得新成效，人类命运共同体理念深入人心，为驱散逆全球化阴霾提供了强大动力。

环顾国内，发展方向、发展格局、发展动力的基础正在重塑。经济发展本质是人的发展，是追求有效益、有质量、可持续的经济发展，全体人民可共享发展成果。从经济发展规律来看，大国经济的特征都是以内需为主导、内部可循环，我国加快构建以国内大循环为主体、国内国际双循环相互促进的新发展格局，是适应新发展阶段的必然选择。这就要求把国家和民族发展放在自己力量的基点上、把中国发展进步的命运牢牢掌握在自己手中，使科技成为第一生产力、人才成为第一资源、创新成为第一动力，不断开辟发展新领域新赛道，塑造发展新动能新优势。

立足金融，资金流、技术流、数据流相互融合的态势加快形成。在市场主体行为持续演化的背景下，源头资金向下流转加快，以核心企业为关键节点的供应链金融生态加速形成，需要金融机构形成更加完整的客户生态体系。金融与科技融合从未如此迅速，数据、场景、生态、平台成为银行经营的关键词，金融生态和价值链条正在加快重构。数据成为金融数字化转型的关键要素，正在推动经营模式、组织模式、治理模式乃至思维方式、决策方式发生基础性、全局性和根本性改变。

五

推进中国式现代化是当下中国的鲜活实践。在世界百年变局与民族复兴伟业的交织震荡中，金融改革发展的外部环境和约束条件不断变化，金融自身的生产函数也在不断变化。在这种形势下，国有商业银行要走好中国特色金融发展之路，以自身高质量发展支撑金融高质量发展、服务中国式现代化，有大量理论问题、实践问题、专业问题需要研究和破解。作为金融工作者，我们对这个问题一直高度关注，做了一些观察和思考，并积极推动相关的探索和实践。本书中有的观点不一定准确，欢迎批评指正。

目录

第一篇
坚持和加强党对金融工作的
全面领导

奋力谱写金融服务中国式现代化新篇章[*]

党的二十大是在全党全国各族人民迈上全面建设社会主义现代化国家新征程、向第二个百年奋斗目标进军的关键时刻召开的一次十分重要的大会。习近平总书记所作的党的二十大报告，全面总结了过去五年的工作和新时代十年的伟大变革，深刻阐述了开辟马克思主义中国化时代化新境界等重大问题，鲜明提出了新时代新征程中国共产党人的使命任务，对全面建设社会主义现代化国家、全面推进中华民族伟大复兴进行了战略谋划，对未来一个时期党和国家工作作出全面部署，是党团结带领全国各族人民夺取中国特色社会主义新胜利的政治宣言和行动纲领。认真学习贯彻党的二十大精神，更好地以金融力量服务中国式现代化，是国有大行当前和未来一个时期的首要政治任务。

深刻认识中国式现代化的理论意义和实践意义

习近平总书记在参加党的二十大广西代表团讨论时强调，学习贯彻党的二十大精神，要牢牢把握过去 5 年工作和新时代 10 年伟大变革的重大意义，牢牢把握新时代中国特色社会主义思想的世界观和方法论，牢牢把握以中国式现代化推进中华民族伟大复兴的使命任务，牢牢把握以伟大自我革命引领伟大社会革命的重要要求，牢牢把握团结

---

* 本文发表于《中国金融》，2022 年第 21 期，个别文字较原文略有改动。

奋斗的时代要求。习近平总书记的重要论述，为我们学深悟透党的二十大精神提供了根本遵循。

坚持以中国式现代化推进中华民族伟大复兴，是党的二十大的重大理论创新和实践创新。新时代新征程上推进中国式现代化，最紧要的是深刻领悟"两个确立"的决定性意义，增强"四个意识"、坚定"四个自信"、做到"两个维护"，自觉在思想上政治上行动上同以习近平同志为核心的党中央保持高度一致。习近平总书记在党的二十大报告中，深刻阐释了中国式现代化的中国特色和本质要求，为全面建设社会主义现代化国家提供了理论指引和行动指南。

中国式现代化为建设现代化国家指明了方向。马克思主义唯物史观认为，现代化是人类社会向更高文明层次变迁的过程，并首先表现为生产力的现代化。第二次世界大战后发展中国家的现代化经验表明，现代化没有绝对的范式，必须结合自身国情和社会历史特征确定发展道路。我们党始终坚持立足中国国情和发展阶段推进现代化建设。进入新时代以来，以习近平同志为核心的党中央统筹中华民族伟大复兴战略全局和世界百年未有之大变局，统揽伟大斗争、伟大工程、伟大事业、伟大梦想，确立社会主义现代化强国的新"两步走"战略，统筹推进"五位一体"总体布局，协调推进"四个全面"战略布局，使中国式现代化得到前所未有的推进和拓展。党的二十大在总结实践经验基础上，对中国式现代化理论内涵和实践要求作出深刻阐释，必将引领我国社会主义现代化建设不断开辟新境界。

中国式现代化为建设现代化经济体系指明了方向。国家强，经济体系必须强。只有形成现代化经济体系，才能更好地顺应现代化发展潮流和赢得国际竞争主动，才能为其他领域现代化提供有力支撑。以习近平同志为核心的党中央在领导和推进中国式现代化过程中，高度重视构建现代化经济体系，着力建设创新引领、协同发展的产业体系，统一开放、竞争有序的市场体系，体现效率、促进公平的收入分配体系，彰显优势、协调联动的城乡区域发展体系，资源节约、环境友好的绿色发展体系，充分发挥市场作用、更好发挥政府作用的经济体制。我国现代化经济体系符合中国国情、具有中国特色，为我国经济迈上更高质量、更有效率、更加公平、更可持续、更为安全的发展之路提供了有力支撑。党的二十大进一步明确了建设现代化经济体系的路径和重点，强调要构建高水平社会主义市场经济体制、建设现代化产业体系等，必将推动我国经济发展不断迸发新活力、开创新局面。

中国式现代化为建设现代金融体系指明了方向。金融体系决定一个国家资金的供给效率和供给成本，影响着经济发展的质量、效率和可持续性。建设现代金融体系，是建设现代化经济体系的题中之义。党的十八大以来，以习近平同志为核心的党中央高度重视金融工作，强调金融工作的政治性、人民性，强调走中国特色金融发展之路，明确金融服务实体经济、防控金融风险、深化金融改革三项任务，推动健全具有高度适应性、竞争力、普惠性的现代金融体系。党的二十大对建设现代化经济体系作出了新部署，要紧紧围绕建设现代化产业体系、市场体系、区域发展体系、绿色发展体系等，持续健全现代金融体系，通过优化融资结构和金融机构体系、市场体系、产品体系，构建风险投资、银行信贷、债券市场、股票市场等全方位多层次的金融支持服务体系，为实体经济发展提供更高质量、更有效率的金融服务。

中国式现代化为建设现代金融企业指明了方向。构建现代金融体系，必然要求有现代金融企业作支撑。党的十八大以来，以习近平同志为核心的党中央鲜明提出"两个一以贯之"要求，推动党的领导融入公司治理更加制度化、规范化、体系化，部署了健全现代金融企业制度、完善公司法人治理结构、推动国有大行战略转型等任务，引领我国现代金融企业建设向前迈出新的一大步。党的二十大报告明确提出，要完善中国特色现代企业制度，推进国有企业、金融企业在完善公司治理中加强党的领导，推动国有资本和国有企业做强做优做大，提升企业核心竞争力，加快建设世界一流企业，为建设中国特色世界一流现代金融企业提供了指导和遵循。

准确把握推进中国式现代化对金融工作提出的新要求

党的二十大报告指出，从现在起，中国共产党的中心任务就是团结带领全国各族人民全面建成社会主义现代化强国、实现第二个百年奋斗目标，以中国式现代化全面推进中华民族伟大复兴。金融必须在全面建设社会主义现代化国家的整体布局中找准自身定位、把握职能职责，全力服务好中国式现代化。

必须把维护党中央集中统一领导作为根本要求，突出金融工作的政治性。中国式现代化是中国共产党领导的社会主义现代化，坚持和加强党的全面领导是推进中国式现代化的首要原则。金融事关经济发展和国家安全，事关人民群众安居乐业，只有坚持党中央集中统一领导，才能确保金融改革发展正确方向，才能真正实现金融高质量发展。要把落实党中央决策部署作为首要任务，健全机制、加强督导、形成闭环，确保落地见效、形成生动实践。要提高政治判断力、政治领悟力、政治执行力，善于从政治上看问题、干工作，坚决扛起服务"国之大者"的金融职责。

必须深入践行以人民为中心的发展思想，强化金融工作的人民性。人民性是马克思主义的本质属性，推进中国式现代化必须坚持以人民为中心的发展思想。党的金融事业起于为人民服务、兴于为人民服务，必须充分体现人民性，努力满足人民群众日益增长的优质金融服务需求。要聚焦人民群众最关心最直接最现实的利益问题，聚焦人民群众急难愁盼问题，持续丰富高质量金融供给，不断提高金融服务的可及性和便利度。增强金融资源在城乡、区域、人群之间配置的均衡性，促进城乡区域协调发展，助力缩小收入差距，在推进共同富裕中展现更大金融价值。

必须构建更加适配新发展格局的金融发展模式，全力服务高质量发展。高质量发展是全面建设社会主义现代化国家的首要任务。推进高质量发展，必须贯彻新发展理念、加快构建新发展格局。金融要充分发挥优化资源配置的功能作用，聚焦高质量发展重点领域和薄弱环节，拿出助力补短板、强弱项、固底板、扬优势的新思路新举措，提升金融服务质效。要把服务扩大内需战略同深化金融供给侧结构性改革有机结合起来，发挥好金融贯通产业链、连接国内外的纽带作用，助力畅通内外循环。把服务制造业发展摆在更重要的位置，面向稳链强链、产业升级，打造更具适应性、竞争力和普惠性的金融体系。

必须加大对科技创新的支持力度，助力实现高水平科技自立自强。教育、科技、人才是全面建设社会主义现代化国家的基础性、战略性支撑。新时代新征程，实现科技自立自强至关重要。金融必须把服务科教兴国战略、人才强国战略、创新驱动发展战略贯通起来，助力我国科技加快实现从量的积累到质的飞跃、从点的突破到系统能力的提升。要完善金融服务科技创新的机制和模式，增强对基础学科、前沿科技、国家重大战略需求、人民生命健康等领域的服务能力，助力开辟新领域、新赛道。将优势金融资源优先投入创新环境较优的重点区域、外溢效应较高的重点行业、民生覆盖度较强的重点项目，以点带面、以面拓域，助力塑造发展新动能、新优势。

必须丰富绿色金融产品和服务供给，积极促进人与自然和谐共生。尊重自然、顺应自然、保护自然，是全面建设社会主义现代化国家的内在要求。我们必须牢固树立和践行绿水青山就是金山银山的理念，站在人与自然和谐共生的高度谋划推进绿色金融发展。要积极顺应生产生活方式低碳转型要求，前瞻调整投融资布局，引导撬动各类资源流向绿色低碳循环经济领域。统筹考虑产业结构调整、污染治理、生态保护、应对气候变化，全面推进绿色金融体系建设，系统运用债券、基金、保险、碳金融等工具，加快发展绿色金融市场，助力推进碳达峰碳中和。

必须把防范化解金融风险作为永恒主题，以金融稳定维护国家安全社会稳定。国家安全是民族复兴的基石，社会稳定是国家强盛的前提。党的二十大报告明确要求，强化金融稳定保障体系，依法将各类金融活动全部纳入监管，守住不发生系统性风险底线。我们必须从总体国家安全观的高度去认识和把握金融风险，坚持底线思维、极限思维，增强忧患意识，不断完善全面风险管理体系，提升风险防控的整体性有效性。前瞻应对外部形势变化和突发事件冲击，精准把握风险应对的力度和节奏，确保风险应对走在市场曲线前面，以实际行动维护金融长治久安。

在服务中国式现代化进程中全力展现大行担当

2023 年是贯彻党的二十大精神的开局之年，也是工商银行成立 40 周年。我们一定要把学习宣传贯彻党的二十大精神作为当前和今后一个时期最重要的政治任务，切实用党的二十大精神指导金融实践，牢记空谈误国、实干兴邦，坚定信心、同心同德，埋头苦干、奋勇前进，以头雁姿态落实好中国式现代化对金融工作提出的新要求，坚持和完善"48 字"工作思路①，坚定不移走好中国特色金融发展之路，坚定不移推进高质量发展，为全面建设社会主义现代化国家、构建现代化经济体系和现代金融体系、建设中国特色世界一流现代金融企业而不懈奋斗，为全面推进中华民族伟大复兴持续贡献力量。

坚持党建引领、从严治理，彰显管党治行新成效。把维护党中央

---

① 详见第五篇"坚持'48 字'工作思路"。

对金融工作的集中统一领导作为工商银行发展的根和魂，加强党的政治建设，严明政治纪律和政治规矩，把服务中国式现代化作为不折不扣贯彻落实党中央决策部署的具体行动。坚持用党的创新理论凝心铸魂，统一思想、统一意志、统一行动，把习近平新时代中国特色社会主义思想转化为坚定理想、锤炼党性和指导实践、推动工作的强大力量。锚定建设中国特色世界一流现代金融企业目标，以工商银行成立40周年为契机，深入推动党的领导融入公司治理，持续提升治理体系和治理能力现代化水平。坚定不移全面从严治党，压紧压实主体责任，完善行党委与驻行纪检监察组沟通会商、"双谈双促"等机制，深化纪检监察体制改革，促进"两个责任"更加贯通协同、层层传导落地。坚持以严的基调强化正风肃纪，锲而不舍落实中央八项规定精神，以零容忍态度惩治金融腐败。坚持不懈抓好常态化长效化巡视整改，标本兼治、举一反三，不断巩固扩大整改成效。

坚持人民至上、服务实体，展现国有大行新担当。践行金融工作的政治性、人民性，厚植金融报国情怀，擦亮金融为民底色，统筹服务好国家战略需要、实体经济高质量发展需要、人民群众美好生活需要。以国家重大战略为牵引，积极发挥工商银行产业金融优势，协同支持传统产业改造提升、战略性新兴产业发展壮大，助力建设现代化产业体系。压茬推进制造业金融服务能力提升工程，全力支持产业基础再造和重大技术装备攻关，助推制造业高端化智能化绿色化发展。纵深开展补链强链金融服务专项行动，贯通服务好大中小微制造业企业，助力形成更有韧性的产业链条。坚持资源倾斜、机制完善、数据赋能一体发力，不断提高服务中小微企业质效。持续推进投融资结构绿色低碳转型，健全多元化多层次绿色金融服务体系，加强碳盘查，提升碳表现，助推发展方式绿色转型。着力建设人民满意银行，多管齐下推动网点竞争力提升，多端联动做好医疗、教育、养老等民生领域金融服务，多措并举加强对新市民、个体工商户、农民工等群体的精准服务，努力以高质量金融服务满足群众高品质生活需要。

坚持科技驱动、价值创造，打造面向未来新引擎。牢牢把握创新在我国现代化建设全局中的核心地位，坚持金融服务跟着创新需求走，聚焦国家战略科技力量打造、核心技术和"卡脖子"领域攻关，组建服务专班、配套专项资源、提供专属服务，助力我国科技自立自强。优化"科创金融中心、特色支行、科创网点"三级专营机构布局，完善专营机制，提高对高新技术企业、专精特新企业的服务精细度和覆盖率，促进创新链、产业链、人才链深度融合。用好工商银行全方位服务功能，积极以金融创新支持科技创新，促进创新资本形成，激发创新人才活力。坚持自信自立，主动加强先进金融科技的前瞻开发和有序应用，并做好同业赋能、跨业赋能，为我国金融基础设施自主可控可靠转型提供助力和支撑。深化数字工行（D – ICBC）建设，持续升级智慧银行生态系统（ECOS），推动业务、科技、数据"煲汤式"融合，更好地赋能金融服务和经营发展，不断提升市场竞争力，为社会创造卓越价值。

坚持国际视野、全球经营，迈出服务开放新步伐。始终在国家高水平对外开放大局中定位自身全球经营工作，紧跟制度型开放步伐，优化升级工商银行全球金融服务体系，助力增强两个市场、两种资源联动效应，促进内外循环更加畅通。用好工商银行全球服务网络，提升对资源稳供、技术引进、稳链强链等领域的金融服务水平，积极助力贸易强国建设。发挥工商银行在"一带一路"等重点区域人民币清算网络优势，丰富产品体系、打造使用生态，力促人民币按照国家政策出得去、用得好、留得住。高标准履行金砖国家工商理事会主席单位职责，以金融为纽带，推动金砖工商合作朝着更高质量前进。全力服务进博会、广交会、服贸会、消博会，推动"一带一路"银行间常态化合作机制（BRBR）、中欧企业家联盟、全球系统重要性金融机构定期会议安排等"朋友圈"不断扩大。积极参与国际金融治理，努力发出中国声音、提出中国方案。

坚持转型务实、改革图强，释放经营发展新活力。全面总结工商银行40年改革发展经验，对标党中央关于经济金融工作的新部署新要求，深入推动工商银行转型发展。注重守正创新，扎实推进"扬长补短固本强基"布局，推动第一个金、外汇首选、重点区域、城乡联动等重点战略和以"GBC＋"为核心的基础性工程不断取得新突破。促进数字化转型与经营转型深度融合，强化系统、账户、平台、渠道等基础设施和基础制度建设，推动业务、产品、服务等数字化升级，更好地服务和融入数字经济发展。强化改革自觉和政治担当，深化服务金融供给侧结构性改革、风险内控治理、战略性基础领域和组织架构等领域改革。坚持系统观念，平衡好价值创造、市场地位、风险管控、资本约束，增强竞争力、创新力、控制力、影响力、抗风险能力，努力实现发展质量、结构、规模、速度、效益、安全相统一，提升发展可持续性，坚定不移做强做优做大。

坚持风控强基、人才兴业，开创工行事业新局面。始终从政治和全局高度认识风险、治理风险，坚持未雨绸缪、见微知著、亡羊补牢、举一反三，聚焦党中央最关心的领域，聚焦最突出的风险，以"时时放心不下"的责任感推动防范化解金融风险取得更明显的成效。强化总行分行、境内境外、表内表外、线上线下、商行投行附属机构"五个一本账"管理，提高风险防控的整体性和有效性，牢牢守住不发生重大风险底线。积极发挥大行作用，全力维护粮食、能源资源、重要产业链供应链等安全，服务构建新安全格局。坚持党管干部、党管人才，深入落实新时代党的组织路线，努力建设堪当民族复兴重任的高素质干部队伍。加强干部实践锻炼、专业训练，增强干部推动高质量发展本领、服务群众本领、防范化解风险本领。加强干部斗争精神和斗争本领养成，着力增强防风险、迎挑战、抗打压能力。完善干部考核评价体系，引导干部树牢并践行正确政绩观，激励干部勇于担当、积极作为。把青年工作作为战略性工作来抓，引导广大工行青年坚定不移听党话、跟党走，引导年轻干部到基层一线施展才华、建功立业，为把工商银行打造成基业长青的百年老店打下坚实基础。

党的二十大擘画了中国式现代化的宏伟蓝图，吹响了全面建设社会主义现代化国家的嘹亮号角。工商银行一定更加紧密地团结在以习近平同志为核心的党中央周围，认真学习贯彻习近平新时代中国特色社会主义思想，深刻领悟"两个确立"的决定性意义，增强"四个意识"、坚定"四个自信"、做到"两个维护"，弘扬伟大建党精神，自信自强、守正创新、踔厉奋发、勇毅前行，以走好中国特色金融发展之路的实际行动、高质量发展的优异成绩，奋力谱写金融服务中国式现代化伟大事业新篇章！

以金融力量服务中国式现代化[*]

学习贯彻习近平新时代中国特色社会主义思想主题教育以"学思想、强党性、重实践、建新功"为总要求，坚持学思用贯通、知信行统一，强调在以学铸魂、以学增智、以学正风、以学促干方面取得实实在在的成效，为我们做好新时代金融工作提供了根本遵循。国有大型商业银行作为我国金融业的主力军，要以主题教育为促进，深入学习贯彻党的二十大精神，以金融力量服务中国式现代化，以实际行动落实好新时代新征程上金融业的重要职责。

深刻认识金融在推进中国式现代化中的使命担当

党的十八大以来，以习近平同志为核心的党中央高度重视金融工作，习近平总书记多次发表重要讲话、作出重要指示批示，深刻阐明了事关金融业高质量发展的一系列重大理论和实践问题，为做好新时代金融工作提供了根本遵循。通过主题教育，认真学习领会习近平总书记关于金融工作的重要论述，我们对金融在中国式现代化中的职责使命和功能作用有了更加清晰的认识。

金融是现代经济的核心，对构建高水平社会主义市场经济体制具有重要作用。党的二十大报告明确，要坚持和完善社会主义基本经济制度，充分发挥市场在资源配置中的决定性作用，更好发挥政府作用。

---

　　* 本文发表于《中国金融》，2023 年第 16 期，个别文字较原文略有改动。

在市场经济中，金融本身就是一项重要资源，更具有配置资源、传导政策、发现价格、防控风险等重要功能，能够有效引导其他要素资源的流向。金融资源的精准有效配置，对于构建全国统一大市场、深化要素市场化改革、健全宏观经济治理体系、建设世界一流企业、规范和引导资本健康发展等非常关键。

金融是实体经济的血脉，对建设现代化产业体系具有重要作用。现代化产业体系是一个综合系统，包括现代化工业、现代化农业、现代化服务业、现代化基础设施等多个方面，其高效运转、循环畅通，需要各个产业、各个环节有序链接、协调配合。这其中，金融不仅影响生产要素供给的效率，而且影响产业发展的质量。同时，金融"血脉"畅通事关产业循环畅通，金融资源与实体经济的良性互动，对于促进产业链、资金链、人才链、创新链融合发展具有重要意义。

金融是国家重要的核心竞争力，对维护多元稳定的国际经济格局和经贸关系具有重要作用。从历史上看，强国崛起与国家金融能力密切相关。在全球经贸合作中，各方在选择金融机构、货币载体、基础设施时，必然会考虑金融背后的国家实力。我国是全球140多个国家和地区的主要贸易伙伴，货物贸易总额稳居世界第一。这就要求我们加快提升金融全球竞争力，提高参与国际金融治理能力，不断提升合作效率、拉紧合作纽带、确保合作安全，在更大范围内实现合作共赢。

金融安全是国家安全的重要组成部分，对健全国家安全体系具有重要作用。金融风险具有隐蔽性、复杂性、突发性、传染性等特点，一旦形成系统性风险，其危害性将更加严重。在世界历史上，由于金融失控导致社会动乱的情形多次出现。金融与经济、社会、外交、网络等多个领域相互交织、相互作用，既是国家安全工作的重要对象、重要方面，也是管理各领域安全的重要抓手，在国家安全特别是经济安全中"牵一发而动全身"。

金融制度是经济社会发展中的重要基础性制度，对推进国家治理体系和治理能力现代化具有重要作用。金融经营货币、转换信用、管理风险，其杠杆性、涉众性和外溢性，决定了必须对金融活动进行严格监管，金融治理成效直接影响国家治理大局。新时代十年我国金融业之所以能取得重大历史性成就，很重要的一点就在于我们不断推进金融制度建设，用"中国之制"保障了"金融之治"。同时，金融的根基是信用，完善的金融制度是社会信用体系建设的基础，对优化营商环境、降低制度性交易成本具有促进作用。

牢牢把握金融服务中国式现代化的任务要求

习近平总书记强调，全面建设社会主义现代化国家，是一项伟大而艰巨的事业，前途光明，任重道远。对金融业而言，履行好服务中国式现代化的职能职责，必须对标全面建设社会主义现代化国家的重大任务要求，深思细悟中国式现代化是什么、干什么、怎么干，增强金融服务的政治思想行动自觉。

深刻认识推动高质量发展首要任务对金融提出的更高要求。在党中央坚强领导下，我国金融业发展取得了举世瞩目的成就，银行业资产总额长期保持全球第一，股票总市值、债券市场规模、保险市场规模均位居全球第二，金融机构和金融产品的多样性显著提升。总体来看，金融量的增长已有相当成效，关键是要进一步实现质的跃升。与此同时，对标高质量发展要求，我们在服务理念、模式、质效等方面还有改进空间，还不能充分有效满足实体经济和人民群众多样化差异化金融需求。我们要突出问题导向、目标导向、结果导向相统一，坚持完整、准确、全面贯彻新发展理念，坚持以质的有效提升引领量的合理增长，坚持以效率变革、动力变革促进质量变革，坚持把金融发展的成果落实到满足人民日益增长的美好生活需要上，不断使金融发展彰显高质量发展的深刻内涵、体现高质量发展的实践要求。要主动适应新一轮科技革命和产业变革形势，推动科技、数据与金融"煲汤式"融合，为实体经济提供更具适应性、竞争力和普惠性的金融服务，以新理念、新模式培育新动能、塑造新空间、筑牢新防线、培育新生态、展现新担当。

深刻认识构建新发展格局战略任务对金融提出的更高要求。随着我国进入新发展阶段，需求结构、产业结构、技术体系、关联方式和增长动能都在发生变化，国内循环同国际循环的关系客观上存在调整需要。这就要求金融业必须顺应大国发展规律和经济发展趋势，主动完善发展战略，充分发挥金融作用，更好激发大国经济的规模效应和聚集效应，更好连通国内国际两个市场两种资源，助力增强国内大循环内生动力和可靠性，提升国际循环质量和水平。我们要强化系统观念，把握实现高水平科技自立自强这个本质特征，抓住畅通经济循环这个关键所在，坚持扩大内需这个战略基点，紧紧围绕构建新发展格局的重大部署和重点任务配置金融资源、配套金融服务，促进提升国民经济体系整体效能。有条件的金融机构要拓展国际视野、深化全球经营，引入更多资源进入国内大市场、汇入双循环，更好地为我国发展服务。

深刻认识加快构建新安全格局对金融提出的更高要求。当前，世界百年未有之大变局加速演进，国际力量对比深刻调整，逆全球化思潮抬头，单边主义、保护主义明显上升，不确定难预料因素增多，来自外部的打压遏制随时可能升级，需要应对的风险和挑战更加多元，需要解决的矛盾和问题更加复杂，迫切需要突出"大安全"理念，以高水平全方位安全保障护航高质量发展。我们要牢固树立总体国家安全观，坚持从政治和大局出发认识风险、把握风险、治理风险，始终把安全作为发展的前置性工作抓牢抓实，坚决做到危地不往、乱地不去、危业不投。国有大型商业银行要积极发挥金融稳定"压舱石"作用，坚持管好自身、助力同业、贡献全局，在防范化解重点领域风险上扛起责任、展现担当，努力取得更大成效。要增强在对外开放环境中动态维护国家安全的本领，稳慎服务好人民币国际化，稳步有序发展安全可靠的金融基础设施，始终把发展的基点建立在安全根基之上。

奋力为推进中国式现代化贡献金融力量

习近平总书记指出，推进中国式现代化是一个探索性事业，还有许多未知领域，需要我们在实践中去大胆探索，通过改革创新来推动事业发展。国有大型商业银行作为金融服务中国式现代化的中坚力量，要以深入扎实开展主题教育为带动，深学笃行习近平总书记关于金融工作的重要论述，突出金融工作的政治性、人民性，对标对表中国式现代化的中国特色、本质要求、重大原则，持续完善中国式现代化金融服务体系，以现代金融服务好社会主义现代化强国建设。

坚持和加强党的全面领导，牢牢把握正确工作方向。坚持和加强党的全面领导，是中国式现代化的本和源、根和魂。要坚持按党的方针办金融、按党的纪律管金融，将党的领导贯穿金融工作全过程、各方面，确保在思想上政治上行动上同党中央保持高度一致。深入扎实开展主题教育，健全巩固深化、成果转化长效机制，更好用党的创新理论指导金融服务中国式现代化实践。完善党中央重大决策部署落实机制，及时将服务中国式现代化重大任务细化为发展战略、业务规划、工作举措，推动落实落细落深。结合金融行业特点，健全全面从严治党体系，更好地发挥全面从严治党引领保障作用，不断增强政治凝聚力和发展自信心，以严实作风、顽强斗争打开事业发展新天地。

全力支持现代化产业体系建设，助力厚植中国式现代化物质技术基础。注重从产业发展全局出发加强金融服务顶层设计，做好体系化生态化服务对接。强化重点领域金融支持，围绕产业基础再造、关键核心技术攻关、稳链固链强链等领域，常态化机制化增加稳定资金供给，以长期资金保障长期建设需要。坚持从强国之基的战略高度抓好制造业金融服务，瞄准产业集群"聚合点"、创新链产业链"交汇点"、脱钩断链"脆弱点"，强化精准直达服务，助力提升我国制造业国际竞争力。以服务制造业尤其是先进制造业为带动，全面提高对现代化工业、现代化农业、现代化服务业、现代化基础设施的服务能力，促进提升产业整体发展水平。

积极以金融创新服务科技创新，促进高水平科技自立自强。牢牢把握创新在现代化建设全局中的核心地位，坚持金融资源跟着创新需求走，统筹服务好创新人才、创新主体、创新链条和创新生态。强化对国家战略科技力量、战略人才力量的金融支持，提供定制化、贴身式服务；围绕前沿技术、国产替代等重点领域，拉出项目清单，做好长周期、跟踪式服务；为专精特新、独角兽等科技型企业提供全生命周期的多元化、接力式服务，推动形成"科技—产业—金融"良性循环。完善科创金融服务体系，强化股贷债联动，通过知识产权融资等多种方式，更好支持科创企业发展。积极构建"产学研融"创新联合体，推进金融与科技双向赋能。

持续优化金融资源配置，助推提升发展充分性与均衡性。聚焦解决发展不平衡不充分的主要问题，从全局出发优化金融资源在区域、城乡等领域配置，让现代化建设成果惠及更广领域。加强对区域协调发展战略、区域重大战略、主体功能区战略、新型城镇化战略的金融支持，紧跟重大生产力布局要求配置金融资源。落实全国统一大市场建设要求，完善联动服务体系，助推跨区域重大项目加快落地。积极促进军民融合发展，推动资金、标准、人才等服务要素应融尽融，实施一体化金融服务。持续健全民营企业金融服务体系，不断提高民营企业金融供给质量和规模。大力发展普惠金融，全力支持中小企业成长。丰富住房、养老、教育、医疗等领域高水平金融供给，做好对"新市民"的全方位金融支持，不断以高质量金融服务满足高品质生活需要。

持续健全绿色金融服务体系，促进经济社会发展绿色低碳转型。深入学习贯彻习近平生态文明思想，对标人与自然和谐共生这一中国式现代化本质要求，提升绿色金融服务能力和水平，助推美丽中国建设。紧跟发展方式绿色转型步伐，做好金融资源"绿色化"配置，构建更加多元化、全链条的绿色金融产品服务体系，稳扎稳打提升金融服务"碳达峰、碳中和"工作质效。加大对新型能源体系建设、绿色低碳产业发展、传统产业绿色低碳转型的支持力度，为更多绿色企业提供优质金融服务。强化 ESG 理念，从资产、运营两端协调减碳，大力支持环境治理、生态保护，提升自身环境表现。深入参与绿色金融国际治理，提升我国绿色金融标准话语权和影响力。

稳健推进全球经营，更好融入和服务高水平对外开放。始终在国家高水平对外开放大局中定位金融服务，紧跟制度型开放步伐，优化升级全球金融服务体系，助力增强两个市场、两种资源联动效应，促进内外循环更加畅通。密切跟进外贸"新三样"、新市场、新业态发展，强化全链条全方位金融服务，促进外贸稳规模优结构，推动形成产业强、技术强、贸易强的良好格局。与"走出去"企业紧密协同，围绕共建"一带一路"等重点领域，打造更多标志性、示范性项目。稳慎助推人民币国际化，用好并拓展人民币清算网络，丰富产品体系，打造使用生态，力促人民币按照国家政策出得去、用得好、留得住。积极参与国际金融治理，讲好中国故事，推动构建更加稳定、多边合作的国际金融秩序。

有力有效防范化解风险，坚决维护经济金融安全稳定。树牢总体国家安全观，聚焦党中央最关心的领域，以"时时放心不下"的责任感推动防范化解金融风险取得更为明显的成效。统筹好未雨绸缪、见微知著、亡羊补牢、举一反三，扎实推进自身风险防线建设，强化各类风险全面管、前瞻防、系统治，提高风险管控的整体性有效性。加强网络与信息安全管理，推动金融科技自主可控转型，筑牢信息科技和数据安全屏障。发挥好金融扩需求、稳预期、畅循环作用，靠前助力化解重点领域风险，努力取得更大成效。推动成熟风险管理技术在金融业有序共享，形成共筑防线、共护安全的良好格局。用好金融力量，全力维护产业、能源、粮食、供应链等安全，服务构建新安全格局。

以金融力量服务中国式现代化，是国有大型商业银行的光荣使命。新时代新征程上，工商银行将更加紧密地团结在以习近平同志为核心的党中央周围，以主题教育为促进，更加深刻领悟"两个确立"的决定性意义，增强"四个意识"、坚定"四个自信"、做到"两个维护"，坚持稳中求进工作总基调，着力统筹发展和安全，按照党建引领等"48字"工作思路，扎实履行金融工作"三项任务"，以走好中国特色金融发展之路的实际行动，迎接工商银行成立40周年，奋力谱写金融服务中国式现代化伟大事业的新篇章！

为建设现代化金融强国贡献大行力量[*]

中央金融工作会议是在全面建设社会主义现代化国家开局起步的关键时期召开的重要会议，在我国金融发展史上具有里程碑意义。习近平总书记出席会议并发表重要讲话，深刻阐明了中国特色金融发展之路的基本要义，清晰擘画了推进金融高质量发展、加快建设金融强国的宏伟蓝图，系统部署了当前和今后一个时期金融工作的方针和重点，为做好新时代新征程金融工作提供了根本遵循和行动指南。中国工商银行作为国有大行，要把思想和行动统一到习近平总书记重要讲话精神和党中央决策部署上来，深入践行金融工作的政治性、人民性，坚定不移走中国特色金融发展之路，努力为强国建设、民族复兴伟业贡献金融力量。

深刻理解中国特色金融发展之路的丰富内涵

党的十八大以来，习近平总书记把马克思主义金融理论同当代中国具体实际相结合、同中华优秀传统文化相结合，深刻回答了事关我国金融改革发展稳定的一系列重大问题，持续推动我国金融事业理论创新、实践创新、制度创新，开辟了以"八个坚持"为基本要义的中国特色金融发展之路，将我们党对金融发展规律的认识提升到了新高度。

---

* 本文发表于《中国金融》，2023 年第 24 期，个别文字较原文略有改动。

"八个坚持"是我国金融改革发展实践的经验升华。我们党历来重视金融工作，坚持因时应势、结合国情发展金融事业。进入新时代，世情国情党情发生深刻变化，推进中国特色社会主义事业继续向前发展，客观上要求立足中国实际，走中国特色金融发展之路。习近平总书记洞察历史大势、把握时代规律，鲜明提出强化党中央对金融工作的集中统一领导，坚决深化金融供给侧结构性改革，不断推动金融业回归本源，坚持金融为实体经济服务，全面加强金融监管，严厉惩治金融腐败，有效化解重大金融风险，推动我国金融业发展取得新的成效，为如期全面建成小康社会、实现第一个百年奋斗目标作出重要贡献。实践充分证明，党中央关于金融工作的决策部署完全正确，中国特色金融发展之路走得通、行得稳。中央金融工作会议将这些宝贵实践经验进行总结提炼，形成"八个坚持"的基本要义，实现了我国金融发展的重大理论创新，为金融高质量发展提供了科学指引。

"八个坚持"是对世界金融发展经验的借鉴与超越。回顾世界现代化进程，金融发展与工业革命息息相关。现代商业银行为第一次工业革命提供了资金支持，现代资本市场、现代投资银行为第二次工业革命筑牢了资本基石，创业投资体系则为第三次工业革命解决了科技成果转化应用中的融资问题。在支撑工业革命的同时，西方金融资本暴露出显著的垄断性、掠夺性和脆弱性，金融失序导致系统性风险不断积累，金融危机在西方世界频繁发生。正是在总结西方金融发展经验和教训的基础上，习近平总书记强调金融要坚持以人民为中心的价值取向，坚持把金融服务实体经济作为根本宗旨，坚持把防控风险作为金融工作的永恒主题。这些重要要求体现了对金融本质和发展规律的深刻洞见，在价值、理论、战略等层面实现了对西方金融理论的超越，为我国金融稳定发展提供了强大保障，开辟了现代金融发展的新境界。

"八个坚持"是实现我国金融高质量发展和长治久安的根本之策。当前，百年变局加速演进，我们党带领人民踏上了以中国式现代化全面推进中华民族伟大复兴的新征程，金融对强国建设的作用更加凸显。适应社会主要矛盾变化、更好解决发展不平衡不充分问题，建设现代化产业体系、加快构建新发展格局，提高人民生活品质、促进全体人民共同富裕，应对气候变化、推进绿色低碳转型等，都需要稳定良好的金融环境，都需要推动我国金融高质量发展。"八个坚持"明确了金融工作怎么看、怎么干，既有世界观，又有方法论，为新时代新征程推进金融高质量发展指明了方向、规划了路径，也为维护金融稳定确立了原则、提供了遵循，是金融服务中国式现代化的根本之路。我们要从拥护"两个确立"、践行"两个维护"的政治高度，将"八个坚持"融入金融工作各领域全过程，坚定不移沿着中国特色金融发展之路走下去，不断开创新时代金融工作新局面。

牢牢把握国有大行在金融强国建设中的使命职责

走中国特色金融发展之路，以金融高质量发展助力强国建设、民族复兴伟业，必须加快建设现代化金融强国。国有大型商业银行是我国金融体系的重要组成部分，是服务实体经济的主力军和维护金融稳定的压舱石，在金融强国建设中承担重要使命职责。

要在贯彻党中央金融决策部署上发挥带头作用。加强党中央对金融工作的集中统一领导，是做好金融工作的根本保证。推进金融高质量发展、建设金融强国，根本在于把党中央关于金融工作的决策部署落实好，推动每一项任务都落地生根、开花结果、形成生动实践。国有大行在金融系统中作用重要，对于贯彻落实党中央决策部署是否坚决彻底，具有很强的风向标作用。要坚持旗帜鲜明讲政治，带头维护党中央对金融工作的集中统一领导，带头落实党中央决策部署，推动党的领导纵向到底、横向到边，确保始终按党的方针办金融、按党的纪律管金融，不断将党的领导政治优势和制度优势转化为金融治理效能。

要在构建中国特色现代金融体系中起到支撑作用。建设现代化金融强国，必须构建具有高度适应性、竞争力、普惠性的中国特色现代金融体系。习近平总书记系统阐述了中国特色现代金融体系的主要内涵，强调要建立健全科学稳健的金融调控体系、结构合理的金融市场体系、分工协作的金融机构体系、完备有效的金融监管体系、多样化专业性的金融产品和服务体系、自主可控安全高效的金融基础设施体系。国有大行基础强、业务广、体量大，是金融产品和服务的重要供给者、金融市场的重要参与者，其业务系统是金融基础设施的重要组成部分。要立足主责主业，统筹用好各种金融功能，优化资金供给结构，促进优化融资结构，将更多优质金融资源配置到重大战略、重点领域和薄弱环节，以自身科技、业务、网络等安全水平提升促进金融基础设施整体安全，为中国特色现代金融体系的构建和完善不断注入动力和活力。

要在推进金融高质量发展中彰显表率作用。打造一批实力强劲、特色鲜明、国际一流的现代金融企业，是建设金融强国的重要微观基础。目前，我国前五大国有商业银行均进入全球千家大银行前十位，也都入选了全球系统重要性银行名单。接下来，关键是在做优做强上下功夫，增强核心竞争力，提升综合服务水平。要根据实体经济和人民群众需要，优化资产、负债、收入等结构，不断打造发展新动能新引擎，推进发展质量、结构、规模、速度、效益、安全相统一，努力实现结构优、效益优、质量优、品牌优。要统筹发展和安全，在服务构建新发展格局中提升金融服务质效，在金融高水平对外开放中提高全球竞争力、风险抵御力和参与国际金融治理能力，努力实现经营强、服务强、风控强、队伍强。同时，积极发挥自身影响力，带动各类金融机构共同弘扬中华优秀传统文化，塑造优良金融生态。

以头雁姿态走好中国特色金融发展之路

工商银行把学习宣传贯彻中央金融工作会议精神作为当前最重要

的政治任务，认真学习领会习近平总书记重要讲话精神，坚决落实党中央部署要求，锚定加快建设金融强国目标，坚持推进金融高质量发展主题和深化金融供给侧结构性改革主线，着力将"八个坚持"落实在具体行动上，加快建设中国特色世界一流现代金融企业。

强化党的全面领导，将"两个维护"落实在具体行动上。坚持党建引领、从严治理，坚决维护党中央权威和集中统一领导，完善习近平总书记重要指示批示精神和党中央决策部署落实督办机制，抓好中央金融委员会各项要求的贯彻执行，始终同党中央保持高度一致。坚持不懈用习近平新时代中国特色社会主义思想凝心铸魂，深入学习贯彻习近平经济思想，把党的创新理论学习成效转化为做好金融工作的强大动力。高质量抓好党建工作，增强党组织政治功能和组织功能，坚持人才兴业，提升干部队伍纯洁性、专业性、战斗力，打造政治过硬、能力过硬、作风过硬的高素质专业化干部人才队伍。坚定不移全面从严治党，持续抓好中央巡视整改，将严的基调、严的措施、严的氛围一贯到底。加强对"一把手"和领导班子的管理监督，锲而不舍落实中央八项规定精神，坚持不懈反"四风"树新风，一体推进"三不腐"，坚决打赢反腐败斗争攻坚战持久战。定期开展对下级机构党委书记、纪委书记"双谈双促"，推动他们进一步扛牢主体责任和监督责任。坚持诚实守信、以义取利、稳健审慎、守正创新、依法合规，大力弘扬清廉文化，加快建设新时代清廉工行。

强化改革政治担当，以自身做优做强助力金融强国建设。始终胸怀"国之大者"，对标分阶段持续推进金融高质量发展、建设现代化金融强国的宏伟蓝图和目标任务，研究提出落实举措，将党中央确定的路线图转化为工商银行的施工图。树立和践行正确的政绩观、发展观、风险观，坚持转型务实、改革图强，深入落实金融供给侧结构性改革要求，强化目标导向、问题导向，着力扬长板、补短板、固底板、锻新板，不断在做优做强上取得新成效。坚持科技驱动、价值创造，深化科技、数据、业务"煲汤式"融合，加快建设数字工行和科技强行。完善中国特色现代金融企业制度，深化党建与公司治理有机融合，加强内部管理和风险控制，提升治理现代化水平。坚持国际视野、全球经营，统筹开放和安全，主动融入高水平对外开放大局，完善境外网络布局和网络功能，用好"一带一路"银行间合作机制、金砖国家工商理事会、中欧企业联盟等平台，积极服务"走出去""引进来"，助力稳慎扎实推进人民币国际化，促进提升我国金融国际竞争力和影响力。

强化高质量金融供给，当好服务实体经济的主力军。坚持客户至上、服务实体，完整准确全面贯彻新发展理念，紧紧围绕中国式现代化中心任务、高质量发展首要任务和构建新发展格局战略任务，大力调整融资结构，精准配置金融资源，不断创新产品和服务，更好满足经济社会发展和人民群众日益增长的金融需求。认真落实中央经济工作会议部署，深化宏观政策传导，注重投融资总量稳、结构优、服务准、效果实，把更多资源投向科技创新、先进制造、绿色发展、中小微企业等重点领域和薄弱环节，更好支持创新驱动发展、区域协调发展等国家重大战略，积极维护粮食和能源安全。突出服务制造业主责主业，打造制造业金融领军强行，积极助力现代化产业体系建设。整合集团力量，集中优质资源，做深做精科技金融、绿色金融、普惠金融、养老金融、数字金融五篇大文章。优化服务上海国际金融中心专项方案，制定支持巩固香港国际金融中心地位配套政策措施，为上海、香港国际金融中心建设提供更强助力。

强化风险防范化解，当好维护金融稳定的压舱石。坚持从总体国家安全观的高度认识和把握风险，增强忧患意识，坚持底线思维，统筹发展和安全，牢牢守住不发生系统性金融风险的底线。认真落实中央有关部署，精准把握权和责、快和稳等关系，助力重点领域风险化解。坚持"房住不炒"，满足房地产企业合理融资需求，大力支持居民刚性和改善性住房需求，加大对"平急两用"公共基础设施、城中村改造、保障性住房"三大工程"建设的支持力度，标本兼治助推房地产向新模式转型。坚持疏堵并举，支持地方政府降低债务成本、缓释偿债风险，助力形成风险防范化解长效机制。坚持风控强基，以实施"五个一本账"和产品风险管理为抓手，完善全面风险管理体系，推动风险早识别、早预警、早暴露、早处置，着力构建全覆盖、硬约束、治未病的早期纠正机制。坚持管好自身、助力全局，加强对中小金融机构的风险管理技术和能力输出，助力维护经济金融稳定。

强化监管规定落实，当好依法合规经营的排头兵。深刻把握党中央全面加强金融监管的战略考量，坚持率先响应、率先行动，全力配合机构监管、行为监管、功能监管、穿透式监管、持续监管，全面遵从监管，主动对接监管。高标准健全合规管理体系，高质量抓好监管规则落地执行，确保措施得力、责任清晰、上下贯通、到边到底，将合规经营打造成为工商银行的核心竞争力。加强金融消费者权益保护，深化客户投诉治理，全力打造人民满意银行。一体落实境内外监管要求，强化反洗钱、涉敏管理，构建全面、立体、严密的科技和网络安全体系。全链条管好金融资源，加强合规审查、风险监测和穿透管控。深化从严问责、精准问责、规范问责，真正让制度"长牙带刺"，以严肃追责倒逼责任落地。

国家兴衰，金融有责。站在金融高质量发展的新起点，踏上加快建设金融强国的新征程，我们深感责任重大、使命光荣。工商银行一定坚持以习近平新时代中国特色社会主义思想为指导，深入学习贯彻中央金融工作会议、中央经济工作会议精神，深刻领悟"两个确立"的决定性意义，增强"四个意识"、坚定"四个自信"、做到"两个维护"，坚持金融工作的政治性、人民性，坚定不移走好中国特色金融发展之路，不断开创高质量发展新局面，努力为以中国式现代化全面推进强国建设、民族复兴伟业作出新的更大贡献！

传承红色基因　擦亮金字招牌[*]

党史是最生动的教科书。在伟大的中国共产党即将迎来百岁生日之际，让我们一起重温那段风云激荡的历史，以史为镜、以史明志，在一路走来的光荣与梦想、苦难与辉煌之中，汲取智慧与力量。

一、回望百年峥嵘岁月

历史镌刻辉煌，岁月铭记荣光。1921 年，伟大的中国共产党从上海石库门的旭日里、从嘉兴南湖的碧波中毅然起航，在百年接续奋斗中，开辟了中国人民通往幸福、中华民族走向复兴的新航道，谱写了一曲可歌可泣的史诗。

党的百年历史，是一部初心砥砺史。初心砥砺史，是党史的根基。群众路线是我们党的根本工作路线，人民立场是我们党的根本政治立场，一切为了人民、一切依靠人民、始终同人民在一起，是我们党安身立命之本、兴党强党之基。我们党从成立之日起，就把为中国人民谋幸福、为中华民族谋复兴作为自己的初心和使命，始终同人民同呼吸、共命运、心连心，因初心而生，怀初心而久。毛泽东同志把共产党人比作"种子"，把人民比作"土地"，共产党人就是要在"人民中间生根、开花"。从毛泽东同志提出"全心全意为人民服务"，到邓小平同志提出"社会主义的目的就是要全国人民共同富裕"，到江泽民同

---

* 本文发表于《现代金融导刊》，2021 年第 S2 期，个别文字较原文略有改动。

志提出"始终代表中国最广大人民的根本利益"，到胡锦涛同志提出"以人为本、全面协调可持续的科学发展"，再到习近平总书记提出以人民为中心的发展思想，"江山就是人民，人民就是江山"的信念百年来坚如磐石。党的十八大以来，习近平总书记倾注精力最多的是扶贫工作，考察调研最多的是贫困地区。8 年时间实现了近 1 亿农村贫困人口全部脱贫，832 个贫困县全部摘帽；建成了世界上规模最大的社会保障体系；中等收入群体超过 4 亿人；人民群众获得感、幸福感、安全感不断提升。

党的百年历史，是一部不懈奋斗史。不懈奋斗史，是党史的主体。创业维艰，奋斗以成。在百年艰苦卓绝的奋斗中，我们党领导人民，完成了新民主主义革命，建立了新中国；完成社会主义革命，确立了社会主义基本制度；进行改革开放，开创、坚持和发展中国特色社会主义；统筹伟大斗争、伟大工程、伟大事业、伟大梦想，中国特色社会主义进入新时代，迎来了从站起来、富起来到强起来的伟大飞跃。从开天辟地的救国大业、改天换地的兴国大业、翻天覆地的富国大业，到惊天动地的强国大业；从国家一穷二白到跃升为世界第二大经济体，经济总量突破 100 万亿元，人均国内生产总值超过 1 万美元，中国共产党团结带领人民创造了伟大功业，创造了"地球上最大的政治奇迹"。

党的百年历史，是一部理论探索史。理论探索史，是党史的灵魂。一百年来，我们党坚持解放思想和实事求是相统一、固本培元和守正创新相统一，不断推进马克思主义中国化，用马克思主义之"矢"，射中国实践之"的"。先后形成了毛泽东思想、邓小平理论、"三个代表"重要思想、科学发展观等重大理论创新成果。党的十八大以来，以习近平同志为主要代表的中国共产党人，从理论和实践结合上系统回答了新时代坚持和发展什么样的中国特色社会主义，怎样坚持和发展中国特色社会主义这个重大时代课题，创立了习近平新时代中国特色社会主义思想，在当代中国、在 21 世纪的世界开辟了马克思主义新境界。同时，理论创新每前进一步，理论武装就跟进一步。党的历次集中教育活动，都以思想教育打头。这次党史学习教育，第一位的任务也是加强思想理论武装。重视理论创新、理论强党，成为我们党的突出特点和优势。

党的百年历史，是一部不怕牺牲史。不怕牺牲史，是党史的基调。红色江山，热血铸就。我们党的历史是一个又一个"红色地标"串联起来的。每一片红色土地，都见证和记录了共产党人舍生忘死、赴汤蹈火的伟大牺牲、伟大奉献。一百年来，一大批革命烈士和英雄模范，以"生是为中国，死是为中国"的豪迈，以"为有牺牲多壮志"的慷慨，以"甘将热血沃中华"的决心，前赴后继、牺牲小我、成就大我，用鲜血浇灌理想，用生命捍卫信仰。据统计，从中国共产党成立到新中国建立，为革命牺牲的共产党员和仁人志士多达2100万。这种牺牲换来中国革命的成功、换来新中国的诞生、换来今天我们的幸福生活。这种不畏强敌、不惧风险、不怕牺牲、敢于斗争的风骨和品质，铸就了井冈山精神、长征精神、遵义会议精神、延安精神、西柏坡精神、抗美援朝精神、"两弹一星"精神、抗洪精神、抗震救灾精神、抗疫精神、脱贫攻坚精神等伟大精神，构筑起中国共产党人独特的精神谱系。这些精神谱系过去是，现在是，将来仍然是我们党的宝贵精神财富，跨越时空历久弥新，感召着我们投身于具有许多新的历史特点的伟大斗争。

党的百年历史，是一部自身建设史。自身建设史，是党史的红线。我们党从最初50多名党员发展到今天9100多万名党员，不断从胜利走向胜利，关键在于勇于自我革命、坚持党要管党、全面从严治党。毛泽东同志把党的建设称为"伟大工程"，明确提出了我们党战胜敌人的"三大法宝"（统一战线、武装斗争、党的建设）和"三大作风"（理论联系实际、密切联系群众、批评与自我批评）。改革开放以来，我们通过开展整党、"三讲"教育、先进性教育活动、学习实践科学发展观活动等，有力推进了党的建设新的伟大工程。党的十八大以来，党中央以"打铁必须自身硬"的姿态，从抓作风建设入手，全面加强党的自身建设，狠抓思想从严、监督从严、执纪从严、治吏从严、反腐从严，把严的标准贯穿管党治党全过程，开创了全面从严治党新格局。党的创造力、凝聚力、战斗力显著提高，党的自我净化、自我完善、自我革新、自我提高能力不断增强。从"伟大工程"到"新的伟大工程"，为开创和发展中国特色社会主义提供了坚强保障。

百年党史雄辩证明，中国共产党是一个全心全意为人民服务的党，是一个坚定不移为中华民族谋复兴的党，是一个经得起各种风浪考验、始终走在时代前列的党，是一个伟大、光荣、正确的党！没有共产党就没有新中国，没有共产党就没有中国特色社会主义，没有共产党就没有中国今天的繁荣富强！

二、回顾红色金融历程

红色，是中国共产党鲜亮的底色。红色金融史，是百年党史的重要组成部分，从一个侧面折射了中国共产党的奋斗轨迹。党在领导中国革命、建设、改革的各个阶段，始终重视对金融工作的领导，不断深化对金融地位、作用和规律的认识。

党的金融事业在新民主主义革命时期孕育生长。工农革命起，红色金融兴。中国共产党成立以后，红色金融开始萌芽。1922年，"安源路矿工人消费合作社"成立，这是中国共产党早期的金融实践活动之一。1932年，中华苏维埃共和国国家银行在江西瑞金成立，这是我们党创建的第一个中央银行。1934年，国家银行化身"扁担银行"，随中央红军长征。1935年到达陕北后，国家银行更名为国家银行西北分行。1937年全民族抗日战争爆发，党领导的敌后根据地相继建立，国家银行西北分行改组为陕甘宁边区银行，提出"发达边区经济、改善人民生活"的口号。1948 年，人民解放战争势如破竹，新老解放区银行走向合并统一，当年 12 月 1 日，中国人民银行成立，发行了第一套人民币。这一时期，红色金融白手起家、艰苦创业，"钱袋子"与"枪杆子"一样，在革命斗争中发挥了重要作用，活跃了根据地和解放区经济，为新民主主义革命全面胜利奠定了物质基础。

党的金融事业在社会主义建设时期探索前进。1949 年中华人民共和国成立后，党领导的金融事业掀开新的一页。新中国成立初期，按照"边接管、边建行"的方针，接管官僚资本，整顿改造私营金融业，平抑通胀，稳定物价，实现货币主权完整和币制统一，帮助新中国政权在经济上站稳了脚跟。从 1953 年"一五"计划到 1978 年，与计划经济相适应，建立了"大一统"的中国人民银行体制，实行"统收统贷"信贷资金管理办法，人民银行既是中央银行，也是商业银行。这一时期，加强货币信贷管理，"大一统"聚集资金，对国民经济快速恢复和社会主义建设开展，尤其是推进重点项目建设起到了促进作用。

党的金融事业在改革开放时期蓬勃发展。改革开放以来，按照邓小平同志"必须把银行真正办成银行"的指导思想，开启了金融改革历程。从 1979 年起，中国农业银行、中国银行、中国建设银行先后恢复设置，加上之后成立的中国工商银行，我国初步形成了以中国人民银行为中央银行、工农中建为专业银行的体系。进入 90 年代，金融市场化改革加快。1992 年成立证监会，1998 年成立保监会，2003 年成立银监会；1994 年成立国家开发银行、中国进出口银行、中国农业发展银行 3 家政策性银行，建立起以国有商业银行为主体、多种金融机构并存、分业经营、分业监管的金融体系。2001 年我国加入世界贸易组织后，国有独资商业银行股份制改革相继启动，大型银行涅槃重生。这一时期，金融组织体系、金融市场体系、金融调控体系、金融监管体系的改革与发展，使我们成功应对了 1998 年亚洲金融危机、2008 年国际金融危机的巨大冲击，为国民经济持续健康发展创造了稳定的金融环境。

党的金融事业在新时代深化完善。党的十八大以来，紧紧围绕服务实体经济、防控金融风险、深化金融改革三项任务，推动金融改革发展取得新的显著成绩。坚持实施稳健货币政策，不搞"大水漫灌"；创新和完善金融调控，利率市场化改革、汇率形成机制改革深入推进；完善金融市场体系，金融机构多样化发展，多层次金融市场逐步形成；加强风险治理，构建现代金融监管框架，成立国务院金融稳定发展委员会；扩大金融开放，"沪港通""深港通""债券通"顺利开启。我国成为重要的世界金融大国，外汇储备规模世界第一，信贷、股票、债券、保险市场规模稳居全球前三，根据2021年《银行家》公布的全球千家银行榜单，我国共有144家银行上榜，工农中建四大行跻身前十，且均为全球系统重要性银行。这一时期，我国金融改革发展有力维护了国家经济金融安全，有力支持了经济社会发展，有力促进了改革开放和现代化进程。

回顾党领导下的百年金融发展历程，从无到有、从小到大、从弱到强、从封闭到开放，走出了一条有中国特色的金融发展之路，构成了党史、新中国史、改革开放史中的重要篇章。

百年金融史启示我们，必须坚持以党的领导为根本保证。党的金融事业从战火硝烟中走来，具有光荣的革命传统和红色基因。只有坚持党对金融工作的领导，按党的方针办金融、按党的纪律管金融，围绕党和国家的中心任务开展金融工作，才能保证金融事业战胜各种艰难险阻、始终沿着正确方向前进。

百年金融史启示我们，必须坚持以人民至上为价值追求。党的金融事业来源于人民、根植于人民、服务于人民。中华人民共和国成立前夕，经过反复酝酿，才最终确定"中国人民银行"的名称。只有坚守"人民金融"的底色，把人民对美好生活的向往作为奋斗目标，金融发展才有源头活水。

百年金融史启示我们，必须坚持以服务实体经济为本源。实体经济是金融的根基，金融是实体经济的血脉。为实体经济服务是金融的天职和本分。只有坚守服务实体经济的本源，不断提高金融服务供给能力，避免脱实向虚，才能实现金融与经济的良性互动、共生共荣。

百年金融史启示我们，必须坚持以防范风险为底线。金融是国之重器。金融安全是国家安全的重要组成部分。防范化解金融风险是金融工作的永恒主题。只有守住底线、守好防线，"管住人、看住钱、扎牢制度防火墙"，才能行稳致远。

百年金融史启示我们，必须坚持以改革创新为动力。中国共产党与时俱进的创新创造、自我革命精神，在金融发展上也得到充分体现。党领导下的金融创业史、探索史、奋斗史，就是一部立足中国实际的金融创新史。只有在遵循规律、把握本质的基础上，不断深化改革创新，才能实现金融高质量发展。

三、回首工商银行发展之路

如果说改革开放以来，中国金融业的蓬勃发展是一幅气势磅礴的画卷，那工商银行就是其中浓墨重彩的一笔。1984年1月1日，中国工商银行正式从人民银行分设成立，在风雨兼程中走过了不平凡、不寻常的37年。

37年来，我们走过了一条党建引领之路。伴随改革开放进程，工商银行先后经历了国家专业银行、国有独资商业银行、国家控股的股份制商业银行三个发展阶段。无论哪个阶段，坚持党的领导、加强党的建设始终是我们的"根"和"魂"。1998年，工商银行党组改为党委，建立了党组织、干部"两垂直"管理体制。2006年，成功实现股改上市，搭建"三会一层"的现代公司治理架构，实行"双向进入、交叉任职"，形成"党委全面领导、董事会战略决策、监事会依法监督、管理层负责经营"的格局。2017年完成党建入章工作，深化了党的领导和公司治理相统一。新一届党委班子成立以来，提出"48字"工作思路，将"党建引领、从严治理"放在首位，扎实开展"不忘初心、牢记使命"主题教育和党史学习教育，促进党建和经营融合发展，以全面从严治党引领和带动全面从严治行。

37年来，我们走过了一条创新发展之路。我们始终把发展作为硬道理，把转型和创新作为发展之两翼，把风险防控作为发展之基石。经过几代工行人的奋斗，实现了综合实力、价值创造力、国际影响力的显著提升。工商银行成长为全球最大银行，总资产、存款、贷款、资本、营收、净利润6项核心经营指标领先全球同业，市值、ROA、ROE等指标居于全球前列。其中，表内资产规模、存款、贷款分别达34万亿元、26万亿元、20万亿元，分别是成立之初的120多倍、150多倍、80多倍。8年蝉联全球千家银行榜首。面对经济新常态和疫情冲击下风险演化新趋势，打好防范化解金融风险攻坚战，全行不良率控制在1.58%，拨备覆盖率超过180%，在急剧变革的市场环境中，保持了"跨越周期的稳健"。

37年来，我们走过了一条服务改进之路。我们以提供卓越金融服务为使命，以服务经济社会发展为己任，以打造"客户首选银行"和"群众满意银行"为目标，持续优化服务模式，提升服务功能，构建了多元化、全球化、信息化的现代服务体系。全行个人客户6.9亿户、法人客户890万户。业务范围从成立初期的存贷汇等基础业务，扩展到以商业银行为主体，涵盖基金、租赁、保险、投行、理财等跨市场领域。境外分支机构426家，覆盖49个国家和地区，并通过参股南非标准银行集团覆盖非洲20个国家。服务手段上从"一把算盘一支笔"的手工操作，到单机处理，到区域互联，到大机集中，再到今天的智慧银行系统 ECOS，始终保持了信息科技的领先优势。全行各类金融产品 5000 余种，是国内金融服务供给能力最强的银行，是制造业贷款第一大行、境内最大的绿色金融供应商。

37 年来，我们走过了一条品牌锻造之路。工商银行的发展史，也是一部品牌资产积累、品牌价值创造的历史。今天，"工商银行"这个名字，"工字"行徽、"ICBC"品牌、"您身边的银行、可信赖的银行"形象，已家喻户晓，深入人心，共同构成了我们的品牌形象。这是全球最具价值的银行品牌，这是几代工行人共同培育和打造的金字招牌，这是几亿客户共同支撑起的民族金融品牌。我们完全有理由为这个品牌自信和自豪，更有责任去维护和擦亮这块金字招牌。工商银行，名字中就带着"工"和"商"，成立之初就承接了人民银行的储蓄和工商信贷业务，一头连着千家万户，一头连着工商百业。"工字"行徽，象征顶天立地，头顶蓝天代表我们大行的志向和格局，脚踏实地代表我们服务实体经济和人民群众的家国情怀。"ICBC"，每个字母都蕴含经营管理的要素，每个机构、每个条线都能从中找到自己的定位和关联。1994 年工商银行成立十周年之际，总行面向全行征集储蓄宣传用语，要求内容突出、语言精练、通俗好记。上海分行最早提供了"您身边的银行、可信赖的银行"这条用语。1997 年 6 月，全行统一开展"优质服务宣传日"活动，正式面向全社会推出"中国工商银行——您身边的银行、可信赖的银行"。这一用语具有很强的包容性和延展性，最初传达的是工商银行储户多、网点广、业务全、服务好、重承诺、讲诚信的特质，以及希望与客户更近的服务理念。今天则具有了更丰富的时代内涵，做"您身边的银行"，是要在金融服务线上化、移动化、场景化的趋势下，为客户提供随时、随地、随心、触手可及、无处不在、无微不至的金融服务。做"可信赖的银行"，不仅是要以卓越服务体验和良好品牌形象，提高客户忠诚度和满意度，还要通过从严治理、稳健经营、履行社会责任，赢得监管、市场和公众的信赖，成为"党和国家最可信赖的依靠力量"。

四、眺望新征程奋进之路

回顾历史，是为了更好地走向未来。工商银行各级党组织要把学习党史同总结经验、观照现实、推动工作结合起来，学史明理、学史增信、学史崇德、学史力行，跑好历史交给我们的这一棒，在传承与创新中擦亮工商银行金字招牌，在继往开来中谱写世界一流现代金融企业建设新篇章。

心怀"国之大者"，做贯彻落实党中央决策部署的排头兵。从党史尤其是党的十八大以来党和国家事业取得的历史性成就中，深刻领会习近平新时代中国特色社会主义思想的实践伟力，提高政治判断力、政治领悟力、政治执行力，增强"四个意识"、坚定"四个自信"、做到"两个维护"。对"国之大者"了然于胸，立足国家所需、群众所盼、金融所能，找准融入和服务大局的切入点和着力点，把握新发展阶段，贯彻新发展理念，服务新发展格局，推动高质量发展。深入贯彻新时代党的建设总要求和新时代党的组织路线，落实好中央企业党的建设工作座谈会精神，以鲜明立场坚持党的全面领导，以坚定信心坚持党要管党、全面从严治党，以务实举措抓党建、强党建，推动党的领导有机融入公司治理，不断提高党建工作质量。

秉持"客户至上"，做服务人民群众的主力军。坚守"人民金融"底色，准确把握"您身边的银行、可信赖的银行"时代内涵和实践要求，不断提高金融服务的便利性、可得性和覆盖面。扎实开展"党旗在基层一线高高飘扬"活动、"我为群众办实事"实践活动，突出抓好"客户体验痛点治理百日攻坚行动"和"服务提升十大行动"，做到切口小、发力准、效果好。将全面改进服务、治理客户痛点同开展织网补网工程、提升市场竞争力有机结合，实现获客、活客、黏客并举，让工商银行真正成为客户第一选择、最终选择、长期选择。

坚持"服务本源",做支持实体经济的国家队。对标经济高质量发展要求,统筹好融资增量与存量、表内与表外、境内与境外,发挥金融全要素激活效应。聚焦实体经济重点领域和薄弱环节,推进科创金融"十百千万"专项行动,开展"制造业金融服务深化年"行动,加快构建"数字普惠"体系,落实支持民营企业"八融"举措,加强"碳金融"规划布局,实施"乡村振兴行动方案",全面提高服务实体经济的精准性、直达性、普惠性。

统筹"发展与安全",做高质量发展的先锋队。运用"三比三看三提高"方法,有序实施新发展规划,推进"扬长、补短、固本、强基"战略布局,确保育先机、开新局。提高创新能力,把科技创新摆在首位,高标准实施科技创新规划,加快数字化转型步伐,推动科技和业务深度融合,打造新增长动能。提高风控能力,实行管住人、管住钱、管好防线、管好底线"四管齐下",推动主动防、智能控、全面管"联合发力",确保风险应对走在市场曲线前面,切实打好防范化解金融风险攻坚战。

广大党员要以党史学习教育和表彰先进为契机,把党的光荣传统和优良作风学习好、传承好、发扬好,在全行营造学习先进、争做先锋的浓厚氛围。

争做对党忠诚、政治过硬的党员。对党忠诚是共产党人的政治灵魂和精神脊梁。对党忠诚不是凭空产生的,而是源于政治认同、理性自觉。从百年党史中深刻领悟中国共产党为什么"能"、马克思主义为什么"行"、中国特色社会主义为什么"好",进一步坚定信仰、信念、信心,更好推进党的创新理论入脑入心。对党忠诚不是空洞的口号,而是有着明确的实践要求。立足本职岗位,体现在党言党、在党忧党、在党护党、在党为党,体现为民服务、推动发展。

争做敢于担当、本领过硬的党员。敢于担当是共产党人的使命所系和价值所在。应有"敢担当"的志向。我们讲"三比三看三提高"，这不仅是思维方法、工作方法，其实也是精神状态、担当意识的体现。越是任务重、困难多、挑战大的情况下，越要振奋精神、激发斗志，敢于攻坚克难，敢于竞争制胜。年轻干部应不断增强意志力、坚韧力、自制力，主动到条件艰苦的基层、市场竞争的一线、科技创新的前沿摸爬滚打、接受锻炼。应有"善作为"的本领。担当是靠专业打底的。通过思想淬炼、政治历练、实践锻炼、专业训练，增强"七种能力"，培养专业知识、专业精神、专业素养，以人才大行支撑发展强行。

争做严于律己、作风过硬的党员。从党的精神谱系中汲取营养，从英雄人物、时代楷模以及身边榜样身上体悟道德风范，做到学史崇德，明大德、守公德、严私德。严于修身律己，慎微慎独，稳得住心神、管得住行为、守得住清白。坚持脚踏实地、真抓实干，力戒形式主义、官僚主义，以奋斗和奉献回报组织的信任和重托。

传承红色基因　践行大行担当[*]

在庆祝中国共产党成立 100 周年大会上，习近平总书记深情回顾了我们党百年奋斗的光辉历程，深刻阐释了伟大建党精神，要求全党弘扬光荣传统、赓续红色血脉，永远把伟大建党精神继承下去、发扬光大。一百年来，中国共产党在领导中国革命、建设、改革过程中，始终重视对金融工作的领导，不断深化对金融地位、作用和规律的认识，指引我国金融事业实现一次又一次跨越。党的十八大以来，以习近平同志为核心的党中央牢牢把握经济金融发展主动权，励精图治、开拓创新，领导我国金融事业发展取得新的重大成就。工商银行坚持党的领导，传承红色基因，提高政治站位，聚焦国家所需、金融所能、工行所长，在服务经济社会高质量发展中，展现了国有大行的责任担当。

心怀国之大者，全力服务国家发展大局

站位全局、服务大局，是国有金融机构义不容辞的责任。工商银行始终将国家利益、民族利益、人民利益摆在第一位，把服务国家发展、改善人民生活作为工作的出发点和落脚点，全力支持国家重大战略实施和重要工作推进。

尽锐出战，全面助力打赢脱贫攻坚战。把助力脱贫攻坚作为重大政治任务，坚决履行国有大行的使命担当，圆满完成各项任务，交出

---

　　* 本文发表于《中国金融》，2021 年第 Z1 期，个别文字较原文略有改动。

一份高质量答卷。坚持全行"一盘棋"统筹推进,一手抓金融扶贫、一手抓定点扶贫,真金白银投入、真抓实干攻坚、真心诚意付出,先后选派2000余名干部奔赴脱贫攻坚第一线。坚持金融扶贫与产业扶贫、教育扶贫、卫生扶贫、就业扶贫、消费扶贫相结合,助力贫困地区增强内生发展能力,对口帮扶的南江黄羊项目入选联合国优秀减贫案例。党中央发出脱贫攻坚总攻令以来,工商银行累计投放精准扶贫贷款4340亿元,带动服务贫困人口近4000万人次,定点帮扶县市全部如期脱贫摘帽。

主动担当,全面助力区域协调发展。党的十八大以来,以习近平同志为核心的党中央着眼党和国家发展面临的新形势,以深远战略眼光和巨大历史担当,部署实施了区域重大战略、区域协调发展战略。工商银行紧跟国家战略部署,针对京津冀协同发展、粤港澳大湾区建设、长三角一体化发展、中部地区崛起、成渝地区双城经济圈建设等,分别制订综合金融服务方案,加大资源投入,强化区域协同,积极助力相关战略落地实施。全力支持西部大开发、东北振兴以及革命老区、民族地区、边疆地区发展,根据相关省区不同情况,逐个制订金融支持方案,推动金融服务拓面、提质、增效。同时,有效衔接脱贫攻坚与乡村振兴,制定实施集团城乡联动发展战略,加大对乡村金融基础设施建设的投入力度,下沉渠道、创新产品、完善服务,促进城乡融合发展,助力改善城乡发展不平衡。

绿色先行,全面助力美丽中国建设。深入践行"绿水青山就是金山银山"理念,将发展绿色金融作为贯彻新发展理念、推动高质量发展的重要内容。率先贯彻绿色信贷标准、责任投资原则,梳理形成16个板块50多个行业的绿色投融资政策体系,逐行业确定绿色投融资偏好、信贷策略重点,全流程执行"环保一票否决制",确保新增业务的绿色属性。搭建起包含绿色贷款、绿色债券、绿色基金、绿色理财、绿色租赁等在内的绿色金融服务体系。积极参与绿色金融国际治理,发起成立"一带一路"绿色金融工作组，推动国际银行间碳排放规则互通、标准互认。工商银行绿色贷款总量和增量多年保持同业领先，余额首家突破 2 万亿元，绿色金融大行地位不断稳固、形象深入人心。

扎根实体经济，全面提升金融服务质效

为实体经济服务是金融的天职和宗旨。近年来，工商银行坚决贯彻落实党中央决策部署，将发展的根深深扎进实体经济土壤，着力为实体经济发展源源不断注入金融活水。

当好货币政策传导"主渠道"。围绕货币政策导向，统筹安排投融资总量、节奏和结构，有效发挥大型银行金融资源配置"主渠道"作用。按照"用好增量、盘活存量、扩大流量、改善质量"的思路，保持信贷规模合理增长，提升信贷资金使用效率。统筹运用信贷、债券、股权、租赁等方式，积极满足客户综合化金融需求。坚持与实体经济共生共荣，严格规范服务收费，合理把握贷款定价，降低实体经济综合融资成本。贷款市场报价利率（LPR）改革以来，工商银行新发放贷款利率累计下降 64 个基点，下行幅度超过 LPR 降幅。

当好支持实体经济发展"排头兵"。坚持以服务经济社会发展为己任，围绕实体经济重点领域和薄弱环节聚力发力。把支持制造业高质量发展作为服务实体经济的重要着力点，加大制造业贷款特别是中长期和信用贷款的投放力度，促进制造业产业基础能力和产业链现代化水平提升，制造业贷款保持行业领先。把缓解民营和小微企业"融资难融资贵"问题作为普惠金融的突破点，在资金供给上突出"增"，在融资成本上突出"降"，在产品服务上突出"新"，在帮扶政策上突出"实"，努力提供精准适配的金融服务。成立普惠金融专营机构，做实"敢贷愿贷"工作机制，提升"能贷会贷"专业能力，统筹推进小微、"三农"、"双创"等金融服务，普惠贷款持续增量、扩面、降本、提

质，普惠金融综合服务标杆银行建设不断迈出新步伐。

当好抗疫和惠企纾困"先锋队"。突如其来的新冠疫情给人民生命安全和身体健康带来巨大威胁，也使得实体经济发展面临诸多挑战。工商银行坚持人民至上、生命至上，闻令而动、听令而行，全力服务"六稳""六保"工作任务，开展支持企业复工复产的"春润行动"、支持稳外贸稳外资的"春融行动"、支持湖北经济社会发展的专项行动、支持"五医领域"的融资行动，向医疗卫生、生活物资等重点领域提供全口径融资约 2.7 万亿元。全面落实纾困惠企政策，通过调整结息周期、展期、再融资等方式，缓释 10 万户客户还本付息压力，涉及贷款 1.5 万亿元。在全力做好自身疫情防控的同时，发动全球分支机构支持防疫抗疫，2800 余名干部员工奔赴抗疫一线，捐款捐物超过 2.5 亿元，为我国率先控制疫情、实现经济正增长作出积极贡献。

筑牢风险防线，坚决维护经济金融安全

工商银行深刻认识自身在维护金融安全上肩负的职责使命，牢固树立总体国家安全观，不断完善全面风险管理体系，持续提升风险治理能力，构筑了坚固有效的风险防线。

统筹发展和安全，夯实自身风险防控根基。强化忧患意识，坚持底线思维，把畅通经济循环、增强市场主体活力作为防范化解风险的根本，助力打好防范化解金融风险攻坚战，切实发挥国有大行"压舱石"和"稳定器"作用。以"主动防、智能控、全面管"为路径，统筹传统风险与非传统风险防控、存量风险化解与增量风险防范，强化信用风险管控，管好资产入口、风控闸口、处置出口，保持资产质量总体稳定和各类风险整体可控。提升市场风险管理能力，加强宏观判断，做好微观安排，统筹抓好利率、汇率、流动性风险管理，风险应对始终走在市场曲线前面。树牢风险边界意识，坚持在审慎合规前提

下开展业务创新。

统筹对内和对外，与金融同业共筑安全防线。风险防控数字化转型不断加速，将自身技术能力和数据资源转化为对风险的判断力、管控力。建立起国内领先的企业级风险数据库，实现风险交易自动预警、电信诈骗汇款自动拦截等功能，累计保护客户资产超百亿元。在扎紧自身风险防线的同时，积极推动风控产品、风控技术输出，特别是在市场风险防范等领域，打破了境外供应商的长期技术垄断，为中小同业筑牢风险防线提供了助力。

统筹金融反腐和风险防控，助力打赢防范化解重大金融风险攻坚战。坚定不移推进全面从严治党、从严治行，持续深化金融反腐，严查各种风险背后的腐败问题，营造风清气正的政治生态和经营环境，守住不发生系统性风险的底线。把风险治理作为各级党组织的重大任务，将党风廉政建设与风险防控结合起来，发挥好各级纪检部门在防范化解风险工作中的监督作用，严肃监督执纪。有效衔接金融反腐与金融风险处置，积极支持驻行纪检监察组查办案件，推进以案促改、以案促治，强化监督和制衡机制，压实经营管理全流程责任，确保"管住人、看住钱、扎牢制度防火墙"。

深化改革转型，激活高质量发展新动能

工商银行把党的改革创新传统深深植入自身发展细胞，根据国家发展需要、实体经济需要、人民生活需要，不断深化经营转型，持续提高金融服务的适应性、竞争力和普惠性，努力以自身发展动能激活为国家高质量发展动能培育提供助力。

在服务供给侧结构性改革上打好主动仗。深刻把握供给侧结构性改革实施要求，围绕调结构、补短板、强活力等优化投融资布局，同时把握扩大内需战略基点，更好服务需求侧管理，做好稳投资、促消

费、惠民生等领域金融服务，助推实现供需更高水平的动态平衡。顺应消费新业态新模式快速增长态势，创新消费金融产品，畅通消费渠道，强化消费信贷支持，促进居民消费扩容提质、形成强大国内市场。坚持"房住不炒"，实施差别化住房信贷政策，落实集中度管理要求，把房地产贷款增量控制在合理水平。综合运用债务重组、产业基金、债转股等多种方式，帮助有市场、有效益但暂时困难的企业脱困重整、降本增效。

在服务创新驱动发展战略上拿出真举措。深刻把握创新在我国现代化建设全局中的核心地位，坚持完善金融支持创新体系与自主开展科技创新双管齐下，推动金融、科技、产业的良性循环与三角互动，助力培育经济发展新动能。落实制造强国、质量强国、网络强国、数字中国建设各项政策措施，紧跟创新链产业链政策链布局资金链，推动"产学研用金"紧密结合。积极服务国家创新中心和区域创新高地建设，大力支持关键核心技术和"卡脖子"领域攻关，着力满足企业研发和成果转化的资金需求。组建科创企业金融服务中心和特色支行，完善商投互动、投贷联动、数字供应链等融资模式，改善科创金融需求与传统融资模式错配问题。党的十八大以来，工商银行科技企业贷款总量、增量持续保持同业领先，服务全国超一半的国家高新技术企业。

在服务高水平对外开放上跑出加速度。坚持人类命运共同体理念，以国际视野推动全球经营，充分发挥境外网点布局优势和多功能服务优势，围绕国家对外开放重点，打通境内境外、线上线下、本币外币，助力连通两个市场、用好两种资源。积极参与国际金融治理，牵头成立"一带一路"银行间常态化合作机制（BRBR），目前成员已覆盖65个国家和地区的129家机构，逐步发展成为多边金融治理、互惠合作的重要平台。承办全球系统重要性金融机构（G－SIFIs）会议并推动形成制度性安排。全面服务服贸会、进博会、广交会，举办金融合作论坛、

"一带一路"贸易洽谈会等配套活动。发起成立中欧企业联盟,与空客、德意志银行、施耐德集团等数十家中欧企业共同发出维护多边合作的倡议。

一滴水可以折射太阳的光辉,一个行业的发展可以映照时代的变迁。党的十八大以来,工商银行各项工作取得的成绩,是党领导下我国金融事业蓬勃发展的一个缩影。进入新时代、迈上新征程,我国经济发展持续向好的态势不会改变,我国金融业发展前景更加广阔。同时,金融业也应清醒认识自身与高质量发展要求之间存在的差距,持续推进改革发展和经营转型,不断提升服务实体经济、防范化解风险的能力和水平。要对标"十四五"规划和2035年远景目标部署,紧跟国家发展战略,以服务和融入新发展格局为牵引,积极促进要素流动,提升经营水平,通过高质量金融服务助力提升经济内外循环效率。把握扩大内需战略基点,在服务供给侧结构性改革的同时更好服务需求侧管理,以高质量金融供给引领和创造高品质需求。将服务科技创新摆在更重要的位置,发挥金融聚集资源、引导方向的作用,推动更多要素向科技创新关键领域、"卡脖子"环节集中,以金融之力激活创新潜能。积极参与国际金融治理,提升我国在国际金融市场的话语权和影响力。我们完全有理由相信,在党中央坚强领导下,我国金融业一定能在服务国家发展、民族复兴、人民幸福的新征程上稳健前行,不断开创高质量发展新局面。

百年初心映照光辉历程
创新理论指引前行方向*

在中国共产党成立一百周年、带领中国人民踏上实现第二个百年奋斗目标新征程的重要历史时刻，党的十九届六中全会审议通过《中共中央关于党的百年奋斗重大成就和历史经验的决议》（以下简称《决议》），通篇融汇了百年来中国共产党践行为中国人民谋幸福、为中华民族谋复兴的初心使命所进行的奋斗、牺牲和创造，深刻揭示了过去我们为什么能够成功、未来我们怎样才能继续成功，发出了新时代中国共产党人坚持和发展中国特色社会主义的政治宣言，为实现中华民族伟大复兴提供了行动指南。中国工商银行作为党领导下的国有大行，把学习贯彻党的十九届六中全会精神作为重大政治任务，用百年光辉党史滋养灵魂、砥砺初心，用百年重大成就鼓舞斗志、增强自信，用百年历史经验启迪智慧、指引方向。

回首过去：百年成就鼓舞党心民心

1921 年，中国共产党从上海石库门的旭日里、从嘉兴南湖的碧波中毅然起航；一百年来，党矢志践行初心使命，筚路蓝缕奠基立业，带领人民用英勇顽强的奋斗，开辟了实现中华民族伟大复兴的正确道路，深刻影响了世界历史进程，展示了马克思主义的强大生命力，锻

---

* 本文发表于《中国金融》，2021 年第 24 期，个别文字较原文略有改动。

造了走在时代前列的中国共产党，从根本上改变了中国人民的前途命运。

四个历史时期的四个伟大飞跃，带来了中华民族伟大复兴前所未有的光明前景。实现民族复兴，是近代以来中华民族最伟大的梦想。中国共产党一经诞生，就把为中国人民谋幸福、为中华民族谋复兴确立为自己的初心使命。一百年来，中国共产党团结带领中国人民进行的一切奋斗、一切牺牲、一切创造，归结起来就是一个主题：实现中华民族伟大复兴。为了实现民族复兴，党团结带领人民在新民主主义革命时期浴血奋战、百折不挠，实现了中国从几千年封建专制政治向人民民主的伟大飞跃；在社会主义革命和建设时期自力更生、发愤图强，实现了一穷二白、人口众多的东方大国大步迈进社会主义社会的伟大飞跃；在改革开放和社会主义现代化建设新时期解放思想、锐意进取，推进了中华民族从站起来到富起来的伟大飞跃。党的十八大以来，以习近平同志为核心的党中央以伟大的历史主动精神、巨大的政治勇气、强烈的责任担当，统揽伟大斗争、伟大工程、伟大事业、伟大梦想，推动党和国家事业取得历史性成就、发生历史性变革，为实现中华民族伟大复兴提供了更为完善的制度保证、更为坚实的物质基础、更为主动的精神力量，中华民族迎来了从站起来、富起来到强起来的伟大飞跃，实现中华民族伟大复兴进入了不可逆转的历史进程。

马克思主义中国化的三次飞跃，赋予了党和人民战无不胜的强大能力。拥有科学理论的政党，才拥有真理的力量；以科学理论作指导的事业，才拥有光明的前景。在百年奋斗历程中，我们党始终坚持将马克思主义基本原理与鲜活的实践相结合，吸收借鉴人类文明优秀成果，用马克思主义中国化的科学理论指导伟大实践。从毛泽东思想的产生到中国特色社会主义理论体系的形成，再到习近平新时代中国特色社会主义思想的创立，马克思主义中国化的每一次飞跃，都使我们党对共产党执政规律、社会主义建设规律、人类社会发展规律的认识又深了一层，都使我们党带领人民解决中国实际问题有了新的强大思想武器，都使马克思主义的科学性、真理性进一步得到验证。特别是有了习近平新时代中国特色社会主义思想这一当代中国马克思主义、21 世纪马克思主义作指导，我们党就能在"两个大局"交织震荡、深度演进的复杂条件下，始终把握发展规律，坚持正确前进方向，妥善应对风险挑战，乘风破浪不迷航。

一百年的艰苦斗争，锻造了永远走在时代前列的马克思主义政党。红色江山，热血铸就。我们党从成立时只有五十多名党员，到今天成为拥有九千五百多万名党员、领导着十四亿多人口的大国、具有重大全球影响力的世界第一大执政党，靠的是一代代共产党人前赴后继、无私忘我的艰苦奋斗。无论是战争年代面对生与死的考验，还是和平时期面对义与利的抉择，抑或是面对天灾大疫、国内外风险、互联网等领域新型斗争，我们党始终以无所畏惧的斗争精神从容应对，以极强的自我净化、自我完善、自我革新、自我提高能力不断加强自身建设，始终保持先进性和纯洁性，吸引一批又一批革命志士用鲜血浇灌理想、用生命捍卫信仰，换来中国革命的成功、换来新中国的诞生、换来今天的幸福生活。在此过程中，以伟大建党精神为源头的中国共产党人精神谱系不断构建完善，跨越时空，历久弥新，感召着我们投身于具有许多新的历史特点的伟大斗争。历史充分证明，没有中国共产党，就没有新中国，就没有中华民族伟大复兴。

立足现在：百年大党站上崭新起点

党带领人民进行的一百年艰苦奋斗，绘就了人类发展史上的壮美画卷，书写了中华民族几千年历史上最恢宏的史诗。今天，我们比历史上任何时期都更接近、更有信心和能力实现中华民族伟大复兴的目标。

新时代历史性成就和历史性变革彰显中国特色社会主义强大活力。时间是最忠实的记录者，也是最客观的见证者。党的十八大以来，以习近平同志为核心的党中央在前人奋斗基础上，接续推进中国特色社会主义伟大事业，出台一系列重大方针政策，推出一系列重大举措，推进一系列重大工作，战胜一系列重大风险挑战，解决了许多长期想解决而没有解决的难题，办成了许多过去想办而没有办成的大事，推动党和国家事业取得历史性成就、发生历史性变革。这些成就的取得和变革的发生，极大增强了党的政治领导力、思想引领力、群众组织力、社会号召力，极大提升了我国经济发展的平衡性、协调性、可持续性，极大提高了我国治理体系和治理能力的现代化水平，为我国以更加有利的地位参与国际竞争合作、为中华民族以更加自信的姿态屹立于世界民族之林，奠定了坚实的物质基础、制度基础、精神基础。

"两个确立"引领民族复兴伟业行稳致远。一百年来，我们党之所以能够思想统一、步调一致向前进，根本原因在于形成了坚强有力的领导核心。只有党中央有权威，才能把全党牢固凝聚起来，进而把全国各族人民紧密团结起来，形成万众一心、无坚不摧的磅礴力量。党的十八大以来，习近平总书记以深厚的人民情怀、卓越的政治智慧、强烈的使命担当，带领全党全国人民发扬伟大的历史主动精神，开创中国特色社会主义新时代，在中华大地全面建成小康社会，引领中华"复兴号"巨轮破浪前行。习近平总书记洞察时代风云、把握时代脉搏、引领时代潮流，以非凡理论勇气提出一系列原创性战略思想和创新理念，创立习近平新时代中国特色社会主义思想，为推进民族复兴伟业提供了科学行动指南。确立习近平同志党中央的核心、全党的核心地位，确立习近平新时代中国特色社会主义思想的指导地位，对新时代党和国家事业发展、对推进中华民族伟大复兴历史进程具有决定性意义，必将激励全党全国人民在新征程上赢得更加伟大的胜利和荣光。

"十个明确"指明新赶考路上的旗帜方向。与时俱进、守正创新，是我们党鲜明的理论品格。党的十八大以来，习近平同志对关系新时代党和国家事业发展的一系列重大理论和实践问题进行了深邃思考和科学判断，就新时代坚持和发展什么样的中国特色社会主义、怎样坚持和发展中国特色社会主义，建设什么样的社会主义现代化强国、怎样建设社会主义现代化强国，建设什么样的长期执政的马克思主义政党、怎样建设长期执政的马克思主义政党等重大时代课题，提出一系列原创性的治国理政新理念新思想新战略，形成习近平新时代中国特色社会主义思想。《决议》将这一思想的核心内容概括为"十个明确"，拓展了新时代我们党理论创新的视野和空间，丰富了习近平新时代中国特色社会主义思想的理论内涵，并使之呈现出崭新的理论形态，实现了对中国特色社会主义理论体系的整体性更新和系统性升级，为党领导人民在新时代新征程上创造新的更大辉煌、实现第二个百年奋斗目标提供了科学指引和根本遵循。

眺望未来：宝贵经验指引前行方向

习近平总书记指出，回顾历史不是为了从成功中寻求慰藉，更不是为了躺在功劳簿上、为回避今天面临的困难和问题寻找借口，而是为了总结历史经验、把握历史规律，增强开拓前进的勇气和力量。《决议》提出的"十个坚持"历史经验，深刻揭示了党和人民事业不断成功的根本保证，深刻揭示了党始终立于不败之地的力量源泉、始终掌握历史主动的根本原因，深刻揭示了党永葆先进性和纯洁性、始终走在时代前列的根本途径。国有金融机构要把这些宝贵历史经验传承好、遵循好、发扬好，贯通运用到金融工作实践当中。

始终坚持党对金融工作的全面领导。中国共产党领导，是中国特色社会主义最本质的特征，是中国特色社会主义制度的最大优势，是党和国家根本所在、命脉所系。金融是国家重要的核心竞争力，金融安全是国家安全的重要组成部分，金融制度是经济社会发展中重要的基础性制度。金融发展只有在党的领导下进行，才能始终沿着正确方向前进，发挥出应有的职能和作用。国有金融企业在任何时候、任何情况下，都要把坚持和加强党的全面领导作为第一位的任务，坚决维护党中央对金融工作的集中统一领导，确保党中央决策部署在国有金融机构不折不扣落实到位，确保国有企业"两个基础"和"六种力量"作用得到充分发挥。坚决抓好国有金融企业党的建设，推进全面从严治党向纵深开展，一体推进惩治金融腐败与防控金融风险，营造风清气正的政治生态。打造"对党忠诚、勇于创新、治企有方、兴企有为、清正廉洁"的领导班子，锻造一支政治过硬、作风优良、业务精通的金融干部人才队伍，打牢高质量发展的长期人才基础。

始终坚持用党的创新理论作指导。我们党的百年历史，就是一部推进理论创新、进行理论创造、强化理论武装的历史。习近平新时代中国特色社会主义思想是引领新时代中国特色社会主义取得历史性成就、发生历史性变革的思想理论源头，也是指导党的金融事业创新发展的强大思想武器。国有金融企业必须把学懂弄通做实习近平新时代中国特色社会主义思想作为重要政治任务，系统掌握贯穿其中的马克思主义立场观点方法，切实用以武装头脑、指导实践、推动工作。要全面贯彻习近平总书记关于金融工作重要论述精神，坚定不移落实好服务实体经济、防控金融风险、深化金融改革三项任务，不断提高金融服务的适应性、竞争力、普惠性。

始终坚持擦亮金融为民鲜亮底色。江山就是人民，人民就是江山。全心全意为人民服务，是党的根本宗旨，是党开展革命、建设、改革的出发点和落脚点。党的金融事业来源于人民、根植于人民、服务于人民，只有坚守人民金融底色，把人民对美好生活的向往作为奋斗目标，金融发展才有源头活水。国有金融企业必须贯彻党的群众路线，站稳人民立场，深入贯彻以人民为中心的发展思想，以服务人民美好生活、促进共同富裕为目标，积极满足不同群体个性化、差异化、定制化需求，全面提升服务效率和水平，着力建设"人民满意银行"，不断提高人民群众的获得感、幸福感、安全感。

始终坚持走中国特色金融发展道路。走自己的路，是党的全部理论和实践立足点，更是党百年奋斗得出的历史结论。脚踏中华大地，走符合中国国情的正确道路，党和人民就具有无比广阔的舞台。党的金融事业是为服务国家发展、服务实体经济、服务民生改善而生的，既与世界金融发展有许多相通的地方，也有许多不同于国外金融业功能作用的特殊之处。我们必须坚持以我为主，立足中国实际，走独立自主、特色发展道路，把党的理论和路线方针政策全面融入金融发展之中，确保金融发展始终满足党和国家需要、满足实体经济需要、满足人民群众需要；同时，坚持胸怀天下，主动学习借鉴国外金融发展有益经验，不断健全完善我国金融体系，丰富和提升金融服务功能。国有金融机构要强化责任担当，深化对金融发展规律的认识，顺应时代潮流、回应人民要求、勇于推进改革，主动走内涵式发展道路。要立足新发展阶段，完整准确全面贯彻新发展理念，找准金融服务和融入新发展格局的着力点、切入点，在服务经济社会高质量发展过程中，实现金融业自身高质量发展。

历史长河滚滚向前，时代号角催人奋进。跟随伟大光荣正确的中国共产党踏上新的赶考之路，我们斗志昂扬、信心满怀。工商银行将更加紧密地团结在以习近平同志为核心的党中央周围，全面贯彻习近平新时代中国特色社会主义思想，增强"四个意识"、坚定"四个自信"、做到"两个维护"，从党的百年奋斗历程中汲取智慧营养，用党的百年奋斗经验指引方向，弘扬伟大建党精神，埋头苦干、勇毅前行，为实现第二个百年奋斗目标、实现中华民族伟大复兴的中国梦，不断作出新的更大金融贡献。

强化党的领导　完善公司治理
奋力谱写中国特色金融发展之路工行篇章[*]

党的十八大以来，以习近平同志为核心的党中央高度重视金融工作，坚持深化金融改革，对完善金融治理作出重要部署。中国工商银行以中央巡视整改为契机，深入贯彻党中央决策部署，全面落实监管要求，进一步强化党的领导、完善公司治理，持续推动党的领导与公司治理有机融合，着力提高治理能力和治理水平。

一、深刻认识强化党的领导是中国特色社会主义国有银行的最大优势

中国共产党领导是中国特色社会主义最本质特征。必须毫不动摇强化党的领导，打造具有中国特色的现代金融企业公司治理模式，以高质量治理促进高质量发展。

坚持党的领导，才能确保现代金融企业建设始终朝着正确的方向前进。这些年，国有大型商业银行取得历史性成就，根本原因就在于坚持党的领导，将党的领导融入公司治理各环节，充分发挥党委把方向、管大局、保落实的作用。无论外部形势如何变化，我们始终坚持以党的政治建设为统领，持续学懂弄通做实习近平总书记关于金融工作重要论述，深入把握新时代金融工作规律，深刻领会金融工作的政

＊ 本文发表于《中国银行保险报》，2022 年 7 月 13 日，个别文字较原文略有改动。

治性、人民性，进一步明确完善公司治理的方向、途径，保持战略定力，确保公司治理体系建设在中国特色金融发展的框架下走稳走实。

坚持党的领导，才能确保国有大型商业银行发挥好职能作用。金融是国之重器，国有大型商业银行是党执政兴国的重要支柱和依靠力量。只有坚持党的领导，提高政治站位，把自身经营发展放到党和国家事业大局去谋划和推进，才能站位"国之大者"高效履职，扎扎实实办好银行。这些年，国有大型商业银行始终自觉同党的理论和路线方针政策对标对表，切实将党的主张和重大决策通过科学程序有机融入公司治理实践，推动各治理主体树牢正确政绩观，将更多经营资源投入主责主业、服务国家重大战略实施的重点领域，不断满足人民群众和实体经济多样化的金融需求。

坚持党的领导，才能确保国有大型商业银行真正实现高质量发展。风险管理是银行的生命线，是高质量发展的基础。从历史经验看，管住"人"，是管住风险的关键。只有坚持党的领导，推进全面从严治党，真正从思想上"管住人"，才能最大限度管控风险。这些年，国有大型商业银行始终坚持把管党治党责任与风险防控责任同步压实，从源头上推动各治理主体落实"管住人、看住钱、扎牢制度防火墙"要求，强化风险意识、合规意识，认真实施全面风险管理策略，实现了自身各类风险总体可控，在维护经济金融稳定大局中发挥了主力军作用。

二、统筹处理好完善公司治理的几组关系，提升公司治理的稳健性和有效性

完善公司治理是一项系统工程，涉及多个治理主体、多项治理要素、多种治理功能、多元利益诉求。坚持党的领导，是完善国有大型银行公司治理的根本前提。同时，还必须树立系统观念，运用辩证思

维，深入分析、准确把握公司治理的内在规律，统筹处理好几组关系，努力使各项工作更加契合规律、更加符合高质量发展导向。

统筹处理好公司治理和深化改革的关系。完善公司治理作为重要的改革任务，应当形成有效机制，通过深化改革提升公司治理的稳健性和有效性。要从战略层面进行谋划安排，突出改革主线，不断深化"党委全面领导，董事会战略决策，监事会依法监督，管理层负责经营"的公司治理格局。牢固树立正确发展观、业绩观，加强干部队伍建设，完善绩效考评和激励约束机制。

统筹处理好内部治理和外部治理的关系。良好的公司治理必须内外统一、内外互补。既要着力优化内部治理结构和机制，也要严格遵循监管要求，严守合规经营底线，主动接受金融消费者、资本市场、专业机构、社会公众等约束监督，有效适应外部治理环境的变化，践行好 ESG 理念，履行好社会责任。

统筹处理好制度治理和文化治理的关系。公司治理的基础在于制度。一方面，要在建章立制上下功夫，推动公司治理制度更加成熟完善。同时，要自觉尊崇制度体系，认真执行制度规范，切实发挥制度治理的"硬威力"。另一方面，要厚植审慎稳健的治理文化，促进治理文化内化于心、外化于行、固化于制，以文化"软实力"助推治理水平提升。

统筹处理好有效制衡和激发活力的关系。有效制衡，是公司治理的核心所在。既要通过结构性、机制性的精心布局，推动各治理主体各司其职、各负其责、协调运转、有效制衡，确保经营决策更科学、授权管理更规范；又要坚持收放结合，动态优化调整风险控制、产品创新、市场拓展、业务运营等领域的授权，不断激发经营活力。

三、全面提升中国特色社会主义大型银行治理能力和治理水平

全面加强党的领导。深刻领悟"两个确立"的决定性意义，进一步增强"四个意识"、坚定"四个自信"、做到"两个维护"，不断提高政治判断力、政治领悟力、政治执行力。全面落实《银行保险机构公司治理准则》等监管要求，抓好公司章程和相关工作规则的修订及实施，将深入学习贯彻习近平新时代中国特色社会主义思想、贯彻新发展理念、树立高质量发展愿景、落实金融工作"三项任务"、"坚持加强党的领导和完善公司治理相统一，实现有机融合、一体推进、协同联动"等内容写入公司章程。推动党的领导贯穿金融工作各领域全过程，确保党中央各项决策部署得到有效贯彻执行，切实把党的领导政治优势转化为工商银行的治理效能和发展优势。

不断完善公司治理机制。健全公司治理制度体系和运行机制，把握好党委同各治理主体的关系，厘清"三会一层"职责边界，确保党委在决策、执行、监督等各环节有效发挥领导作用。落实好重大事项党委前置研究机制，列明清单、规范议题、严格把关、闭环管理，实现决策效率与效力相统一。积极强化外部治理的约束引导，推动各类治理的互促融合，为各利益相关方创造更大价值。

持续深化风险治理和监督体系建设。树牢总体国家安全观，立足全局、站位大局防范化解金融风险，坚决维护经济金融稳定。以"时时放心不下"的责任感，对线上线下、表内表外、境内境外等各领域风险进行常态化、全方位、穿透式排查，坚持排查治理、制度完善、流程优化、能力提升多管齐下，把风险消除在萌芽状态。健全完善风险识别、预警和处置机制，提升数字化、智能化风控水平。同时，持续深化监督体系建设，加强纪检监察、巡视、监事会、审计、内控合

规等各类监督的协调联动，构建防违规、防违纪、防案件、防腐败联防联控新格局，一体推进惩治金融腐败和防控金融风险。

加快优化敏捷高效的经营机制。坚持内涵式发展导向，完善考核评价与资源配置机制，促进发展质量、结构、规模、速度、效益、安全相统一。持续优化组织架构，统筹好放权激励与监督约束，构建有效激发经营活力的经营机制，全面提升竞争力、创新力、控制力、抗风险能力。深化数字化转型，强化科技赋能，不断推出金融服务新模式、新生态，助力满足人民对美好生活的新期待、新需要。

以高质量机关党建推动
国有金融企业高质量发展[*]

党的十八大以来，习近平总书记围绕国有企业党的建设、金融改革发展、中央和国家机关党的建设发表了一系列重要论述，为做强做优做大国有企业、开创金融高质量发展新局面、加强和改进中央和国家机关党的建设提供了根本遵循，指明了前进方向。国有金融企业肩负着建设党和国家金融事业和服务广大人民群众的重任，既有国有企业坚持党的领导的共性规律，也有金融企业发挥金融"血脉"作用的个性特点，决定了国有金融企业机关必须深刻领悟"两个确立"的决定性意义，始终践行"两个维护"，永葆政治机关的鲜明本色。"对党忠诚、不负人民"是伟大建党精神的落脚点，对于国有金融企业来说，着力增强金融工作的政治性、人民性，做到让党中央放心、让人民群众满意就是对其自身高质量发展的最好诠释。

一、深刻把握以高质量机关党建推动国有金融企业高质量发展的重大意义

习近平总书记在中央和国家机关党的建设工作会议上，科学总结了机关党建的 6 条重要经验。这些经验既是机关党建高质量发展的生动实践，也为国有金融企业高质量发展厘清了思路。

---

* 本文发表于《机关党建研究》，2022 年第 4 期，个别文字较原文略有改动。

（一）坚持和加强党的全面领导为国有金融企业高质量发展把准了方向

坚持和加强党的全面领导是新时代党的建设总要求的根本原则。国有金融企业机关是贯彻落实党中央决策部署的"最先一公里"，肩负着维护党中央权威和集中统一领导以及推动经济社会发展的重要责任，只有主动对接国家发展战略，统筹落实金融工作"三项任务"和服务"六稳""六保"，全力做好制造业、科创、绿色、普惠等重点领域金融服务，在助力构建新发展格局中发挥积极有效作用，才能不断提高金融服务的适应性、竞争力和普惠性，切实成为"两个基础"和"六个力量"。

（二）习近平新时代中国特色社会主义思想特别是习近平经济思想为国有金融企业高质量发展提供了指南

习近平新时代中国特色社会主义思想是党的最新理论成果，是解决广大党员世界观、人生观、价值观问题的关键所在。国有金融企业机关作为政治机关，只有学懂弄通做实习近平新时代中国特色社会主义思想特别是习近平经济思想，持续提高政治判断力、政治领悟力、政治执行力，自觉从政治角度看待经济社会发展问题，全面贯彻新发展理念，更好按经济规律办事，增强运用党的科学理论解决实际问题的能力，才能把学习成效转化为做好金融工作、推动高质量发展的具体行动。

（三）围绕中心、建设队伍、服务群众为国有金融企业高质量发展明确了路径

围绕中心、建设队伍、服务群众是机关党建的职责任务，国有金融企业机关作为经营决策中心，只有胸怀"国之大者"，既坚持立足自身发展，加强党的各项建设，营造良好政治生态，培养忠诚干净担当

的干部队伍；又践行党的宗旨，弘扬优良作风，增强群众工作本领，运用金融手段精准纾解客户痛点，才能做到讲政治、守纪律、负责任、有效率，实现经营管理质效和人民群众满意度的双提升。

（四）持之以恒抓基层、打基础为国有金融企业高质量发展凝聚了力量

基层党组织是党的执政之基、力量之源，也是推动新时代党的建设总要求在国有金融企业机关落实落地的基本保障。只有以提升组织力为重点，突出政治功能，落实党的组织生活各项制度，建立创先争优长效机制，充分发挥党支部的战斗堡垒作用、党员的先锋模范作用、群团组织的桥梁纽带作用，教育引导干部员工忠诚履责、攻坚克难、勇于担责，真正把各方面的力量团结和动员起来，才能确保党的路线方针政策得到贯彻落实，为高质量发展提供坚强组织保证。

（五）与时俱进、改革创新为国有金融企业高质量发展释放了活力

坚持与时俱进、改革创新是机关党建体现时代性、把握规律性、富于创造性的内在需要，也是推动高质量发展的活力之源。只有增强改革政治担当，不断提高金融治理体系和治理能力现代化水平，通过完善支持科技创新的组织体系、产品体系、风控体系，突出对产业链供应链自主可控、战略性新兴产业等领域的金融支持，才能促进新旧动能接续转换和创新驱动发展，让金融改革创新成果惠及全体人民，朝着共同富裕目标不断迈进。

（六）全面落实机关党建工作责任制为国有金融企业高质量发展增强了保障

落实机关党建工作责任制是推动机关走在前、作表率，确保经营发展取得实效的有力保证。只有牢牢牵住责任制这个"牛鼻子"，层层

压实责任，科学构建责任体系，做到知责于心、担责于身、履责于行，才能把机关党建工作真正融入企业各个层级、不同主体的工作过程，渗透到管理体系的每一环节，将机关党建的风向标作用转化为赋能经营改革发展的驱动力，引领带动企业自身实现高质量发展。

二、以高质量机关党建推动国有金融企业高质量发展作用机制探索

2016 年，习近平总书记在全国国有企业党的建设工作会议上提出了国有企业必须坚持"两个一以贯之"的重要论断并深刻指出，把国有企业做强做优做大要靠宏观政策支持、良好的市场环境、正确的发展战略、科学的管理体系、有竞争力的技术和产品，最重要的还要有一种为国家为人民真诚奉献的精神、一个坚强有力的领导班子、一支勇于攻坚克难的高素质干部队伍、一支充分组织起来的职工队伍。从国有金融企业来看，要实现高质量发展就必须发挥坚持党的领导、加强党的建设这一"根"和"魂"的作用，通过制定正确的发展战略、构建科学的管理体系、建设高水平人才队伍和提供高质量金融供给，把金融的"血脉"作用贯通于"五位一体"总体布局各方面、全过程。要认真落实习近平总书记"7·9"重要讲话精神和《关于加强和改进中央和国家机关党的建设的意见》各项要求，聚焦"第一方阵"的政治定位，建设让党中央放心、让人民群众满意的模范机关。

以高质量机关党建推动国有金融企业高质量发展，必须将党在政治、思想、组织、作风、纪律、群众工作等方面的优势与企业制度、发展理念、经营目标相结合，通过强化政治功能、加强队伍建设、密切联系群众、健全体制机制等措施逐步完善公司治理，提升金融服务效率和水平。

（一）聚焦"第一方阵"定位，推动国有金融企业制定正确发展战略

突出金融的政治性，牢牢把握政治机关定位，深入贯彻习近平新时代中国特色社会主义思想，认真落实习近平总书记关于经济金融工作的重要讲话和重要指示批示精神，自觉增强"四个意识"、坚定"四个自信"、做到"两个维护"，将企业发展目标与党的路线方针政策相统一，紧密融入国家发展战略，使党中央决策部署能够在经营发展中得到全面贯彻落实，在把握新发展阶段、贯彻新发展理念、构建新发展格局中发挥积极有效作用。要站在维护国家安全稳定的高度来认识维护金融安全的重大责任，保持政治敏锐性，不断提高政治判断力、政治领悟力、政治执行力，对照习近平总书记指出的"8个方面金融风险"和"金融领域6个方面风险点"，全面梳理排查风险隐患，建立健全金融安全防线和风险应急处置机制，持续提高"精准拆弹"水平，守住不发生系统性金融风险的底线。

（二）聚焦"围绕中心"任务，推动国有金融企业构建科学管理体系

突出党对金融工作的集中统一领导，把党的建设要求融入企业管理体系建设的各方面，贯穿到公司治理各环节，党委成员依照法定程序分别进入董事会、监事会、高管层，公司章程与党委议事规则有机衔接，进一步完善金融治理体系，提升金融治理能力，将"党是领导一切的"重大政治原则落到实处。要充分发挥党组织把方向、管大局、保落实作用，健全党建工作责任制，严格执行请示报告、民主集中制等党内法规，严明党的各项纪律规矩，一体推进"三不"机制，使党组织在企业管理中能够充分发挥战斗堡垒作用，党的建设能够围绕中心工作有序推进，不断增强经营决策的科学性、民主性、规范性。

（三）聚焦"建设队伍"任务，推动国有金融企业建设高水平人才队伍

坚持党管干部、党管人才原则，树立正确的选人用人导向，强化政治标准，注重实践磨炼，统筹选拔、培养、管理、使用各个环节，加大优秀年轻干部培养力度，用好各年龄段干部，着力建设德才兼备的高素质干部队伍。要抓实思想政治工作，及时分析研判员工思想动态，认真落实谈心谈话制度，有针对性地鼓励鞭策、提醒帮助，并运用政治引领、事迹感召、平台吸引、荣誉表彰、激励帮扶等手段，激发员工成就感、自豪感，写好事业留人、感情留人这篇大文章。要提高发展党员质量，严格发展党员标准、程序和纪律，优先把业务骨干培养成为党员，把党员培养成为业务骨干，宣传引导党外优秀分子积极向党组织靠拢，保持党员队伍的先进性、纯洁性，充分发挥党员先锋模范作用。

（四）聚焦"服务群众"任务，推动国有金融企业提供高质量金融供给

突出金融的人民性，把全心全意为人民服务作为全部经营工作的出发点和落脚点，强化服务客户的经营价值导向，在政策制定、产品设计、后台支持中以改善客户体验为目标，满足不同群体个性化、差异化、定制化需求，解决客户痛点、难点，不断提高人民群众的获得感、幸福感、安全感。要持续纠治形式主义、官僚主义，破解"机构壁""部门墙"等难点问题，把员工从繁杂事务中解放出来，释放员工活力，提升竞争能力，激发工作动力，更好地减负赋能。要切实肩负起发展普惠金融的社会职责，着眼于解决金融服务不平衡不充分的问题，持续加大对小微企业服务力度，帮助受益群体提升"造血功能"，将自身发展建立在符合群众需求的基础上，更好地实现金融为民、利民、惠民、安民。

三、掌握以高质量机关党建推动国有金融企业高质量发展的科学工作方法

以高质量机关党建推动高质量发展不仅要有完善的体制机制这一"硬件"，还要掌握科学的工作方法这一"软件"，进而实现机关党建从"有形"到"有效"，从"体量"到"质量"，从"上层"到"基层"的深化和延展。

（一）坚持目标引领、问题导向，提高站位谋大局

既以目标为着眼点，不断提高站位，开阔视野，胸怀"两个大局"，把握"国之大者"，主动将机关党建工作放到党和国家大局中考量和推动，为经济社会发展贡献力量；又以问题为着力点，善于从基层党组织问题发现机关党建问题，从制度执行问题发现制度设计问题，瞄着问题去、对着问题改，不断提升工作规范化、精准化、科学化水平。

（二）注重系统谋划、统筹推进，凝聚合力促落实

坚持全局谋划、上下联动、整体推进，紧扣机关党建职责定位，发挥好国有金融企业党委的领导作用，履行好直属机关党委、机关纪委专责机构职责，整合好党委职能部门资源优势，运用好群团组织的桥梁纽带作用，调动好机关各级党组织的积极性、主动性、创造性，激发好专兼职党务干部队伍工作热情，形成领导有力、协调有序、运行高效的工作格局，画好"同心圆"，唱好"大合唱"。

（三）提升斗争精神、底线思维，筑牢堤坝防风险

敢于斗争、善于斗争，把正风肃纪反腐和防控金融风险相结合，将"三不"机制一体推进作为深化金融反腐、防控金融风险和构建良

好政治生态的重要举措。要坚持底线思维，增强风险意识，从基本制度严起，从日常规范抓起，紧盯关键领域、关键岗位、关键环节、关键群体腐败问题和廉洁风险，探索建立金融反腐与处置金融风险统筹衔接机制，着力清除腐败与风险共生的土壤。

（四）强化责任意识、担当作为，真抓实干求实效

首先，建立清单明责。制定全面从严治党主体责任清单、监督检查办法、委员工作指引，做到主体、内容、要求"三明确"，形成环环相扣的责任链条。其次，建强队伍履责。制定分层分类的培训规划，拓展学习形式，搭建实践平台，帮助党务干部在学习中强信念，在实践中长本领，在履职中增能力。再次，强化考核督责。完善机关党建工作考核评价办法，将党建工作考核评价结果纳入部门考核评价和干部考核评价体系，将党务工作经历纳入干部履历。最后，融入业务验责。坚决抓好中央巡视整改工作，牢牢把握金融工作正确政治方向，以高质量机关党建推动金融工作"三项任务"落实，以走好中国特色金融发展之路的实际行动和优异成绩迎接党的二十大胜利召开。

以全面从严治党开创
工商银行高质量发展新局面[*]

党的二十大报告深刻指出，"全面建设社会主义现代化国家、全面推进中华民族伟大复兴，关键在党"，"必须持之以恒推进全面从严治党，深入推进新时代党的建设新的伟大工程，以党的自我革命引领社会革命"。工商银行作为国有大行，必须把思想和行动统一到党的二十大精神上来，以高质量党建引领高质量发展，走好中国特色金融发展之路，为全面建设社会主义现代化国家持续贡献金融力量。

一、深刻认识全面从严治党对做好国有商业银行工作的重大意义

习近平总书记强调，坚持党的领导、加强党的建设，是我国国有企业的光荣传统，是国有企业的"根"和"魂"。国有商业银行肩负着服务国家战略、服务实体经济、服务人民群众的职责使命，必须充分发挥全面从严治党的引领和保障作用，准确把握工作开展的正确方向，确保始终成为党可以充分信赖的力量。

全面从严治党是国有商业银行坚持金融工作政治性的内在要求。政治性是金融工作的第一属性，回答金融工作举什么旗、走什么路的问题，决定金融工作的方向和效果。只有坚持从政治上看金融、干金

---

* 本文发表于《旗帜》，2023 年第 1 期，个别文字较原文略有改动。

融，才能真正吃透党对金融工作的期许和要求，在党和国家工作大局中找准金融定位、履行好金融职责。国有商业银行是贯彻落实党中央金融决策部署的主力军，必须通过全面从严治党，将党的政治领导、思想领导、组织领导落深落细，推动党中央决策部署不折不扣落实到位，确保自身发展符合党和国家事业发展需要。

全面从严治党是国有商业银行增强金融工作人民性的内在要求。人民性是马克思主义的本质属性，回答发展为了谁、发展依靠谁、发展成果由谁共享的问题，决定金融工作的立场和宗旨。党的金融事业起于为人民服务、兴于为人民服务，只有把人民对美好生活的向往作为奋斗目标，才能真正找到自身发展的价值归宿。国有商业银行是金融服务人民群众的主要窗口，必须通过全面从严治党，站稳群众立场，落实好以人民为中心的发展思想，以高质量金融供给满足人民群众多样化、高品质金融需求，助力增进民生福祉。

全面从严治党是国有商业银行推动自身高质量发展的内在要求。党的二十大报告鲜明指出，高质量发展是全面建设社会主义现代化国家的首要任务。对金融而言，服务经济社会高质量发展，既是重要职责，也是自身高质量发展的根本依托。国有商业银行必须通过全面从严治党，强化干部员工的大局意识、全局观念，增强工作责任感和使命感，在服务实体经济、防范化解风险、深化金融改革上更加积极主动、勇于担当，激发干事创业的强大正能量，营造风清气正的良好政治生态，为推动高质量发展提供坚强保障。

二、深入落实党的二十大关于全面从严治党的新部署新要求

党的二十大报告立足新时代全面从严治党取得的重大成果，着眼党和国家事业发展面临的新形势，面向新征程上党的使命任务，对全

面从严治党作出全面系统的部署安排。国有商业银行必须立足自身实际，高标准抓好贯彻落实，推进全面从严治党不断取得新成效。

坚持在"全面"上下功夫，做到整体推进。全面从严治党是一项系统工程，必须增强系统观念，提升工作整体性。要深刻把握党的二十大关于全面从严治党各项部署之间的内在逻辑关系，推动党的各项建设互为支撑、相互贯通，实现综合发力。压紧压实各方责任，有效整合各方资源，形成协调有序的工作格局，画好"同心圆"、唱好"大合唱"。

坚持在"深入"上下功夫，做到相融共促。管党治党与业务发展是同一工作的一体两面。要将党建引领落脚到经营管理中，建立健全党建和业务同谋划、同部署、同落实、同考核的制度机制，理顺抓党建、强队伍、促发展的传导链条，善于发挥党建工作的优势开展业务、用业务工作的成效检验党建，以管党治党的有效加强带动业务发展的不断突破。

坚持在"精准"上下功夫，做到有的放矢。党的二十大报告不仅部署了全面从严治党的新任务，同时也指出了党的建设面临的突出问题。要聚焦这些问题，结合中央巡视指出的问题以及平时工作中发现的各类问题，梳理薄弱环节、总结基层实践、加强分类指导，推动党建工作增强时代性、体现规律性、富于创造性。

坚持在"长效"上下功夫，做到久久为功。全面从严治党永远在路上，党的自我革命永远在路上。要保持一抓到底的韧劲，坚持布置工作必看党建责任、开展调研必看党建工作、巡视督查必看党建内容、考核评价必看"一岗双责"，常态化长效化落实中央巡视整改要求，在全面从严治党上持续用劲、不断发力，确保党建工作抓出成果、作出实效。

三、以全面从严治党开创工商银行高质量发展新局面

2023 年是全面贯彻落实党的二十大精神开局之年，也是工商银行成立 40 周年。我们一定要认真落实新时代党的建设总要求，坚定不移全面从严治党，以走好中国特色金融发展之路、推动高质量发展的实际行动，在全面建设社会主义现代化国家新征程上展现大行担当。

坚决维护党中央对金融工作的集中统一领导，确保金融改革发展正确方向。坚持按党的方针办工行、按党的纪律管工行，自觉在思想上政治上行动上同以习近平同志为核心的党中央保持高度一致，推动习近平总书记重要讲话精神和党中央决策部署不折不扣落实到位。引导党员干部提高政治判断力、政治领悟力、政治执行力，推动全行加大对制造业、科技创新、绿色发展、小微企业、乡村振兴等支持力度，不断提升金融服务的适应性、竞争力和普惠性。推动党的领导与公司治理深度融合，充分发挥党委把方向、谋大局、定政策、促改革作用，有效激活各类治理主体作用，不断将党的领导政治优势、制度优势转化为自身发展优势、治理优势。持续抓好十九届中央第八轮巡视整改，着力把问题改到底、改到位，确保取得更大成效。全面提高机关党建质量，聚焦围绕中心、建设队伍、服务群众，积极创建模范机关，走好第一方阵。

强化党的创新理论武装，为高质量发展提供行动指南。坚持用习近平新时代中国特色社会主义思想凝心铸魂，在学懂弄通做实习近平经济思想、习近平总书记关于金融工作重要论述上下功夫，做到学思用贯通、知信行统一，把学习成效转化为坚定理想、锤炼党性和做好金融工作的强大力量。紧紧抓住"关键少数"和年轻干部，落实好领导干部领学促学机制，实施好青年理论学习提升工程，丰富学习内容、拓展学习渠道、加强学习督导。坚持理论武装同常态化长效化开展党史学习教

育相结合，引导党员干部不断学史明理、学史增信、学史崇德、学史力行。落实好意识形态工作责任制，加强阵地建设，讲好工行故事、传递工行声音。

进一步夯实基层基础，以组织建设凝聚奋进合力。认真落实新时代党的组织路线，督促各级党组织认真履行党章赋予的各项职责，切实担起全面从严治党政治责任。树立大抓基层的鲜明导向，健全严密组织体系，全面推进党支部标准化规范化建设，增强党组织的政治功能和组织功能，推动党建和业务相融共促，锻造坚强有力的战斗堡垒，实现基层党组织全面进步、全面过硬。坚持党管干部原则，把好政治关、廉洁关，选拔适应新时代金融发展需要的干部，加强实践锻炼、专业训练，增强干部推动高质量发展本领、服务群众本领、防范化解风险本领，培养忠诚干净担当的高素质专业化干部队伍。优化党员队伍结构，加强党员教育管理，把党员培养成业务骨干、把业务骨干培养成党员，让党员成为政治上的标杆、业务上的骨干、道德上的模范。

以严的基调强化正风肃纪，始终站稳人民立场。弘扬党的光荣传统和优良作风，把人民立场贯穿服务客户、基层、员工全过程，健全"我为群众办实事"长效机制，主动问需求、解难题、减负担、赋能量，用心用情用力解决好人民群众最关心、最直接、最现实的利益问题，不断释放员工活力、提升竞争能力、激发工作动力。锲而不舍落实中央八项规定精神，抓住普遍发生、反复出现的问题深化整治，推进作风建设常态化长效化。全面加强党的纪律建设，督促领导干部严于律己、严负其责、严管所辖，对违反党纪的问题，发现一起坚决查处一起。做好新入职、新入党、新提拔等重点人员的教育培训，加强对干部员工思想状况、八小时外行为的监督管理，抓早抓小、防微杜渐。

提高一体推进"三不腐"能力，构建良好政治生态。综合运用"四种形态"，深化精准问责、规范问责，坚持零容忍、强高压、长震慑，坚决清存量、遏增量。针对各类腐败现象背后暴露出的问题，深入分析风险隐患，形成"查、防、治"管理闭环，守住不发生系统性金融风险底线。用好"双谈双促"常态化机制，加强与驻行纪检监察组的沟通会商，持续深化纪检监察体制改革，提升对"关键少数"特别是各级"一把手"和领导班子监督的穿透性、有效性，不断完善权力运行制约和监督机制。推动纪检监察、内审内控、巡视巡察加强协作配合，增强监督合力。坚持正向引导和反面警示相结合，加强理想信念教育和廉洁文化建设，筑牢拒腐防变、遵规守纪的思想和文化根基。

新蓝图引领新征程，新使命呼唤新担当。工商银行一定更加紧密地团结在以习近平同志为核心的党中央周围，深入学习贯彻党的二十大精神，深刻领悟"两个确立"的决定性意义，胸怀"国之大者"，增强"四个意识"、坚定"四个自信"、做到"两个维护"，坚定不移推进全面从严治党，全身心投入建设中国特色世界一流现代金融企业的伟大事业，奋力谱写金融服务中国式现代化新篇章！

第二篇
发挥金融所能
强化高质量金融供给

谱写新时代金融服务高质量发展新篇章*

党的十九届四中全会是我们党的历史上一次极其重要的会议，习近平总书记在全会上的重要讲话，内涵丰富，深刻回答了"坚持和巩固什么、完善和发展什么"等一系列重大问题，标志着我们党对国家制度、国家治理体系、国家治理能力的认识，升华到了新的高度。工商银行将认真学习和贯彻好全会精神，在增强自身治理能力的同时，更好地支持经济高质量发展。

新时代我国经济发展最核心的特征，就是由高速增长阶段转变为高质量发展阶段，这是当前和今后一个时期谋划经济工作的根本方针。高质量发展，就是能够很好满足人民日益增长的美好生活需要的发展，是体现新发展理念的发展。高质量发展是从"有没有"转向"好不好"，从追求体量优势、速度优势转向追求质量优势和效益优势。新时代高质量发展至少包括三个方面的内容，而且它们之间相互联系、相互作用。

第一，优化发展的供给体系。供给体系的优化，在具体产出形态上表现为产品和服务质量的提升，在产业层面表现为产业技术能力和产业链水平的提升。我国是全世界唯一有全国工业门类的国家，220多种工业产品产量居全球首位。但同时，许多产品仍然处于区域价值链的中低端，部分环节受制于人。要提高供给质量，就必须顺应全球国

---

* 2019年11月3日，在第三届中国企业改革发展论坛上的演讲，个别文字较原文略有改动。

际加速变革的大趋势，充分发挥科技创新对高质量发展的引领作用，加快新旧动能转换，打造更趋完整性、更强创新力、更高附加值的产业链，来提高全要素生产率。

第二，持续升级的需求体系。我国不仅是世界工厂，也是全世界最大的成长性市场。拥有近14亿人的庞大的消费市场，拥有4亿中等收入的群体，2018年人均GDP即将跨越1万美元的关口。根据2018年的数据，在我国市场，仅一个小时，外贸进出口值就超过5亿美元，百姓购物和餐饮消费达43亿元，快递企业处理的快递超过600万件。高质量发展，就是要在更高水平、更高质量实现动态平衡，既要满足人民群众个性化、多样化、升级化的需求，又要以需求的升级引领供给体系的优化，反过来催生新的需求。

第三，更加适配的金融体系。为实体经济服务是金融的任务。经济的高质量发展需要通过金融实现，要通过实现金融供给改革促进发展，以新理念、新技术、新模式来推动经济的高质量发展。在服务实体经济、服务经济高质量发展过程中，要注重把握好三个"度"：一是力度，即处理好稳增长和控风险的关系，尤其是在当前经济下行压力加大的情况下，贯彻逆周期宏观政策，完善存量增量并轨的机制，合理加强实体经济投放，力求货币政策传导和"六稳"要求落地。二是精度，即优化结构，提高服务实体经济的精准性。重点聚焦新旧动能转换、区域协调发展和共建"一带一路"等，来提升金融供给的效能，促进打通实体经济的血脉。截至2019年9月末，工商银行制造业贷款达1.42万亿元，行业排名第一。普惠贷款增幅达55%。三是广度，发挥工商银行全球服务优势，建立贷款、债券、股份、租赁和财富顾问全口径的投融资体系，把信贷"独木桥"改造为综合服务的"立交桥"，为高质量发展提供更多渠道。

提高金融服务新发展格局的能力*

2020 年 7 月 30 日召开的中央政治局会议提出，加快构建以国内大循环为主体、国内国际双循环相互促进的新发展格局。这既是对更好统筹疫情防控和经济社会发展工作、决胜全面建成小康社会作出的重大部署，也是着眼于实现第一个百年奋斗目标之后乘势而上开启全面建设社会主义现代化国家新征程作出的战略布局，为我们做好金融工作提供了基本遵循，指明了前进方向。

当前和今后一个时期，我国发展仍然处于战略机遇期，但机遇和挑战都有新的发展变化。和平与发展仍然是时代主题，我国发展具有多方面优势和条件，同时国际环境日趋复杂，不稳定性不确定性明显增强，国内发展不平衡不充分问题仍然突出。抓住发展战略机遇期实现更好发展，要求我们加快形成以国内大循环为主体、国内国际双循环相互促进的新发展格局。

更好运用国内资源禀赋。我国经济是大国经济，拥有众多资源禀赋优势。在当前国际上保护主义上升、世界经济低迷、全球市场萎缩的外部环境下，需要在坚持扩大对外开放的同时，充分发挥我国国内超大规模市场优势和内需潜力，用好完整工业体系、强大生产能力、完善配套能力和庞大人才队伍等多种优势，通过繁荣国内经济对冲国际市场不利影响，为我国经济发展增添动力。

---

* 本文发表于《人民日报》，2020 年 8 月 26 日，第 9 版，个别文字较原文略有改动。

更好满足人民群众需要。我国社会主要矛盾已经转化为人民日益增长的美好生活需要和不平衡不充分的发展之间的矛盾。解决这一矛盾，必须坚持以人民为中心的发展思想，不断保障和改善民生、增进人民福祉。加快形成以国内大循环为主体、国内国际双循环相互促进的新发展格局，有利于把满足国内需求作为发展的出发点和落脚点，加快构建完整的内需体系，着力打通生产、分配、流通、消费各个环节，提升产业链供应链现代化水平，实现高质量发展，满足人民日益增长的美好生活需要。

更好连通国内国际市场。经济全球化是历史潮流，各国分工合作、互利共赢是长期趋势。我国不仅是世界制造业第一大国，而且是世界最大消费市场之一，中国与世界的经贸关系从未如此紧密。以国内大循环为主体，绝不是关起门来封闭运行，而是通过发挥内需潜力，使国内市场与国际市场更好联通，更好利用国际国内两个市场、两种资源，实现更加强劲可持续的发展。

金融是现代经济的核心，是推动经济社会发展的重要力量。习近平总书记指出，金融活，经济活；金融稳，经济稳。加快形成以国内大循环为主体、国内国际双循环相互促进的新发展格局，将对我国供给体系、需求体系产生深刻影响，对做好金融工作提出了新要求。我们要适应新发展格局下供给体系、需求体系的新变化新特点，不断健全具有高度适应性、竞争力和普惠性的现代金融体系，提高金融服务新发展格局的能力。

服务好供给侧结构性改革主线。金融体系要积极服务供给侧结构性改革，支持传统制造业升级、先进制造业发展和优秀科创企业成长壮大，提高中长期融资和信用贷款比重。以信息链带动资金链，推动服务业加快恢复发展。加大绿色信贷投放，积极培育新动能。落实金融开放政策措施，做好"一带一路"金融服务。用好数据资源要素，通过金融科技赋能，不断提高金融服务实体经济的精准性和直达性。

服务好扩大内需战略基点。超大规模市场优势和内需潜力是加快形成新发展格局的重要基础，必须牢牢把握扩大内需这一战略基点，促进需求体系持续升级。金融体系要贯彻好逆周期调节政策，安排好投融资总量、投向、节奏、价格，更好发挥金融在扩大最终消费、推动消费升级方面的积极作用。综合运用贷款、债券、债转股等多种工具，全力保障新型基础设施建设项目、国家重大战略项目融资需求。通过优化重大区域发展战略金融服务，推动城市群、都市圈一体化发展，满足新型城镇化投资和消费需求。坚决助力打赢脱贫攻坚战，做好产业扶贫、消费扶贫、教育扶贫、健康扶贫的综合文章。

服务好保护好市场主体。习近平总书记指出，市场主体是经济的力量载体，保市场主体就是保社会生产力。金融体系要扎实服务好"六稳""六保"工作，助力保护和激发市场主体活力，推动其实现更大发展；突出对制造业、一般服务业尤其是中小微企业的金融支持，力促核心企业不断链、上下游企业不断流，维护和提升我国产业链供应链的稳定性和竞争力；落实好延期还本付息等政策，推动普惠金融增量、扩面、提质、降本，更好支持个体工商户发展；积极完善统一征信平台，助力打造市场化、法治化、国际化营商环境。

防范化解金融风险。习近平总书记指出，防止发生系统性金融风险是金融工作的永恒主题。金融体系要牢固树立总体国家安全观，把服务实体经济和防控金融风险有机结合起来，主动防范化解系统性金融风险，努力做到早识别、早预警、早发现、早处置；着力防范化解重点领域风险，完善金融安全防线和风险应急处置机制，努力做到未雨绸缪，提高"精准拆弹"水平；完善金融风险治理体系，健全全面风险管理模式，坚决守住不发生系统性金融风险的底线。

提升金融服务新发展格局水平[*]

党的十九届五中全会系统谋划部署了"十四五"时期经济社会发展工作，科学擘画了 2035 年发展蓝图，是今后 5 年乃至更长时期我国经济社会发展的行动指南，也为做好新时代新阶段金融工作提供了根本遵循。我们要以习近平新时代中国特色社会主义思想为指导，深入学习贯彻十九届五中全会精神，提高构建新发展格局能力和水平，积极服务全面建设社会主义现代化国家开好局、起好步。

准确把握新阶段金融工作面临的形势任务

党的十九届五中全会审议通过的《中共中央关于制定国民经济和社会发展第十四个五年规划和二〇三五年远景目标的建议》（以下简称《建议》），对金融工作作出了重要部署，提出了明确要求。要准确把握精神实质，明确方向任务，不断提高金融服务的适应性、竞争力和普惠性。

准确把握新阶段金融工作面临的形势变化。"十四五"时期我国将进入新发展阶段，这是以习近平同志为核心的党中央对我国所处历史方位作出的新的重大论断。我们要以正确的历史观、大局观、发展观，深刻认识进入新发展阶段的重大意义、有利条件和重要特征，全面辩证看待"十四五"时期新形势，既要看到我国发展仍处于重要战略机

---

* 本文发表于《中国金融》，2020 年第 23 期，个别文字较原文略有改动。

遇期，经济长期向好的基本面没有变，也应看到当前诸多矛盾叠加、风险挑战显著增多，面临的复杂环境前所未有。必须胸怀"两个大局"，增强机遇意识和风险意识，准确识变、科学应变、主动求变，树立底线思维，保持战略定力，勇于开顶风船，善于在危机中育先机、于变局中开新局。

准确把握新阶段金融工作的使命任务。新的历史方位赋予新的历史使命。《建议》紧紧抓住我国社会主要矛盾，提出了"十四五"时期经济社会发展要努力实现的"六个主要目标"和"十二项重点任务"。其中多处明确提到"金融"，涉及金融创新、金融改革、绿色金融、国际金融治理等领域；对其他领域提出的一系列战略性、创新性举措，也涉及金融工作。这为做好金融工作明确了主攻方向和重要着力点，必须统筹推进、整体落实。要把贯彻落实全会确定的战略举措，与贯彻落实习近平总书记对金融工作作出的重要讲话和指示批示精神结合起来，与落实金融工作"三项任务"结合起来，从全会作出的重大决策部署中找到服务"国之大者"的切入点，谋划推出一批创新举措和改革措施，并扎扎实实地推进下去。

准确把握新阶段金融工作的遵循原则。《建议》提出了"十四五"时期经济社会发展必须遵循的重要原则，即坚持党的全面领导、坚持以人民为中心、坚持新发展理念、坚持深化改革开放、坚持系统观念。这"五个坚持"，立足国内外发展大趋势，承前启后、继往开来，为推动实现高质量发展、做好金融工作提供了重要遵循。要深刻认识"五个坚持"的重要指南作用，以此来把握各方面安排部署的方向目标和工作重点，引领各方面政策措施的落实落地。特别是要坚持系统观念，推动各项业务发展统筹谋划、各项改革创新系统集成、各项工作举措一体推进，着力固根基、扬优势、补短板、强弱项，推动发展质量、结构、规模、速度、效益、安全相统一。

深刻领会推动"十四五"时期经济社会发展对金融工作提出的内在要求

习近平总书记强调，经济是肌体，金融是血脉，两者共生共荣。要深刻领会推动"十四五"时期经济社会发展对金融工作的内在要求，不断增强贯彻落实十九届五中全会精神的思想自觉和行动自觉。

聚焦"推动高质量发展"的主题。习近平总书记强调，新时代新阶段的发展必须贯彻新发展理念，必须是高质量发展。金融结构和金融能力要与之相适应。这需要金融机构对标经济高质量发展要求，坚持新发展理念，深化供给侧结构性改革，优化金融资源配置，增强高质量的金融供给，推动质量变革、效率变革、动力变革；需要推动融资便利化，降低实体经济成本，促进经济和金融的良性循环，为提升发展质量和效益创造更大空间。

聚焦"新发展格局"的构建。构建新发展格局是以习近平同志为核心的党中央根据我国发展阶段、环境、条件变化作出的重大决策部署，是事关全局的系统性、深层次变革。金融是资源配置和宏观调控的重要工具。推动加快构建新发展格局，需要金融机构全面把握构建新发展格局的战略构想和原则要求，紧紧围绕加快培育完整内需体系、加快科技自立自强、推动产业链供应链优化升级、推进农业农村现代化、提高人民生活品质、牢牢守住安全发展这条底线等着力点，加强金融创新，改善金融服务。特别是大型金融机构要发挥全球经营优势，积极参与国际竞争，深化务实合作，推动国内国际双循环相互促进，为我国经济发展提供更广阔空间和有力保障。

聚焦"促进共同富裕"的目标。习近平总书记指出，我们推动经济社会发展，归根结底是要实现全体人民共同富裕。金融既能通过提供融资服务增强居民消费能力，又能通过财富管理等工具帮助提高居民收入水平和保障能力，应当在促进共同富裕上担当更大作为。这需要金融机构坚持以人民为中心的发展思想，不断拓展金融服务，更好地满足人民群众多样化、多层次、多方面需求；需要大力发展普惠金融，提高金融服务的可得性和便利性，进一步运用好金融手段和力量，助力解决经济社会发展不平衡不充分的问题。

聚焦"守住不发生系统性风险"的底线。习近平总书记强调，安全是发展的前提，发展是安全的保障。当前和今后一个时期，是我国各类矛盾和风险易发期，各种可以预见和难以预见的风险明显增多，必须做好应对一系列新的风险挑战的准备。金融安全是国家安全的重要组成部分。维护金融安全，容不得丝毫疏忽懈怠。这需要金融机构认清形势，未雨绸缪，坚持总体国家安全观，统筹好发展和安全这两件大事，有效防范化解各类风险挑战。

金融力量助推全面建设社会主义现代化国家开好局、起好步

贯彻落实好党的十九届五中全会各项部署要求，是当务之急和战略任务。要全面把握五中全会精神实质，遵循"五个坚持"的重要原则，科学谋划未来发展路径，抓好各项工作与"十四五"时期经济社会发展目标任务的有效对接，确保理念贯彻到位、目标衔接到位、工作推进到位、任务落实到位，努力以金融高质量发展助推经济高质量发展。

加强党的全面领导。贯彻落实新时代党的建设总要求，以党的政治建设为统领，强化党的创新理论武装，增强"四个意识"、坚定"四个自信"、做到"两个维护"，确保党中央各项决策部署落地落细。压实管党治党主体责任、监督责任，不断推进全面从严治党向纵深发展，持之以恒正风肃纪，力戒形式主义、官僚主义，持续深入推进反腐败

斗争。全面贯彻新时代党的组织路线，强化思想淬炼、政治历练、实践锻炼、专业训练，增强各级领导班子和干部贯彻新发展理念、构建新发展格局的能力和水平。加强对敢担当善作为干部的激励保护，让那些想干事、肯干事、能干成事的干部有更好用武之地，把各方面积极性调动起来、力量凝聚起来。

完善金融服务创新体系。深刻把握创新在我国现代化建设全局中的核心地位，提升金融服务和保障创新的能力，助力科技强国建设。加强顶层设计，紧跟重点创新链、产业链发展趋势，做好投融资规划，运用好多种金融产品，为企业创新提供全面金融服务。加强对"卡脖子""补断点"领域的金融支持，助力打好关键核心技术攻坚战，推动科技成果加速向现实生产力转化，促进增强产业韧性。完善融资模式，发挥好数据要素价值，积极发掘非传统信用承载形式，改善科创金融需求与传统融资模式错配问题。深入推进金融与科技有机融合，强化科技赋能，推动数字产业化和产业数字化，为创新企业注入更多金融活水。夯实基层基础，优化组织架构、经营模式，加强科创专营机构建设，做好高技术环境下的资产布局，提高服务创新能力。

提升服务国民经济循环能力。牢牢把握服务实体经济根本，坚持扩大内需战略基点，聚焦生产、分配、流通、消费各环节循环畅通，合理摆布金融资源，助力形成强大国内市场。从供需两端做好消费金融服务，拓展消费场景，优化金融服务新模式、新生态，加大对医疗、卫生、教育、养老、旅游等消费持续快速增长领域的综合支持力度，推动住房消费健康发展，促进消费提质扩容。主动对接"十四五"时期重大工程、重大项目，加强"两新一重"、补短板强弱项等领域投融资工作，帮助拓展有效投资空间。做好制造业、普惠、民营、"三农"、扶贫及绿色金融，支持市场主体增强活力、提高竞争力，更好地服务现代产业体系发展，推动经济体系优化升级。

积极满足人民群众美好生活需要。坚持以人民为中心的发展思想，牢记初心使命，把民生关切作为金融服务的出发点，增加高质量的金融服务供给，助力人民群众改善生活品质。完善开放、普惠、共享的金融服务体系，深化线上线下一体化服务，将金融服务下沉到城镇和乡村，提高可得性和便利性。把保就业作为最大的民生，充分发挥金融在援企稳岗方面的支撑保障作用。全面做好巩固脱贫攻坚成果与乡村振兴战略的有效衔接，为推动共同富裕作出贡献。始终重视维护好金融消费者权益，做到发展利民、服务便民、防险安民，切实增强人民群众的获得感、幸福感、安全感。

助力高水平对外开放。秉持人类命运共同体理念，发挥全球网络优势，提升全方位服务水平，积极连通两个市场，用好两种资源，增强全球资源配置能力，助力打造国际合作和竞争新优势。畅通跨境经贸往来，做好稳外贸稳外资金融服务，支持中资企业"走出去"和外资企业"引进来"，服务好服贸会、进博会、广交会等对外经贸合作平台，助力产业链供应链稳定。服务金融双向开放，不断增强对中国市场、中国资产的全球报价和交易服务能力，深化境外投资者与我国金融市场的联系，提升资本市场互联互通水平。优化境外业务布局，加大在"一带一路"金融资源投入，提升服务水平。稳慎推进人民币国际化，助力营造以人民币自由使用为基础的新型互利合作关系。

全面加强金融风险的防范化解。始终坚持总体国家安全观，落实好统筹发展和安全要求，把安全发展贯穿金融工作各领域和全过程，不断完善风险治理，加强全面风险管控，坚决守住不发生系统性风险底线。坚持系统观念，深刻理解宏观与微观、表内与表外、境内与境外、界内与界外等各类风险点、动荡源，把握好防风险和稳增长的关系，增强防范化解风险的全面性、主动性。高度警惕疫情风险、金融风险、地缘政治演变等风险的传导转化，提升风控的数字化、智能化、精细化水平，确保风险应对走在市场曲线前面。增强底线思维，坚持合规经营，"管住人、看住钱、扎牢制度防火墙"，确保资产质量总体稳定和各类风险整体可控。

以改革激活高质量发展新动力。按照建立现代财税金融体制部署，落实好深化国有商业银行改革各项要求，统筹谋划好重要领域的接续改革，激发各层级各机构经营活力和发展动力。强化公司治理建设，规范公司治理架构，进一步发挥党组织的领导核心和政治核心作用。优化跨业跨界跨境治理，更好提升金融治理效能。推进管理机制改革，完善授权体系，构建更加适应实体经济发展需求的经营管理机制，提升对市场需求的响应能力；深化资源配置、考核激励等机制改革，为基层机构减负赋能，切实以治理效能的提升助推更高质量的发展。

中国工商银行作为国有大型银行，正以习近平新时代中国特色社会主义思想为指导，深入学习贯彻党的十九届五中全会精神，科学把握新发展阶段，坚定贯彻新发展理念，积极服务新发展格局，为夺取全面建设社会主义现代化国家新胜利贡献新的更大力量。

以金融力量服务高质量发展[*]

    金融是实体经济的血脉，也是国家重要的核心竞争力。党的十八大以来，习近平总书记站在党和国家事业发展全局的高度，对金融工作作出一系列重要论述，明确了金融的地位、作用、任务，为做好金融工作指明了前进方向、提供了根本遵循。国有商业银行作为我国金融体系的重要组成部分，必须坚持以习近平新时代中国特色社会主义思想为指导，深入学习贯彻习近平总书记重要讲话和重要指示批示精神，胸怀"两个大局"，对"国之大者"做到心中有数，以服务人民美好生活、促进共同富裕为目标，落实好服务实体经济、防范化解金融风险、深化金融改革三项任务，为服务构建新发展格局、推动高质量发展贡献金融力量。

一、坚守金融服务实体经济本源

    习近平总书记指出，金融要为实体经济服务，满足经济社会发展和人民群众需要。实体经济是强国之本、兴国之基。推动高质量发展，必须着力做强实体经济。国有商业银行要把为实体经济服务作为出发点和落脚点，全面提升服务效率和水平，更好满足人民群众和实体经济多样化的金融需求。

    主动融入国家发展战略，提高金融供给质量。近年来，我国不断

---

    * 本文发表于《求是》，2021 年第 19 期，个别文字较原文略有改动。

推动经济发展质量变革、效率变革、动力变革取得新成效。对标高质量发展要求，国有商业银行要主动对接"十四五"时期重大项目、重大工程，积极配置金融资源，做好新制造业、新服务业、新基础产业与高技术企业投融资布局，促进提高产业核心竞争力。

中国工商银行深入贯彻落实深化供给侧结构性改革要求，加大对关键领域和薄弱环节的支持力度。围绕传统制造业转型升级、先进制造业动能培育两大方向加大投入力度，成为首家制造业贷款余额突破 2 万亿元的商业银行。首创以核心企业为关键节点的"全产业链视图"，提高对核心企业及全产业链的服务能力。一方面，助力将产业链龙头企业以及研发中心、关键零部件生产等环节留在国内，实现"稳链固链"；另一方面，积极服务有实力的企业走出去，主动参与全球产业链重塑，强化我国在全球产业链中的地位。深入贯彻绿水青山就是金山银山的理念，着眼碳达峰、碳中和目标，合理安排绿色投融资总量、结构、投向，引导社会资金有序流向绿色低碳领域，落地首笔碳中和债券、碳排放权抵押贷款，坚定不移推进生态优先、绿色发展，绿色贷款余额在商业银行中首超 2 万亿元。

提升服务国民经济循环水平，满足人民群众美好生活需要。推动消费平稳增长，促进形成强大国内市场，是推动经济高质量发展的重要内容。金融是促进消费的有效手段，也是保障民生的重要工具。

中国工商银行坚持以人民为中心的发展思想，聚焦就业、社保、医疗、住房、养老等民生重点领域，持续完善金融产品和服务体系，推动金融服务下沉到更多的消费群体和更丰富的消费场景中。努力提升金融服务安全性，充分运用科技手段，提升账户管理水平，守护好人民群众的"钱袋子"。把握传统消费升级、新型消费扩容机遇，推出更多精准适配的产品和服务，促进供需两端同发展、产业消费双升级，更好实现金融为民、利民、惠民、安民。创新惠农信贷，降低综合融资成本，以数字化手段推动"千县千面"自助服务，为县域经济提供有力支持。发布中国工商银行"兴农通"品牌，推动巩固拓展脱贫攻坚成果同乡村振兴有效衔接，提升金融服务的广度、深度和温度。

二、守住不发生系统性金融风险底线

习近平总书记指出，金融安全是国家安全的重要组成部分，是经济平稳健康发展的重要基础。维护金融安全，是关系我国经济社会发展全局的一件带有战略性、根本性的大事。金融风险传导性强、影响面广、危害性大。防范化解金融风险，特别是防止发生系统性金融风险，是金融工作的永恒主题。

增强忧患意识和底线思维。准确判断风险隐患是保障金融安全的前提，必须坚持底线思维，提高风险预见预判能力，严密防范各种风险挑战。国有商业银行要坚持总体国家安全观，认清形势、把握大局、压实责任，对重大风险因素设置防线，对各类风险传导建立阻断机制，坚决守住不发生系统性风险底线。提前分析研判，及时梳理风险，做到早识别、早预警、早发现、早处置。做好金融基础设施自主化建设，助力维护金融稳定。

坚持系统观念。金融安全是一项复杂的系统工程，必须加强前瞻性思考、全局性谋划、战略性布局、整体性推进，运用系统思维分析问题、指导工作，实现金融发展质量、结构、规模、速度、效益、安全相统一。国有商业银行要建立全链条防控，对风险动荡源、传染点、传导链、影响面做到心中有数，对各类风险传导保持高度警惕。做好全流程管理，事前强化顶层设计，事中采取精细化措施，事后完善风险应急处置方式，实现健康可持续发展。开展全方位监督，既要规范金融运行，也要强化廉洁教育，严守政治纪律和政治规矩，健全廉洁风险防控机制，加强重点部门和关键岗位监督，做到"管住人、看住钱、扎牢制度防火墙"。

中国工商银行统筹宏微观、表内外、境内外等各类风险点，统筹事前防范与事后化解，统筹传统风险管理和非传统挑战应对，努力做好风险防控的"拆弹人"。

——不断完善全面风险管理体系。出台强化集团风险治理体系、提升风险治理能力指引，层层压实审慎经营责任和风险防控责任。率先建立满足全球监管标准的市场风险管理系统，创新建立产品全生命周期风险评估与审查机制，全面提高风险防控能力。

——持续加强信用风险防控。把促进实体经济健康发展作为防范化解风险的根本之策，健全信用风险全口径管理体系，提升全周期经营水平。改革授信审批体系，调整审议机制，优化工作模式，打造责任闭环，推动信贷业务高质量发展。

——全面提升应对外部冲击能力。增强在开放市场条件下的风险管控能力，集团交易业务在金融市场多轮震荡中保持稳健。立足行业急需、工行所能，推出客户资金保护、智慧信贷决策、交易风险管理、合规反洗钱管理、"走出去"风险防控等 5 大类近 20 款产品，服务超过 300 家金融机构，共筑风险防线。

三、深化金融改革激活创新发展动能

习近平总书记指出，要适应发展更多依靠创新、创造、创意的大趋势，推动金融服务结构和质量来一个转变。进入新发展阶段，我国金融改革发展面临的任务更加繁重，金融工作在经济社会发展中的作用日益增强。国有商业银行必须深化金融改革创新，完善现代金融企业制度，积极服务金融市场改革，提升金融服务效能。

坚持党对金融工作的集中统一领导。党的十八大以来，我国金融业保持快速发展，金融改革有序推进，金融产品日益丰富，金融服务普惠性增强，金融监管得到加强和改进，关键在于党对金融工作的领导。做好新形势下金融工作，国有商业银行要坚决落实两个"一以贯之"要求，把党的领导融入公司治理各环节，明确和落实党组织在公司法人治理结构中的法定地位，进一步完善中国特色现代国有企业制度，充分发挥党委把方向、管大局、保落实的作用，真正把党的领导这一政治优势和我国社会主义制度优势，转化为经营发展优势和治理效能。坚持党管干部原则，树立正确的选人用人导向，加大优秀年轻干部培养力度，培养、选拔、打造一支政治过硬、作风优良、精通金融工作的干部队伍。强化对权力运行的制约和监督，构建一体推进不敢腐、不能腐、不想腐体制机制，确保企业稳健经营。

中国工商银行积极推动"党建入章"工作，在公司章程中明确了党委的职责权限、决策程序和保障机制，旗帜鲜明地突出党组织领导作用，实现了党发挥作用的组织化、制度化、具体化，在现代企业制度中全面体现党的领导和国家重大战略导向，为落实好政治责任、经济责任、社会责任提供坚强保障。坚持全面覆盖抓党建、以上率下抓党建、创新思路抓党建，推动党建工作与业务工作同频共振、相融互促。扎实开展党史学习教育，用心用情用力开展"我为群众办实事"实践活动，实施"客户体验百日攻坚"和"服务提升十大行动"，持续解决形式主义、官僚主义问题，拓展为基层减负赋能成效。坚持全面从严治党、全面从严治行，强化对"一把手"和领导班子等"关键少数"的监督，探索建立一体推进惩治金融腐败和防范化解金融风险相关机制。

着力解决中小企业融资难题。党的十九届四中全会提出，要健全具有高度适应性、竞争力、普惠性的现代金融体系。近年来，我国普惠金融发展迅速，在覆盖范围、可获得性、安全性和便捷性等方面得到很大提升。国有商业银行积极扩大金融覆盖广度和深度，更加注重满足小微企业多元化的金融需求，纾解小微企业融资难、融资贵等问题，努力做到"普"与"惠"相结合。

中国工商银行开展小微企业金融服务能力提升工程，面向小微企业打造信用类"经营快贷"、抵质押类"网贷通"和交易类"数字供应链融资"三大线上融资产品线，有效提升融资可得性，提高资金使用效率。深入开展"工银普惠行""千名专家进小微""万家小微成长计划"等行动，为小微企业量身定制综合金融服务方案。面向全球企业免费推出"环球撮合荟"跨境撮合平台，提供智慧化全流程跨境撮合服务，支持中小企业"7×24小时"、一点接入全球产业链。

推进金融与科技创新双向赋能。金融与科技创新相互依存、共同促进。金融是促进科技创新强有力的工具，可以为企业创新提供资金保障，分担创新风险，推动科技创新成果有效转化为生产力。科技创新为金融发展提供了坚实技术基础，有助于降低服务成本，提升金融供给能力。

中国工商银行统筹推进金融服务科技创新和自身数字化转型工作，努力实现金融与科技创新双向赋能。

——强化顶层设计，升级金融科技创新体系。以建设"数字工行"为目标，全面布局大数据、区块链、人工智能领域，在金融业率先建立了自主可控的企业级数据中台，实现了银行内外海量金融数据资产要素的融合，全面支持客户营销、产品创新、风险控制、内部管理、生态建设等多领域智能化创新。

——强化产品创新，积极满足各类科创主体融资需求。创新运用投贷联动、投保联动、投债联动、科创基金等多种方式，加大对"卡脖子"等关键领域以及战略性新兴产业、现代服务业和数字经济等新动能的支持力度。针对科创企业核心资产是人才和知识的特点，专门推出科创人才贷、知识产权融资等专属产品，盘活企业"人力"和"智力"资产。深化与政府、企业、第三方机构合作，通过为富有竞争力的企业搭建资金和技术对接匹配平台等方式，打通产学研用堵点，增强科创金融服务合力。

——强化服务创新，支持重要创新主体和关键创新节点。针对承担国家科技攻关任务的重点企业和国家级高新技术企业、专精特新中小企业，加强资源配套、价格授权、绿色审批等全方位保障，助力打好关键核心技术攻坚战。陆续在创新型企业聚集的深圳、上海、广州等地设立科创企业金融服务中心，聚焦集成电路、生物医药、人工智能、新能源等前沿行业，持续优化金融资源配置，整合内外部资源，为科创企业提供全链条、全生命周期一揽子金融服务，有效缓解科创企业融资难题。

立足党的百年历史新起点，中国工商银行将更加紧密团结在以习近平同志为核心的党中央周围，更好落实金融工作三项任务，提升金融服务的适应性、竞争力、普惠性，不断开创高质量发展新局面。

以金融高质量发展促进共同富裕[*]

习近平总书记在中央财经委员会第十次会议上围绕在高质量发展中促进共同富裕作出重要部署，充分彰显了以习近平同志为核心的党中央坚持以人民为中心的发展思想，以及解决发展不平衡不充分问题、实现全体人民共同富裕的坚定决心。金融作为现代经济的核心，应全面提升服务效率和水平，把更多资源配置到经济社会发展的重点领域和薄弱环节，更好满足人民群众对美好生活的向往，以高质量的金融服务促进共同富裕。

全面准确理解共同富裕的深刻内涵

党的十九届五中全会指出，我国已转向高质量发展阶段，同时发展不平衡不充分问题仍然突出。踏上全面建设社会主义现代化国家新征程，金融业要坚持以习近平新时代中国特色社会主义思想为指导，立足新发展阶段，贯彻新发展理念，深刻理解共同富裕的历史意义和时代内涵，自觉将其贯穿到服务新发展格局、推动经济高质量发展的全过程。

传承党执政为民的初心使命。中国共产党从成立之初，就把为中国人民谋幸福、为中华民族谋复兴作为初心使命，团结带领广大人民群众投身革命、建设、改革的伟大事业，为创造美好生活、实现共同

---

[*] 本文发表于《中国金融》，2021 年第 20 期，个别文字较原文略有改动。

富裕进行了长期艰苦奋斗。党的十八大以来,中国特色社会主义进入新时代,以习近平同志为核心的党中央把促进全体人民共同富裕摆在更加重要的位置上。习近平总书记指出,实现共同富裕不仅是经济问题,而且是关系党的执政基础的重大政治问题。党的十九届五中全会对扎实推动共同富裕作出重大战略部署,提出到2035年全体人民共同富裕取得更为明显的实质性进展,为我们进一步传承初心使命指明了前进方向,赓续了奋斗力量。

开启从全面小康走向共同富裕的新征程。我国已全面建成小康社会,国内生产总值由1949年的不足500亿元,突飞猛进到2020年的100多万亿元。城乡居民收入水平发生天翻地覆变化,科教文卫、社会保障、社会治理等各方面取得长足进步,已经具备扎实推动共同富裕的经济社会基础。党中央在向第二个百年奋斗目标迈进的新征程中,旗帜鲜明地提出在高质量发展中促进共同富裕,体现了对社会主义本质的深刻把握,深化了推进中华民族伟大复兴的时代意蕴。在把促进共同富裕作为各项工作着力点的基础上,引导和鼓励浙江等经济社会发展基础较好的地区先行先试,有利于探索破解新时代社会主要矛盾的有效途径,为在更大范围推动共同富裕提供范例。

彰显中国特色社会主义的制度优势。制度优势是一个国家的最大优势。站在"两个一百年"奋斗目标的历史交汇点上,党领导人民实现全面建成小康社会,推动全体人民共同富裕,再次彰显中国特色社会主义制度的优越性。一是党的集中统一领导为实现共同富裕提供了坚强的政治保证,使共同富裕的阶段性和长远性、区域性和全局性得到有机统一。二是公有制为主体、多种所有制经济共同发展,按劳分配为主体、多种分配方式并存,是社会主义市场经济体制共同构成的社会主义基本经济制度,既能有效提升生产力,又能最大限度地避免两极分化,为实现共同富裕提供了制度保证。三是坚持以人民为中心的发展思想,确保了正确的发展方向,推动了改革发展成果共享,有利于充分调动广大人民群众的积极性，形成共建、共治和共享的社会发展新局面。

坚持在高质量发展中促进共同富裕

高质量发展的最终目的是满足人民日益增长的美好生活需要，促进人的全面发展，实现全体人民共同富裕。高质量发展与共同富裕的内在统一性体现在金融领域，就是更好地发挥资金在资源配置中的牵引作用和撬动特性，更好地支持乡村振兴，更好地支持产业升级和创新发展，更好地支持完善分配制度，不断解决发展的不平衡不充分问题，进而实现全体人民的共同富裕。

以乡村振兴促进城乡联动发展。当今世界面临百年未有之大变局，我国发展的外部环境深刻变化，畅通城乡、区域要素流动直接关系扩大消费和国内经济大循环。"十四五"时期，我国正加快形成以城市群为主体、广大县乡村镇为潜力带的区际统一要素市场。乡村数字化基础设施、新型消费基础设施和服务保障能力将不断增强，城乡之间资源和要素的联动红利将加速释放，区域发展平衡性将明显增强，这些都将在更大范围支持和促进共同富裕。金融业应紧抓要素市场开放和区域一体化机遇，做好信息互动和运营协同，进一步增强中心城市和城市群的发展质量和带动效应，城乡联动、以城带乡支持范围更广的共同富裕。

以产业升级促进供求动态平衡。随着我国经济高速增长、生产能力快速提升，供给的"数量缺口"总体上已不复存在；同时，居民收入水平提高、中等收入群体扩大，使得消费结构加快向高端化、服务化、多样化、个性化方向升级，"质量缺口"仍然不小。进入高质量发展阶段，"环境库兹涅茨曲线"拐点期来临，传统投资对需求侧的适配性和贡献度将呈递减趋势，高技术制造业和战略性新兴产业占比将持续提升，经济发展的主要任务将转向提升质量。"十四五"时期，我国将加快发展现代产业体系，推进产业基础高级化、产业链现代化，为高质量供给引领和创造新需求提供产业支撑，从根本上解决供给体系与消费升级的适配性问题。金融业既要发挥传统信贷服务优势，又要构建适配高技术产业和战略性新兴产业的融资服务体系，引导资金向外溢性强、经济效益和社会效益均比较高的领域集聚，促进形成一批拉动内需和促进消费的新增长极。

以创新驱动促进收入水平提升。我国经济社会发展进入工业化后期，面临土地、资源和生态环境更紧的约束，支撑经济发展的主要驱动力已由生产要素的大规模、高强度投入，转向科技创新、人力资本提升带来的"乘数效应"。我国产业链相对完整，随着大数据、物联网、人工智能的广泛应用，跨产业链融合将持续深化，为我国产业迈向全球价值链中高端创造条件。"十四五"时期，我国深入实施科教兴国战略、人才强国战略、创新驱动发展战略，完善国家创新体系，加快建设科技强国。社会主义市场经济条件下的新型举国体制将更加健全，国家战略科技力量、企业技术创新能力将显著加强，创新型、应用型、技能型人才的收入将不断提升，中等收入群体将快速扩大。金融业应深刻把握创新在我国现代化建设全局中的核心地位，建立健全金融有效支持创新的服务体系，针对创新活动周期长、不确定性高的特点，加强直接融资与间接融资市场的业务创新与协同，增强对国家重大需求、前沿科技、生命健康等领域创新的服务能力。

以完善分配促进社会公平正义。从价值创造与分配视角，宏观活动可以分为生产性努力和分配性努力两大类。前者是做大经济"蛋糕"的过程，后者是如何分配好"蛋糕"的过程。"十四五"时期，我国将着力构建初次分配、再分配、三次分配协调配套的基础性制度安排。在保证效率的基础上侧重公平原则，通过宏观调控、严格监管，以及税收、社保、转移支付等手段，合理调节资源分配结构，不断提升社会发展的平衡性、协调性、包容性。金融业应着眼满足人民美好生活需求，整合服务资源，将金融服务贯通生产、分配、流通、消费各环节，积极融入高水平对外开放和要素市场化配置体系，打造适配国内国际双循环的投融资模式。

做好促进共同富裕的金融服务工作

金融机构是体现政府、市场、人民群众良性互动关系的重要载体，其中大型金融机构还发挥着贯通产业链全流程、连接国内外全市场的重要作用。促进共同富裕，需要金融机构主动服务好供给侧结构性改革，助力需求侧管理，助推供需实现更高水平的动态平衡。

在供给侧，金融机构应在服务要素市场化配置、服务创新驱动和推动绿色发展三个方面发力，加快形成与构建新发展格局、推动高质量发展相契合的经营新质态，更好地为居民、企业、政府等主体提供具有高度适应性、竞争力和普惠性的金融服务。

助力城乡区域间的要素资源优化配置。金融机构应依托大数据、区块链、人工智能等金融科技手段，为政府机构、监管部门和社会大众提供智能化服务方案，提升基层治理效能，全面激活县域乡村增长势能，构建城乡一体的金融服务新模式。搭建联结各类客户、各类要素互通共享、场景深度融合的全景服务生态圈，以资金流和数据流为牵引，助力资金、人才、技术、知识等要素的跨地域配置。工商银行立足自身在城市金融、产业金融领域优势，坚持走以城带乡、城乡互补的城乡联动发展之路，主动搭建渠道和桥梁，加强对乡村振兴产业的融资支持，积极推动各类要素向乡村流动、现代服务向乡村延伸。

完善服务创新和高质量发展的体制机制。金融机构应注重数据要素价值挖掘，优化服务科创企业的基层组织架构和经营模式，开发与建设创新型社会相契合的投融资产品，更好地适配科创金融的新需求。

把握非接触、线上化、个性化的消费发展趋势，加快数字化智慧化平台建设，更大程度发挥数据资产助推经济成长的正外部性。工商银行根据科创企业高成长、高风险、轻资产特点，研发推出技术改造贷、知识产权贷等多款产品，满足科技企业不同阶段融资需求，助力形成有韧性的创新链条和产业生态。

努力服务绿色低碳和人的全面发展。金融机构应践行"绿水青山就是金山银山"理念，将绿色低碳可持续发展贯穿经营各环节，建立科学高效的决策机制和运行程序，增强战略穿透力和制度执行力，助力形成人民精神生活丰富、社会文明进步、人与自然和谐共生的局面。工商银行围绕投融资组合"碳中和"目标，通过单列信贷规模、强化专项计划传导等方式，优先支持公共设施共建共享、资源梯级和循环利用、污染物集中安全处置等大型项目融资，支持绿色产业发展，服务居民生活方式绿色转型。

在需求侧，金融机构作为促进消费和加快内需体系建设的重要力量，应坚持扩大内需这个战略基点，系统布局与新发展格局相契合的服务体系，进一步增强金融服务对收入结构优化和消费需求升级的适应性。

服务收入分配改革，助力多渠道增加居民收入。金融机构应以中低收入群体、中等收入群体为重点，提升产品服务供给质量。提升中低收入群体的服务体验，为中等收入群体提供风险收益相适配的金融产品，支持高收入群体和企业家参与和兴办社会公益事业，进一步优化中间大、两头小的"橄榄形"收入分配结构。工商银行不断提升基础账户服务能力，持续丰富理财产品供给，积极探索服务慈善金融的新模式，让广大人民群众获得感、幸福感、安全感更加充实，更有保障，更可持续。

适应"回流型"和"带动型"消费需求增长。金融机构应把握自贸区（港）、粤港澳大湾区等开放机遇，健全便利化的金融创新体系，提升对境外消费回流境内的承接能力。构建本外币、内外贸、线上线下一体化的外汇业务产品体系。通过金融力量打通内需堵点、补齐短板，破除制约消费的服务屏障，持续提升对境外消费需求回流的服务能力，促进国际循环和国内循环的畅通有序、融合发展。工商银行围绕服务共建"一带一路"高质量发展，持续完善全球网络布局，经营机构覆盖全球主要经济金融中心，通过打造"在岸、跨境、离岸"的一体化、全产品体系，全力提升全球金融服务能力。

中国工商银行将坚持以习近平新时代中国特色社会主义思想为指导，增强"四个意识"、坚定"四个自信"、做到"两个维护"；胸怀"两个大局"、心怀"国之大者"，不折不扣贯彻落实党中央决策部署，落实好金融工作"三项任务"，不断优化金融供给，着力建设"人民满意银行"，为实现共同富裕贡献更大力量。

发挥好国有大行的金融主力军作用[*]

这次新冠疫情是新中国成立以来发生的传播速度最快、感染范围最广、防控难度最大的一次重大突发公共卫生事件。在这场仍在进行的重大斗争中，以习近平同志为核心的党中央高度重视、总揽全局、协调各方。习近平总书记亲自领导、亲自指挥、亲自部署，先后发表一系列重要讲话，作出一系列重要指示批示，为全国人民万众一心夺取疫情防控和经济社会发展双胜利提供了根本遵循和科学指引。国务院常务会议多次研究推进疫情防控和企业复工复产相关工作。金融系统在国务院金融委领导下，综合运用多种政策工具保持流动性合理充裕，维护资本市场正常运行，拓宽企业低成本融资渠道，对防控疫情、保持经济平稳运行、稳定社会预期发挥了积极作用。在党中央坚强领导和各方面共同努力下，当前我国疫情防控向好态势进一步巩固，经济社会运行逐步趋于正常，生产生活秩序加快恢复。

面对突如其来的疫情，工商银行以习近平新时代中国特色社会主义思想为指导，坚决落实党中央、国务院决策部署，增强"四个意识"、坚定"四个自信"、做到"两个维护"，按照"坚定信心、同舟共济、科学防治、精准施策"总要求，以责任担当之勇、科学防控之智、统筹兼顾之谋、组织实施之能，积极投身疫情防控的人民战争、总体战、阻击战，统筹做好疫情防控和服务经济社会发展工作，全力发挥好国有大行的金融主力军作用。

---

* 本文发表于《中国金融》，2020 年第 9 期，个别文字较原文略有改动。

以责任担当之勇，践行党的初心使命

疫情就是命令，防控就是责任，责任重于泰山。工商银行作为国有大行，服务涉及千行百业，机构遍布境内外，中外员工数量众多，做好疫情防控工作责任重大。我们始终牢记党为中国人民谋幸福、为中华民族谋复兴的初心和使命，闻令而动、迎难而上，把做好疫情防控和金融保障作为最重要、最紧迫的工作来抓，坚持全国一盘棋，坚决服从党中央统一指挥、统一协调、统一调度，以扎扎实实的行动体现国有大行的责任担当。

工商银行党委第一时间成立应对疫情的工作领导小组，第一时间启动全面应急管理，先后召开13次专题党委会议、6次疫情防控领导小组会议、20多次专题会议，学习贯彻习近平总书记重要讲话和重要指示批示精神，制订工作方案，狠抓责任落实。全行各级负责人坚守岗位、靠前指挥，"一把手"亲自抓、负总责，切实承担主体责任，春节期间全部提前结束休假回到辖区。广大干部员工主动请缨，把投身防控疫情第一线作为践行初心使命、体现责任担当的试金石和磨刀石，服从当地防控指挥部的统一调配，下沉到社区、小区和村组，开展政策宣传、上门巡查、测量体温、路口值守、配送物资等工作。湖北分行党员干部精锐尽出、连续作战，共有2851名党员干部参与到全省758个社区、135个村组的疫情防控之中，其中22名员工参与雷神山医院工作，鲜红的党旗在疫情防控斗争一线高高飘扬。

我们与时间赛跑，全力做好特殊时期金融服务保障。春节期间，紧急向湖北捐赠3000万元，目前已累计捐款1.28亿元。面对疫情初期国内防疫抗疫物资紧缺的情况，充分发挥国际化优势，采购医用口罩、防护服、护目镜、消毒液等急需物资驰援疫区，合计1182万件，总价值近1亿元人民币。用心做好医护人员、抗疫工作人员、感染患者的服务，为湖北疫情防控医护人员免费提供每人 100 万元的人身保险和相应治疗补助金；对确诊客户特案处理、扩展责任、应赔尽赔；为抗疫工作者、病患及其家属等个人客户提供延期还款服务，给予特别支持。推广"非接触式服务"，助力解除抗疫人员和患病群众的后顾之忧。

我们秉持人类命运共同体理念，积极支持所在地政府、社区、企业做好疫情防控工作，对留学生等重点群体提供口罩等物资支援，为华人华侨提供线上防疫讲座。切实履行"一带一路"银行间常态化合作机制发起单位职责，向意大利、西班牙、法国、巴基斯坦等 29 个国家和地区捐赠防疫物资近 90 万件，展现了有担当的全球系统重要性大行形象。

以科学防控之智，筑牢防疫安全堤坝

抗击疫情是一场人民战争，更是一场科学战役。我们按照"总体谋划、突出重点、分类施策、一体推进"原则，牢牢守住阻击疫情的坚强防线。

注重强化顶层设计。完善疫情防控治理体系，印发全行性防疫制度 30 余项。动态完善应急处置预案，严格执行每日疫情报告、病例医治跟踪、居家隔离硬管控、员工健康异常监测、值带班管理、灵活排班、错峰上下班等机制。针对信贷支持、客户服务、网点运营、资源保障、属地管理、员工培训、线上办公、科技支撑、会议安排、安全保卫等，分门别类提出细化措施，强化督导检查。

注重突出防疫重点。坚持把人民生命安全和身体健康放在第一位，以多种方式关怀慰问全行员工特别是奋战在疫区一线的员工。统筹推进医疗救治、健康监测、物资支持、复工安排等工作，把防护和服务措施落细落小落到位。在办公和营业场所配备必要的防护设备和防疫用品，竭力提供安全环境。目前，工商银行境内机构在职员工确诊和疑似病例全部清零；海外机构感染员工得到妥善治疗，恢复情况良好。

注重分类精准施策。根据疫情形势变化，动态做好分区分级精准防护，筑牢分层分级、条块结合、流程闭环的坚强防线。对湖北机构，保持每日联系，及时解决紧迫问题，细化防疫物资、费用保障等专项政策支持。对在京机构，严格落实属地管理要求，做实人员全口径管理、场所全天候防控、监督全流程跟进，不存盲区，不留死角。对境外机构，一地一策细化工作安排，实施4级预警响应，分类管理、每日监测、及时调整，保安全、稳运营、防风险。

注重集团一体推进。逐级成立由"一把手"负责的疫情防控工作领导小组，按照总行党委和属地要求，统筹抓好辖内疫情防控工作。将疫情防控细化为18项重点工作，纳入全行年度工作任务清单，确保措施到位、责任到人。压实各机构"一把手"责任、属地责任、金融支持责任、知人善任责任、宣传引导责任、员工关爱责任"六个责任"，明确行领导和高管、部门负责人、处级干部、员工"四方责任"，做到联防联控，做实网格化管理。

以统筹兼顾之谋，坚持两手抓两战赢

越复杂的局面，越离不开"一盘棋"思维；越繁重的任务，越需要系统辩证的智慧。确保疫情防控和经济社会发展"双战双赢"，要坚持"两点论"和"重点论"的统一，在统筹兼顾中纲举目张。

统筹执行效率和服务质量。疫情面前，时间就是生命。我们坚持按战时标准和要求，从快从速落实各项防控和保障措施。第一时间推出全力支持疫情防控工作的12项措施，高效统筹推进全行金融战疫工作。面对疫情期间企业金融需求"特、急、难、大"的特点，坚持特事特办、急事急办，开辟绿色通道，明确特别授权，简化业务流程，建立24小时在线沟通机制，提升服务响应速度。大年初一晚，及时处理国库疫情防控专项资金，实现当日入账。加大对人民银行专项再贷款名单中重点客户的主动服务，连夜全量核实或核定评级，对未开户企业设置快速评级通道。在提高工作效率的同时，通过精细化施策提升服务质量。实行"大客户直营和小微企业下沉"分层服务，对防疫重点保障企业进行逐户摸排、分类施策，确保服务精准到位。为企业选派业务骨干提供专业化助企服务，做到"主动对接、现场服务、快速响应、立刻行动"。设立20亿元专项基金，支持企业复工复产及物资有效供应。

统筹短期任务和长期目标。习近平总书记指出，我们做一切工作，都必须立足当前、着眼长远。我们既看到疫情防控工作是当前的头等大事和最重要工作，也看到实现决胜全面建成小康社会、决战脱贫攻坚目标任务是我们党的庄严承诺，二者有机统一、互为支撑，必须两手抓、两促进。一方面，全面对接抗疫相关企事业单位融资需求，坚决落实"金融30条"措施，做到有求必应，应贷尽贷。对符合条件的小微企业贷款，做到随审随批。为受困企业纾困化险，不盲目抽贷、断贷、压贷，灵活采取展期、续贷、再融资等方式，帮助企业渡过难关。统筹做好结算、清算、交易、外汇、托管等工作，保障金融服务畅通高效，助力稳运行、稳预期、稳市场。另一方面，全面开展"春润行动"，为重点区域、重点领域、重点项目、重点企业提供专项支持，全方位做好企业复工复产和经济社会发展各项金融服务，助力实现全面建成小康社会目标任务。全力做好收官阶段扶贫工作，保持工作力度不减、工作要求不松。启动消费扶贫"春暖行动"，推出重点区域购买一批、专题活动销售一批、一站式培育赋能一批等"十个一批"措施，促进贫困户稳定增收，为决战决胜脱贫攻坚作出工行贡献。

统筹金融服务和风险防控。受疫情影响，当前经济发展的不稳定不确定因素显著增加。我们坚持一手抓金融服务，一手抓风险防控，并将二者有机结合。在金融服务方面，按照更加灵活适度的货币政策导向，加大资金投放力度，持续降低融资成本，进一步缓解融资难融资贵问题。紧跟更加积极有为的财政政策安排，助力稳投资。加强外贸外资企业服务，加大贸易融资力度，助力稳外贸、稳外资。多措并举助力保居民就业、保基本民生、保市场主体、保粮食能源安全、保产业链供应链稳定、保基层运转。在风险防控方面，坚持底线思维，强化风险管控，做好融资合规管理。严防资金被截留、挪用甚至转手套利。注重运用技术手段，依托自身融安 e 信平台、信用风险监控平台和企业级反欺诈系统，实现对内外部欺诈风险的预警和干预。

以组织实施之能，加快打通经济循环

面对我国经济发展前所未有的挑战，我们切实增强工作紧迫感和针对性，紧扣全面建成小康社会目标任务，抓住经济运行中的痛点、难点问题，创新工作方法，狠抓执行落地，以金融力量全力维护经济发展和社会稳定大局。

打通资金循环，做好供应链金融。当前，国际疫情持续蔓延，主要经济体生产受阻、进出口下降，全球产业链受到严重冲击。我们积极发挥供应链金融的带动作用，通过核心企业将融资服务延伸到产业链上下游客户，助力畅通产业链条，维护我国在全球供应链中的地位。着力围绕客户全贸易流程和全财务流程，提供一揽子金融产品和服务。加大对我国核心企业的支持力度，提供以国内保理等应收账款类短期融资为主的金融服务，以核心企业的信用支持中小企业。发挥工商银行分布在全球 48 个国家和地区的海外网络优势，从降低核心企业融资成本、保障上游企业备货需求、缓解下游企业资金压力三个方面对症施策，通过结算、融资、咨询、撮合等综合服务，力促核心企业不断链、上下游企业不断流。

创新金融服务，支持制造业高质量发展。制造业是实体经济的基础，是立国之本、强国之基。我们将支持制造业高质量发展，作为促进企业复工复产和实体经济发展的重要抓手，助力产业基础能力和产业链现代化水平提升。单设制造业中长期流动性资金贷款计划，提高与企业建设、经营周期的匹配度。针对企业技术改造、设备更新、环保升级等领域专项资金需求，把支持企业临时纾困与转型升级结合起来，创新推出制造业转型升级专属贷款。发挥集团商投一体、投贷联动的优势，积极支持智能制造等新兴产业，创新评级和授信模型，重点从团队能力、技术成果、市场认可、商业模式以及行业前瞻性等角度，对企业进行客观评价，改变以往单纯依靠财务数据的评价体系，助力培育新的经济增长点。

坚持用心用情，做好普惠金融。习近平总书记多次强调，要加强对中小微企业的扶持，把资金用到支持实体经济特别是中小微企业上。我们按照总书记要求，提高政治站位，主动担当作为，推动普惠金融增量、扩面、降本、保质，打通货币信贷流入实体经济远端末梢的"经脉"。主动对接疫情防控以及复工复产融资需求，设置普惠、民营贷款专项计划。将小微企业信用贷款额度提升至最高1000万元，创新推出"抗疫贷""医保贷""开工贷"等产品。健全民营企业专项资金规模、专门信贷授权、专业服务团队"三大资源保障体系"，大力支持企业复工复产和持续经营。针对疫情期间井喷式的线上化、智能化服务需求，积极发展居家金融、社区金融，推动服务消费提质扩容。

疫情防控是一个大战场，也是一个大课堂。我们在实践中更加深刻地感到，习近平新时代中国特色社会主义思想是新时代我们党的思想旗帜，是做好各项工作的根本指针，是党和国家必须长期坚持的指导思想；更加深刻地感到，加强党的领导、加强党的建设是我们做好工作最大的支撑，也是最大的底气，必须坚定不移、一以贯之；更加深刻地感到，中国特色社会主义制度是我们成就事业的重要法宝，疫情防控工作高效有序地开展再次彰显了中国特色社会主义制度的优越性；更加深刻地感到，新发展理念的科学性，特别是要在坚持人与自然和谐共生、支持形成绿色发展方式和生活方式上主动担当，要在调整优化经营结构、增强抗风险能力、推动可持续发展上积极作为。

工商银行将更加紧密地团结在以习近平同志为核心的党中央周围，不忘初心、牢记使命，以更坚定的信心、更有力的担当、更务实的措施，助力夺取疫情防控和经济社会发展双胜利，为实现全面建成小康社会和脱贫攻坚决战决胜贡献新的更大力量。

奋力谱写金融服务制造强国建设新篇章[*]

习近平总书记高度重视制造业高质量发展，深刻指出制造业是实体经济的基础、国家经济命脉所系；抓实体经济一定要抓好制造业，把制造业做实做强做优。党的十九届六中全会审议通过《中共中央关于党的百年奋斗重大成就和历史经验的决议》，强调推进制造强国建设，强调金融为实体经济服务。2021年中央经济工作会议指出，要提升制造业核心竞争力，启动一批产业基础再造工程项目，激发涌现一大批"专精特新"企业。金融作为现代经济的核心和实体经济的血脉，必须把服务制造业高质量发展摆在更加突出的位置，以精准适配、有力有效的服务，全面助力制造强国建设。

一、充分认识制造业高质量发展的重大意义

党的十九大作出我国经济已由高速增长阶段转向高质量发展阶段的重大判断。制造业作为实体经济的主体，发展质量直接关系国家高质量发展全局。

制造业高质量发展，是经济高质量发展的关键动力。制造业价值链条长、关联性强、带动力大，通常是生产效率最高、提升速度最快的产业部门，具有规模经济、技术创新、人力资本等优势，能够有效促进其他产业部门发展，进而带动整体生产力的提升。研究表明，在

---

* 本文发表于《中国金融》，2022年第1期，个别文字较原文略有改动。

中等收入阶段，制造业是一国经济增长的关键引擎；没有高质量的制造业，就难以提高供给体系质量，就无法建成现代化经济体系，也就没有经济的高质量发展。我国人均 GDP 已超过 1 万美元，正处于从中等收入国家向高收入国家迈进的关键阶段；制造业在国内生产总值中的占比超过四分之一，是推动经济增长的主导力量，要提高经济发展的整体效率效益，离不开制造业的支撑和引领。特别是随着产业融合发展水平提升，制造业的转型升级，一方面能够带动生产性服务业的快速发展，另一方面也能优化供给质量，有力促进消费升级，对经济高质量发展的作用更加明显。

制造业高质量发展，是科技自立自强的重要方面。制造业是科技创新的重要领域，是创新需求产生的重要源头，也是科技成果转化的重要载体。资料显示，美国约 60% 的研发经费投入制造业领域，超过 80% 的专利来自制造业领域。在我国，制造业是研发投入最集中、技术创新最活跃、创新成果最丰富的领域之一，规模以上工业企业的研发经费支出占全社会研发经费总支出的比例在 60% 以上，约三分之二的发明专利出自制造业。随着国际科技竞争日趋激烈，提升制造业发展水平特别是核心技术自主可控水平，对于提升我国科技自立自强水平的意义更加重要。突破制造业领域"卡脖子"关键核心技术，有利于我国打破国际技术垄断与封锁、赢得战略主动。

制造业高质量发展，是实现共同富裕的强大助力。制造业是吸收居民就业、创造劳动财富的重要领域。国际经验表明，一国经济发展到一定程度后，制造业占比与基尼系数呈现负相关性，稳定制造业比重对于抑制收入差距扩大具有积极意义。数据显示，德国制造业占比长期保持在 20% 左右，基尼系数也常年稳定在 0.3 左右；而美国的制造业占比自 20 世纪 60 年代初的 37% 下降到 2020 年的 15%，同期贫富差距持续拉大，基尼系数从 0.4 上升至 0.49。我国制造业的快速发展，创造了大量就业岗位，为居民收入持续提高作出了重要贡献。当前，制造业是我国吸纳就业群体最多的行业，制造业就业人口占总就业人口约 22%。随着我国制造业的结构优化和转型升级，制造业增值能力将进一步提升，保障已有就业岗位、创造就业创业机会、提升劳动者素质、带动居民收入水平增长等作用将进一步发挥，为共同富裕奠定更加坚实的基础。

二、深刻把握金融服务制造业发展面临的新形势

在以习近平同志为核心的党中央坚强领导下，我国金融机构坚守服务实体经济本源，不断深化对服务制造强国建设的认识，金融服务制造业高质量发展的能力和水平持续提高。同时，随着新一轮科技革命和产业变革深入发展，以及世界百年未有之大变局深度演进，我国制造业发展出现许多新趋势、新特征，需要金融服务更好与之适配。

一是制造业与科技创新广泛深度融合，对金融创新提出新要求。近年来，先进技术、前沿技术的产业化不断加速，人工智能、新材料、机器人等新兴产业在我国快速发展，不断形成新的产业集群。这些领域的制造业企业具有许多同传统制造业企业不一样的特征，如研发投入强度大、技术资产占比高、实物资产有限等，传统偏重实物抵押的融资模式难以满足其资金需求。同时，随着数字经济与实体经济不断融合发展，大数据、物联网、人工智能等技术日益融入制造业发展各领域，在高速泛在、云网融合的智能化综合性数字信息基础设施支持下，制造业的生产方式、组织形式、商业模式等正在发生系统性重塑，催生出以数据和算法为驱动的智能制造体系，创造了柔性制造、服务型制造、个性化定制等新模式。这种模式上的变革，产生了许多不同以往的金融需求，需要相应的金融创新工具进行匹配。

二是制造业产业链深化发展，对金融服务的适应性提出新要求。随着我国产业转型升级，制造业企业日益呈现出高度细分、多方协作的特征，众多市场主体在分工合作中形成大量产业链条。在工业互联

网、产业互联网赋能下，产业链的广度、深度不断拓展，有的产业链上汇聚的企业甚至超过千家，部分产业链相互交叉，开始向产业生态发展。对这些高度复杂的产业组织形式，金融机构很难用一套简单、通用的方案提供服务，只有提高对产业链、产业生态的整体把握能力，深入剖析产业关联关系，根据不同产业链的组织形式和价值创造方式，提供定制化、差异化的金融服务，才能把服务做深做透。

三是制造业国际合作持续推进，对金融机构全球服务能力提出新要求。深度参与国际合作与竞争，是我国制造业发展的强大动力。在国际抗疫合作中，"中国制造"为各国疫情防控、生产生活提供了积极助力，展示出强大竞争优势。2020年，我国货物贸易出口规模达19.7万亿元，占国际市场份额的14.2%，创历史新高。与此同时，我国制造业全面开放格局持续深化，制造业外商投资准入限制不断缩减，对外资的吸引力不断增强。2021年上半年，我国制造业实际使用外资同比增长9.9%，增速为近10年同期最高；其中，高技术制造业实际使用外资同比增长29.2%。对金融机构来讲，在更高水平对外开放条件下，如何加快提高全球化金融服务能力，更好支持制造业企业高水平"走出去"、高质量"引进来"，助力提升我国制造业全球资源配置水平，已成为重要而紧迫的任务。

四是制造业产业组织方式变化，对普惠金融发展提出新要求。当前，制造业的组织方式日益呈现平台化、网络化、生态化特征，技术场景构建和产业化落地依赖大量"专精特新"的中小型企业共同推动，大型企业则更多以组织者身份发挥作用。服务好创新型中小制造业企业，对制造业高质量发展具有重要意义。但相较于大型企业，中小制造业企业普遍存在经营不稳健、管理不规范、财务不透明、信用记录缺失等问题，与金融机构之间常常存在信息不对称，金融机构获取和验证相关信息的成本较高。如何有效破解信息不对称问题，深化"敢做、愿做、能做、会做"长效机制建设，更加突出地摆在金融机构面前。

三、全面提升金融服务制造业发展的能力和水平

踏上全面建设社会主义现代化国家新征程，面对新形势新任务，我们要坚决把思想和行动统一到党中央关于制造强国建设的决策部署上来，深刻认识做实做强做优制造业、建设制造强国的重要性紧迫性，深刻认识金融机构肩负的使命职责，不断提高制造业金融服务的适应性、竞争力和普惠性，全力支持制造业高质量发展，助力提升制造业核心竞争力，促进"科技—产业—金融"高水平循环。

一是突出创新引领，助推制造业动力变革、质量变革、效率变革。牢牢牵住创新这个"牛鼻子"，有针对性地配置资源、配套政策，提高制造业金融服务质效。突出服务重点，围绕制造业关键技术研发、共性技术打造、产业基础再造等领域，推出更多精细化、差异化的产品和服务，全面提升服务能力；积极支持国家制造业创新中心建设，发挥金融带动作用，引导更多资源向制造业创新重要领域聚集。整合产业金融和科创金融服务资源，在创新链和产业链的交汇点上，加大服务力度，促进创新成果更好地转化和产业化。全面系统梳理我国制造业发展状况，有针对性地开展"补链强链"专项行动，助推产业链优化升级。创新服务方式，把握新一代信息技术与先进制造深度融合的态势，将金融服务广泛融入工业互联、产业互联等领域，以"智慧金融"服务好"智能制造"。

二是注重统筹协调，提升制造业金融服务的适应性。增强系统观念，把扩总量、优服务、调结构、防风险等统筹起来谋划和推动，在综合平衡中实现整体提升。统筹好做强做优和做大。在扩大总量的基础上，更加注重优化服务模式、增强服务能力，不断提高服务的深度、精度、适配度。统筹好当前和长远。稳定提升制造业融资占比，优化融资结构，形成对制造业高质量发展的有力支持。同时，加强对制造

业全产业链条和行业生态的系统研究，把握产业升级路径、技术演进趋势，制定制造业金融发展规划，明确战略安排，形成高效完备的政策体系和服务体系。统筹好发展和安全。牢固树立总体国家安全观，自觉在国家安全大局下谋划和推动工作，积极发挥金融力量，维护产业链供应链安全，助力构建新安全格局。持续健全适应制造业高质量发展需要的金融风险管理体系，健全风控机制，丰富管理工具，提升管控能力，审慎做好投融资布局，提高风险防控的整体性、前瞻性和有效性。

三是强化绿色导向，助力制造业绿色低碳转型。深入践行"绿水青山就是金山银山"理念，采取有力行动，统筹支持产业绿色化和绿色产业化。积极服务传统产业绿色改造。针对制造业不同领域的技术、工艺、流程特点，开发"绿色技改"一揽子产品和服务方案，助力绿色工厂、绿色制造和绿色供应链的全面发展，不断丰富产融协同绿色转型的生动实践。积极推动绿色产业发展。围绕绿色低碳技术研发、推广应用等领域，推出更多好产品、好服务，在助力扩大绿色产品供给的同时，做好需求侧服务，促进绿色产业、绿色消费"双升级"。同时，处理好发展和减排、整体和局部、短期和中长期的关系，优化金融资源配置，不搞"运动式"减碳。

四是促进开放合作，助力我国制造业提升国际竞争力。围绕共建"一带一路"高质量发展等领域，深化境内外资金融通，助力国际产能合作，为有条件的制造业企业在全球范围内整合技术、生产、市场等要素资源提供全方位服务，促进国内国际双循环更为畅通。健全跨境金融服务体系，把服务"走出去"与推动人民币国际化联系起来，为企业量身定制跨境金融服务方案，支持企业主动参与全球产业链、贸易链重塑，助推中国制造不断迈向全球产业链中高端。有效发挥交易、结算等金融功能，协助制造业企业管理好跨境支付、货币兑换、风险对冲等工作，减少制造业企业"出海"的后顾之忧。

五是坚持普惠共享，提高对中小制造业企业的服务能力。高度重视做好对广大中小型制造业企业的金融服务，围绕产业链、供应链安排资金链，把握产业依存关系，发展交易银行业务，打通资金流向中小企业的堵点、断点。深入运用数字技术，为中小企业精准画像、有效增信、主动授信，扩大中小企业中长期贷款、信用贷款规模。加快实施业务授权、资源配置、风险管理、考核评价等经营改革，引导更多优质金融资源向"专精特新"中小企业聚集。强化政银协同、产融协同，引入政府、行业、科研机构力量，共建共享金融服务平台，促进大中小企业融通发展，提升产业生态的韧性和价值。

加强党的领导是做好制造业金融工作的根本保障。要坚决维护党中央对金融工作的集中统一领导，坚持按党的方针办金融、按党的纪律管金融，不折不扣落实好党中央决策部署。更加注重从讲政治高度把握金融工作，把金融服务制造业高质量发展放在党和国家事业全局中认识和把握，强化担当，主动作为，推动实现制造业金融量的持续增长和质的大幅提升。持续加强干部人才队伍建设，强化思想淬炼、政治历练、实践锻炼、专业训练，培养造就一支讲政治、识大局、懂产业、善作为的制造业金融服务队伍，以履职能力和专业水平的不断提升带动服务能力的持续增强。

服务制造业高质量发展责任重大、使命光荣。中国工商银行要从党的百年奋斗重大成就和历史经验中汲取智慧和力量，全面贯彻习近平新时代中国特色社会主义思想，忠诚拥护"两个确立"，增强"四个意识"、坚定"四个自信"、做到"两个维护"；深入落实中央经济工作会议精神，坚持稳中求进工作总基调，完整、准确、全面贯彻新发展理念，积极服务和融入新发展格局，大力推动高质量发展，坚定不移走中国特色金融发展之路，聚焦主责主业，发挥工商银行服务工业、制造业发展的传统和优势，以扎扎实实的工作和实实在在的业绩，奋力谱写金融服务制造强国建设新篇章。

与民营企业风雨同舟携手共进*

企业是最主要的市场主体，是国家综合实力的重要象征。国家影响力边界通过企业商业版图日益得到确认，大国博弈往往在企业谈判桌上完成。我国企业，特别是民营企业经过改革开放40多年来的蓬勃发展，从小变大，由弱到强，成为推动国家发展不可或缺的力量和全球经济舞台上重要的参与者。民营企业如何应对疫情大考，并在后疫情时代实现更大发展，成为全社会十分关心的话题。

目前，疫情仍在全球蔓延，世界经济遭遇严重冲击，企业发展面临严峻形势。党中央审时度势，强调要扎实做好"六稳"工作、落实"六保"任务。习近平总书记亲自主持召开座谈会，与企业家谈心，给企业家鼓劲，为市场主体注入强大信心和动力，为企业发展指明了方向。同时，企业家充分发扬企业家精神，服务大局、坚韧不拔、团结协作，为全国疫情防控和经济恢复增长作出了积极贡献。

经过各方共同努力，我国疫情防控取得重大战略成果，经济发展呈现稳定转好态势。但对于企业家而言，大考仍在继续。这次疫情以极具冲击力的方式，促使企业家认真思考：如何在后疫情时代存得下、立得住、行得稳、走得远。

一是增强生存能力，在疫情冲击中存活下来。疫情在全球的大流

---

* 在亚布力中国企业家论坛夏季高峰会上的演讲，2020年8月28日，个别文字较原文略有改动。

行尚未结束，这将继续通过外贸外资、产业链供应链、市场预期等渠道对企业造成影响。不少企业面临需求不足、订单不足、流动性不足、生产成本上升等约束，利润空间被压缩，有的企业甚至面临生死存亡的考验。我们看到，各地区各部门出台了一系列保护支持市场主体的政策措施。金融系统特事特办、多措并举，全力服务疫情防控与经济社会发展。同时，企业家开展了各具特色的"自救"与"互助"行动。尤其是，不少大型企业运用产业链供应链核心地位，积极发挥带动作用，力保上下游企业不断链、不断流。一些平台型电商主动调整收付款模式，做到"先付款、后到货"，缓解了中小微企业现金流难题，取得了很好的效果。

二是提升创新能力，在困难局面中激发活力。创新创造差异，差异创造价值。创新说到底，就是人无我有、人有我优。疫情创造了一个罕见的社会试验场，社交隔离导致的巨大需求变化，给善于捕捉机遇的企业家提供了难得的舞台。直播带货、非接触式配送等异军突起，指尖剧院、云剧场吸引了广大观众。不少企业适应市场新需求，跑出转型"加速度"，在把自身留在市场的同时，也为经济发展提供了新动能，形成了新"风口"。企业家"逢山开路、遇水架桥"的创新精神令人深感钦佩。在新一轮科技革命和产业变革加速演变之际，建议企业家进一步推进理念创新、技术创新、机制创新、渠道创新等各方面创新，推动企业在市场竞争中立于不败之地。

三是加快转型升级，在新发展格局中走在前列。以前，我国很多民营企业市场和资源"两头在外"，经营主动性不强，受外部影响大。在以国内大循环为主体、国内国际双循环相互促进的新发展格局下，企业可以更好地享受国内超大规模市场红利，利用好国际国内两个市场、两种资源；同时，可以更好地发挥创新要素集成、科技成果转化的重要载体作用，实现供给侧的不断改善。建议企业家把握好主动权，瞄准国内需求变化，推动企业加快转型升级，力争在新发展格局下实现更大发展。

四是提高开拓能力，在高水平开放中勇立潮头。只有敢于参与全球竞争，才可能成就全球一流企业。虽然当前逆全球化抬头、保护主义上升，但经济全球化仍是历史潮流，各国分工合作、互利共赢是长期趋势。我国企业在参与国际市场开拓方面已经积累了不少经验，建立了广泛的合作网络。2020 年进入"世界 500 强"的我国内地及香港企业数量首次位居全球第一，民营企业数量也再创新高。面对新形势新机遇，建议企业家立足国内市场，拓展全球视野，更好把握国际市场动向和需求特点，更好运用国际规则、防范国际市场风险，抓住国际产业链、供应链重构过程中的新机遇，实现更好更快发展，为促进国内国际双循环作出更大贡献。

疫情透过供给体系、需求体系和金融体系全面影响我国经济社会发展。金融机构，特别是大型银行要与广大企业一道，适应新发展格局下供给体系和需求体系的新变化新特点，发挥好"雪中送炭""渡口撑舟"作用，提高服务实体经济能力，与企业共生共荣、共同成长。

后疫情时代，在新发展格局下，金融机构提升服务能力要做到四个"全"：一是服务好全量民营企业。统筹做好对大、中、小微和普惠客户的全量民营客户服务，促进形成"大企业顶天立地，小企业铺天盖地"的繁荣局面。二是服务好全生命周期。大力支持民营企业转型升级，补齐短板，突破"瓶颈"，构建从企业孕育孵化到发展壮大一条龙的新动能金融服务体系。三是服务好全产业链。以"链式"金融的源头活水，打通上下游梗阻和堵点，切实支持民营企业稳链、补链和强链。四是服务好全生态。由传统的融资服务向"融智"服务延伸，重点是向民营企业赋能，助力打造民营企业持续健康成长的生态圈和朋友圈。

工商银行是我国企业发展坚定的同行者，也是民营企业发展坚定的支持者。疫情发生以来，工商银行以支持企业复工复产的"春润行动"为抓手，在资金供给上突出"增"，在融资成本上突出"降"，在产品服务上突出"新"，在帮扶政策上突出"实"，努力提供精准适配的金融服务。未来，工商银行将坚决贯彻党中央、国务院决策部署，继续发挥服务民营经济"主力军"作用，根据民营企业发展新特点新要求，用好资金、人才、科技和网络渠道资源，努力成为民营企业强大的金融后盾，始终与民营企业风雨同舟、携手共进！

发挥金融服务优势　全面支持乡村振兴[*]

习近平总书记强调，民族要复兴，乡村必振兴。在向第二个百年奋斗目标迈进的历史关口，巩固和拓展脱贫攻坚成果，全面推进乡村振兴，是一个关系大局的重要问题。国有大型商业银行作为党的金融事业主力军，必须始终坚持以习近平新时代中国特色社会主义思想为指导，深入贯彻新发展理念，在助力健全具有高度适应性、竞争力、普惠性的现代金融体系过程中，主动对标国家所需、积极发挥金融所长，下沉服务重心、完善市场机制，坚决履行好金融服务乡村振兴的使命责任，为促进全体人民共同富裕作出更大贡献。

深刻理解全面推进乡村振兴的新内涵

党中央强调，脱贫攻坚取得胜利后，"三农"工作的重心转向全面推进乡村振兴。我们要深刻理解发生这一历史性转移的重要内涵，找准金融服务乡村振兴的定位和方向。

全面推进乡村振兴是实现中华民族伟大复兴的重大任务。党的十八大以来，在党中央的坚强领导下，在全国人民的共同努力下，脱贫地区整体面貌发生历史性巨变，脱贫群众精神风貌焕然一新，脱贫攻坚战取得重大历史性成就。同时，脱贫摘帽不是终点，而是新生活、新奋斗的起点，要在巩固拓展脱贫攻坚成果的基础上，做好乡村振兴

---

* 本文发表于《中国银行业》，2021 年第 5 期，个别文字较原文略有改动。

这篇大文章，这关系到全面建设社会主义现代化国家全局和实现第二个百年奋斗目标。面对新征程上的复杂局面和繁重任务，我们必须坚决贯彻党中央决策部署，提高政治站位，强化责任担当，充分发扬集中力量办大事的制度优势，努力成为全面推进乡村振兴的重要力量。

全面推进乡村振兴是致力解决新时代社会主要矛盾的必然选择。党的十九大作出了"中国特色社会主义进入新时代"的重大判断，社会主要矛盾转化为人民日益增长的美好生活需要和不平衡不充分的发展之间的矛盾。全面推进乡村振兴，要加快补齐农村地区发展短板，提高广大农民收入水平，解决好现阶段经济发展不平衡、乡村发展不充分、城乡收入差距大等突出矛盾。2018年起，党中央连续多年以一号文件的形式，对乡村振兴工作进行系统部署，充分彰显了我们党全心全意为人民服务的根本宗旨。我们要不忘初心、牢记使命，始终坚持以人民为中心的发展思想，抓住主要矛盾和矛盾的主要方面，找准服务乡村振兴的战略方位和主要路径，积极满足广大人民群众对美好生活的向往。

全面推进乡村振兴是加快构建新发展格局的关键一步。面对加速演变的百年未有之大变局，党的十九届五中全会就构建以国内大循环为主体、国内国际双循环相互促进的新发展格局作出全面部署。构建新发展格局，必须牢牢把握扩大内需这个战略基点，充分挖掘国内超大规模市场潜力，农村地区劳动力要素丰富、土地要素潜在价值高、消费升级空间广阔，稳住农业基本盘、守好"三农"基础，是应变局、开新局的"压舱石"。我们要进一步助力深化金融供给侧结构性改革，延伸服务触点，完善服务体系，增强服务能力，畅通国内经济主动脉，推动金融活水直达经济末梢，激活农村地区市场发展潜能。

准确把握全面推进乡村振兴的新要求

习近平总书记强调，实施乡村振兴战略是一篇大文章，要统筹谋划,科学推进。我们要深入学习贯彻党中央决策部署,强化系统观念,聚焦乡村产业、人才、文化、生态、组织振兴一体设计、一并推进,加快提升金融服务乡村全面振兴的综合化、一体化水平。

聚焦产业振兴。产业兴百业兴,实现乡村振兴要把推进产业振兴摆在更加突出的位置。要从履行服务实体经济天职,落实金融工作"三项任务"出发,围绕农村产业发展趋势、格局变化和需求特征,创新特色化融资产品,提供更加精准适配的资金支持,促进农村一二三产业融合发展。积极满足农业龙头企业、科创企业、科研机构在育种等重点创新攻关项目上的资金需求,助力打赢种业翻身仗。支持农村产业融合发展示范园和科技示范园区建设,推动资源整合、政策集成和规模化发展,提高农业全产业链价值创造能力。工商银行将城乡联动发展作为全行重点战略,加大投入、下沉渠道、创新产品、完善服务,将脱贫攻坚与乡村振兴有效衔接。截至 2021 年 5 月末,工商银行涉农贷款余额超过 2.4 万亿元,创新推出 130 多条涉农产业链融资产品和 20 余种普惠支农产品,主承销市场首批乡村振兴债券,多措并举助力乡村产业振兴。

聚焦人才振兴。乡村振兴能否实现高质量发展,关键在人。要发挥好金融特色优势,围绕大学生返乡创业、农业创客项目、农业创新业态,加大金融资源供给,提高乡村对人才的吸引力。积极支持农村基础设施建设,助力提高农村医疗、教育等公共服务水平,解决返乡人才的后顾之忧。坚持"四个不摘"原则,继续落实好国有金融企业定点帮扶机制,选派干部赴乡村交流任职。工商银行通过公开选拔等方式优中选优,先后派出一批能力突出、经验丰富、专业匹配的干部人才从事脱贫攻坚与乡村振兴工作,并为乡村地区各级党政干部和技术人才,提供培训近 20 万人次。

聚焦文化振兴。文化振兴是实现乡村振兴的重要部分。要以社会主义核心价值观为引领,弘扬好伟大脱贫攻坚精神,增强民族自豪感和凝聚力。工商银行组织开展了"金融扶贫工行情"等宣传活动，总结扶贫工作成效与经验，挖掘扶贫干部典型事迹，向全社会传播正能量，形成了人人关注、人人参与脱贫攻坚和乡村振兴的良好氛围。注重做好金融在乡村的普及，更好发挥金融惠民、便民、利民作用。工商银行全国县域地区网点覆盖率目前已超过85%，并通过打造手机银行县域版、云网点等线上渠道，实现线上线下服务触点的有效延伸，让县域地区金融服务便捷可得。

聚焦生态振兴。全面推进乡村振兴必须坚持"绿水青山就是金山银山"理念。要深入开展乡村污染治理和生态保护，守护乡村自然风土风貌，形成人与自然和谐发展的现代化建设新局面。大力发展绿色金融，为农业废弃物资源化运用、农业资源保护、乡村环境治理工程提供金融支持，积极推动乡村地区可持续发展。工商银行聚焦美丽乡村建设，建立起包含绿色贷款、绿色债券、绿色基金等在内的绿色金融产品和服务体系，全周期、全链条支持乡村绿色产业发展，着力实现经济效益、社会效益和生态效益的平衡提升，绿色融资余额在同业中首家突破2万亿元，增速持续多年高于全行各项贷款平均水平。

聚焦组织振兴。组织振兴是乡村振兴的根本保障。要注重传承发扬好革命老区的红色基因，发挥农村革命根据地在深入开展党史学习教育中的关键作用，积极开展属地金融机构与乡村党组织的联学联建活动，强化党性教育，增强金融服务乡村振兴的政治意识和责任意识。加快打造智慧政务、智慧村务、智慧农务生态服务平台，推动提升乡村治理的数字化水平，提高乡村基层党组织的战斗力。工商银行依托金融科技优势，积极深化银政全方位合作，聚焦惠农惠民补贴发放、新一代社保卡、医疗和交通出行等民生服务领域，提供智慧化解决方案，以金融力量助力数字乡村建设。

坚决履行金融服务乡村振兴的新使命

习近平总书记指出，全面实施乡村振兴战略的深度、广度、难度都不亚于脱贫攻坚，必须加强顶层设计，以更有力的举措、汇聚更强大的力量来推进。我们要提高政治站位，科学谋篇布局，坚决履行好金融服务乡村振兴的重要使命。

坚持战略和战术高效协同。一是加强组织领导，强化顶层设计。服务乡村振兴是系统工程、全局工程，必须要自上而下做好统筹部署和组织推动，深化战略共识、凝聚发展合力，实现横向各专业协同配合和纵向各层级联合发力的良性发展局面。二是注重区域差异，坚持分类施策。我国幅员辽阔，不同区域间乡村发展的基础和条件各有特点，要科学把握地域特色，分类分批推动实施，做好创造性、差异化设计。三是发挥基层首创精神，积极开展创新探索。尊重基层智慧，鼓励各级分支机构，聚焦当地乡村市场，积极先行先试，做好成熟经验和成功案例的共享复用。

坚持城市和乡村全面布局。一是完善城乡融合金融服务体系。围绕健全城乡融合发展体制机制，加快提升就业创业与普惠金融，商贸流通与消费金融，服务实体与产业链供应链金融，美丽乡村与绿色金融，理财投资与财富金融之间的适应性。二是打通城乡金融服务循环。围绕产业链、项目链、价值链流动方向，深化政府 G 端、公司 B 端和个人 C 端的互促共进，打通中心城市、重点县域、郊区新镇、乡村发展链条，做好全流程服务对接、全生态体系建设和全流量闭环管理，构建"城市与乡村""对公与个人""实体与数字""线上与线下"一体化联动服务新布局。

坚持科技和创新双轮驱动。一是深入推进金融与科技有机融合，强化科技赋能。加快打造涵盖党务村务、补贴发放、产品代销、普惠贷款、支付结算、资产增值等在内的综合化、数字化线上乡村服务平台，推动金融服务拓面、提质、增效。二是深化线下渠道共建合作，创新乡村金融服务业态。加强城乡金融机构间的合作，共建乡村普惠金融服务站点，推进补齐乡村金融基础设施短板。三是创新特色产品和服务。围绕外出务工、农民进城安家、农产品集中收购、电器汽车下乡等乡村振兴重点场景，加快推进代发、结算、普惠等金融产品的特色化创新和服务对接。

坚持发展和风险统筹平衡。一是注重市场化原则、商业化运营。主动探索建立金融服务乡村振兴的长效机制，实现综合服务能力和经营发展效益同步提升。二是坚守风险合规底线。加快完善风险治理机制，强化全面风险管控，结合乡村市场特点和风险特征，不断提升风险防控的数字化、智能化水平，确保服务模式可持续，业务创新有保障。三是巩固拓展脱贫攻坚成果，保持过渡期内金融帮扶政策接续、力度不变，推动健全防返贫监测体系，丰富完善常态化帮扶措施，坚决守住不发生规模性返贫的底线。

金融服务乡村振兴必须始终坚持和加强党的全面领导。工商银行将更加紧密地团结在以习近平同志为核心的党中央周围，立足新发展阶段，贯彻新发展理念，服务新发展格局，推动高质量发展，举全行之力助推乡村振兴，在促进农业高质高效、乡村宜居宜业、农民富裕富足中履行新使命，贡献新力量，以更加优异的成绩庆祝中国共产党成立100周年！

第三篇
展现大行担当　建设中国特色
世界一流现代金融企业

坚定不移走中国特色金融发展之路
开创中国工商银行高质量发展新局面[*]

迎着中国式现代化的煦暖春风，踏着金融服务强国建设、民族复兴伟业的坚定步伐，中国工商银行迎来了成立 40 周年。我们的银行继承红色基因，以服务经济社会发展为己任，在中国特色社会主义伟大旗帜引领下成长壮大，正阔步行进在中国特色金融发展之路的康庄大道上。

1978 年 12 月 18 日，党的十一届三中全会召开，开启了改革开放和社会主义现代化建设的伟大征程。伴随着改革开放大潮，1984 年 1 月 1 日，中国工商银行正式成立，承担原来由中国人民银行办理的工商信贷和储蓄业务，广泛筹集社会资金，为社会主义现代化建设服务。中国工商银行的成立，标志着我国金融业在组织体系上实现了中央银行体系和专业银行体系的分设，掀开了中国金融改革发展的新篇章。

奋进 40 年：工商银行改革发展成绩令人瞩目

40 年来，工商银行始终把自身发展融入民族复兴、国家进步、人民幸福的伟大事业，坚持在历史前进的逻辑中前进、在时代发展的潮流中发展，实现了从小到大、从本土到全球、从传统银行到现代银行的历史性跨越，在我国乃至世界金融发展史上留下了浓墨重彩的印记。

---

* 本文发表于《中国金融》，2024 年第 2 期，个别文字较原文略有改动。

40年来，我们毫不动摇坚持党的领导、加强党的建设，彰显了党建引领、从严治理的鲜明底色。成立后的前十几年，工商银行经历了由地方和银行"双重领导"到银行系统"垂直领导"的转变。1998年，工商银行党组改为党委，建立了党组织和干部"两垂直"管理体制。2006年股改上市后，工商银行把党的建设与现代商业银行建设有机结合起来，积极探索党建工作新机制。党的十八大以来，工商银行坚持党要管党、从严治党，全面加强党的政治、思想、组织、作风、纪律建设，把制度建设贯穿其中，深入推进反腐败斗争，党建工作迈上新台阶。新一届党委成立后，坚持以习近平新时代中国特色社会主义思想为指导，深入落实新时代党的建设总要求和新时代党的组织路线，接续开展党建"质量提升年""巩固深化年""增强功能年"活动，坚定不移推进全面从严治党，持续深化派驻改革，一体推进不敢腐、不能腐、不想腐，使"党建引领、从严治理"成为工商银行的鲜明特色，开创了以高质量党建引领高质量发展的新局面。

40年来，我们坚定不移做强做优、提升发展质量，奠定了服务经济社会发展的雄厚基础。集团总资产从成立之初的2728亿元增加到目前的44万亿元，存款、贷款规模达到34万亿元和26万亿元；全行个人客户超过7.3亿户，对公客户突破1100万户。自2003年引入国际审计以来，净利润从当年的226亿元增加至2022年的3600多亿元，是全球成长性最好的金融机构之一。经过持续努力，工商银行的综合实力、价值创造力、国际影响力大幅跃升，奠定了国内领军地位，昂首步入世界领先大银行之列。集团总资产、总资本净额、存款、贷款等规模指标保持全球银行业首位，总市值、净利润保持中国首位、全球前三，ROA、ROE、成本收入比均处于全球较优水平。连续11年蝉联全球1000家大银行榜首，成为有史以来第一家来自新兴市场国家的"全球最佳银行"。

40年来，我们始终坚守主责主业、服务实体经济，筑牢了建设人民满意银行的坚实底座。成立之初，工商银行就确立了以实体为基、与客户为伴的理念，从早期的技术改造贷款到国内第一笔银团贷款，再到代理发行改革开放后第一只企业股票、承销市场首批"科创"票据，工商银行围绕主责主业，不断拓展服务内涵，把致力于服务制造业等实体经济作为经营宗旨写入公司章程，将更多金融资源配置到经济社会发展重点领域和薄弱环节，着力满足实体经济和人民群众多元化金融需求。目前，全行各类金融产品达 5000 余种，是国内金融服务供给能力最强的银行之一。工商银行坚持以客户为中心，不断优化升级服务手段，从手工到自动，从网点到指尖，再到今天的"数字工行"（D－ICBC），推动金融服务更智能、更有温度，"您身边的银行、可信赖的银行"品牌形象日益深入人心。工商银行坚持履行经济责任和社会责任相统一，自 2007 年起每年发布社会责任报告，多次被评为"中国最受尊敬企业"和"社会责任榜样企业"。

40 年来，我们坚持不懈完善现代金融企业制度、提升治理现代化水平，打造了行业领先的治理标杆。工商银行持续推进体制机制变革，实现了从国有专业银行到国有独资商业银行，再到国家控股的股份制商业银行的转变。2006 年，我们完成中国规模最大银行的股份制改革和全球最大规模的发行上市工作，创造了 A 股和 H 股同步发行上市等30 余项中国资本市场之最和全球第一，被国际媒体誉为"世纪招股"。通过股份制改革，建立起由股东大会、董事会、监事会和高管层组成的现代公司治理架构，形成了各司其职、各负其责、协调运转、有效制衡的公司治理机制。进入新时代，我们通过"双向进入、交叉任职"、党建入章等制度安排，推动党的领导融入公司治理。近年来，工商银行聚焦提升全行治理体系和治理能力现代化水平，在完善公司治理中持续加强党的领导，推动中国特色现代金融企业的治理效能更加彰显。

40 年来，我们与时俱进深化改革创新、推进全球经营，释放了经营发展的强大动能。在改革发展不同阶段，工商银行因时应势推进经营结构调整和发展方式转变，持续探索平衡协调可持续的发展道路。成立之初，就在总行设立调查信息部，专门负责调查研究全行业务活动，为推进各项改革举措提供支持。股改上市后，持续推进业务运营和业务流程改革，健全资本管理体系和激励约束机制。2014 年，成立全面深化改革领导小组，开拓以改革促发展、促转型的新局面。稳步推进国际化综合化布局，不断增强跨境、跨市场服务能力。从 1992 年设立新加坡代表处开始，逐步建立了横跨六大洲、覆盖 49 个国家和地区的全球服务网络，并通过持有南非标准银行股权战略布局非洲大陆，境外资产规模近 5000 亿美元，走在了中资银行国际化经营第一梯队。全行业务范围从成立初期的存贷汇等基础业务，扩展到以商业银行为主体，涵盖基金、租赁、保险、投行、理财等跨市场领域。

40 年来，我们不断完善风险管理体系、增强风险治理能力，实现了穿越周期的持续稳健。根据不同时期的风险演化特点，工商银行与时俱进改进风险管理体制、机制、流程、技术。面对经济体制转轨时期留下的巨额不良资产，大打资产质量攻坚战，为顺利实施股份制改革创造了条件。股份制改革后，建立了相对独立的内部审计和控制体系，积极推进巴塞尔新资本协议实施。新时代以来，按照总体国家安全观要求，工商银行建立并不断优化全面风险管理体系，实行境内境外机构、表内表外业务、商行投行业务和其他业务、线上线下、总行和下属机构"五个一本账"管理，强化产品风险管理，推进主动防、智能控、全面管，实施授信审批新规，打造"三道口、七彩池"智能信贷风控体系，着力打好防范化解金融风险攻坚战，不良率控制在较低水平，拨备覆盖率不断提高。业务发展不搞大起大落，经营管理不搞急功近利，在亚洲金融危机、国际金融危机、世纪疫情冲击等严峻考验下，在急剧变化的市场环境中，全行资产质量稳定向好，风险抵御能力不断增强。

40 年来，我们一以贯之重视人才、依靠人才、成就人才，形成了人才兴业的生动实践。干部员工是工商银行最宝贵的财富。工商银行始终把人才作为第一资源，持续锻造忠诚干净担当的干部队伍和高素质人才队伍，着力为全行改革发展提供坚强组织保障和强大智力支撑。紧紧围绕不同时期国家战略需要和金融业发展趋势，持续优化人才结构布局、提高人才引育质量、完善人才使用生态，为各方面优秀人才投身金融报国事业搭建平台。党的十八大以来，工商银行深入贯彻落实新时代党的组织路线和党中央人才工作方针，坚持党管干部、党管人才，大力实施人才兴业战略，坚持按金融发展规律、人才成长规律培育和使用人才，注重在重大斗争一线和艰苦偏远地区磨砺和造就人才，干部人才政治能力更强、结构素质更优、动力活力更足，进一步巩固了工商银行人才大行、人才强行的地位和优势。

工商银行 40 年的发展进步，是我国金融业蓬勃发展的缩影，也是改革开放伟大成就的缩影。40 年实践充分证明，党中央关于金融工作的决策部署完全正确，中国特色金融之路走得通、行得稳，是推动金融高质量发展的正确道路和必由之路。40 年发展取得的成绩，离不开监管部门、国家有关单位及广大客户的支持帮助，是全体工行人勠力同心、艰苦奋斗的结果。值此 40 周年之际，我们要向海内外全体干部员工致以崇高的敬意，是大家的辛勤耕耘和拼搏奉献，书写和创造了工商银行不平凡的历史！

感悟 40 年：工商银行改革发展经验弥足珍贵

回望 40 年走过的路，工商银行坚持把金融工作放在党和国家事业全局中定位把握，在践行党的金融工作方针、助推我国金融业蓬勃发展的实践中，不断深化对金融本质和发展规律的认识，不断深化对做好国有大型商业银行工作的认识。

必须坚决维护党中央对金融工作的集中统一领导。金融是实体经济的血脉,是国家核心竞争力的重要组成部分。坚持党中央集中统一领导,是中国特色金融发展之路的最本质特征和根本要求,是推进金融高质量发展的根本保证。工商银行 40 年来能够经受各种风险考验、实现稳健发展,根本原因在于我们始终维护党中央对金融工作的集中统一领导,始终按照党中央决策部署行事。实践充分证明,从政治上看金融、干金融,是金融发展行稳致远的根本所在。我们必须坚定不移维护党中央对金融工作的集中统一领导,坚持和加强党对工商银行的全面领导,把党中央决策部署落实落深落细,确保各项工作始终沿着正确道路和方向前进。

必须把服务实体经济和人民群众作为工作出发点和落脚点。党领导的金融事业起于人民、兴于人民,根本上是人民的事业,只有始终想群众所想、急群众所急,金融发展才有源头活水。实体经济是金融的根基,金融是实体经济的血脉,两者共生共荣。金融只有扎根实体经济,把实体经济和人民群众需要作为支持的重点、创新的方向,才能真正实现高质量发展。工商银行 40 年改革发展史,就是一部以人民需求引领自身发展、与实体经济共生共荣的历史。实践充分证明,坚持以人民为中心的价值取向,坚持把服务实体经济作为根本宗旨,是金融发展的不竭动力。我们必须把国家所需、金融所能、银行所长有机结合起来,以助推高质量发展、服务构建新发展格局为引领,持续优化金融产品和服务供给,让自身做优做强,成果更好惠及广大人民。

必须把防范化解风险作为金融工作的永恒主题。金融安全是国家安全的重要组成部分,风险管理是银行经营的核心要义,有效驾驭风险是工商银行基业长青的关键。40 年来,工商银行不断升级风险管理理念、机制、制度、手段,保持了在复杂环境下的各类风险可控,具备了较强的平滑周期波动能力,形成了规范、严谨、稳健的风险管理文化。实践充分证明,坚持稳健经营理念,实施可持续发展方略,是对党的金融事业负责的基本要求。我们要高度重视新形势下金融风险的复杂性、隐蔽性、传染性，以时时放心不下的责任意识做好风险防控工作，下好先手棋、打好主动仗，确保资产质量总体稳定和各类风险整体可控，持续筑牢高质量发展的安全基础。

必须把改革创新作为推动发展的关键一招。改革创新是贯穿工商银行 40 年发展的鲜明主线。从成立后的专业化探索到商业化改革、股份制改造，再到新时代构建高质量发展体系，工商银行巨轮乘风破浪的壮美航迹也是清晰的改革轨迹。从制度创新、业务创新、服务创新到构建国际化、综合化发展格局，再到建设数字工行和科技强行，创新是工商银行赢得先机的"制胜密码"。新时代以来，工商银行深入落实金融供给侧结构性改革要求，推动发展质量、结构、规模、速度、效益、安全更加协调更加统一。实践充分证明，唯改革者胜，唯创新者赢。我们要坚持目标导向、问题导向，增强系统观念，把握好短期与长期、整体与局部的关系，不断把金融供给侧结构性改革推向深入，不断塑造发展新动能新优势。

传承 40 年：开启工商银行高质量发展新征程

党的二十大擘画了以中国式现代化全面推进强国建设、民族复兴伟业的宏伟蓝图，中央金融工作会议吹响了推进金融高质量发展、加快建设金融强国的嘹亮号角。服务中国式现代化，助力建设金融强国，工商银行责无旁贷、重任在肩！我们要从过去 40 年的非凡历程中汲取精神营养、凝聚奋进力量，强化金融为国、金融为民的使命担当，以更大勇气、智慧和魄力，在金融服务中国式现代化新征程上，不断开创中国工商银行高质量发展新局面。

强化党建引领，当好贯彻党中央金融决策部署的排头兵。深刻领悟"两个确立"的决定性意义，增强"四个意识"、坚定"四个自

信"、做到"两个维护",更加自觉地在思想上政治上行动上同以
习近平同志为核心的党中央保持高度一致。坚持不懈用习近平新时代
中国特色社会主义思想凝心铸魂,强化学思用贯通、知信行统一,切
实把党的创新理论转化为坚定理想、锤炼党性和指导实践、推动工作
的强大力量。完善党中央决策部署落实机制,推动党的领导纵向到底、
横向到边,不断将党的领导政治优势和制度优势转化为金融治理效能。
坚定不移全面从严治党,深入推进新时代党的建设新的伟大工程,建
强建优各级党组织,全面打造政治过硬、能力过硬、作风过硬的干部
人才队伍,大力弘扬诚实守信、以义取利、稳健审慎、守正创新、依
法合规的中华传统文化和清廉金融文化,加快建设新时代清廉工行。

坚持人民至上,当好金融助力共同富裕的引领者。深入践行以人
民为中心的发展思想,聚焦人民群众和经营主体最关心最直接最现实
的利益问题和急难愁盼问题,持续丰富高质量金融供给,提高金融服
务可及性、便利度和温度,全力建设人民满意银行。多管齐下提升网
点竞争力,多端联动做好医疗、教育、养老等民生领域金融服务,多
措并举加强对新市民、个体工商户、农民工等群体的精准服务,努力
以高质量金融服务满足人民群众高品质生活需要。增强金融资源在城
乡、区域、人群之间配置均衡性,促进城乡区域协调发展,助力缩小
收入差距,在推进共同富裕中展现更大金融价值。

全面提质增效,当好服务实体经济的主力军。完整准确全面贯彻
新发展理念,紧紧围绕中国式现代化中心任务、高质量发展首要任务
和构建新发展格局战略任务,强化稳健货币政策的精准传导,加大逆
周期和跨周期信贷投放力度,为实体经济提供充沛持续的金融活水。
增强金融服务的功能性,持续优化投融资结构,精准配置金融资源,
不断创新产品和服务,着力把更多优质资源投向科技创新、先进制造、
绿色发展、中小微企业等重点领域和薄弱环节,更好支持创新驱动发
展、区域协调发展等国家重大战略,积极维护粮食和能源安全。突出

服务制造业主责主业，全力打造制造业金融领军强行，做深做精科技金融、绿色金融、普惠金融、养老金融、数字金融五篇大文章，积极助力新型工业化建设、新质生产力培育，全面提高对现代化产业体系的服务水平。

筑牢风控根基，当好维护金融稳定的压舱石。树牢总体国家安全观，坚持从政治和全局高度把握金融风险，增强忧患意识，坚持底线思维，更好统筹发展和安全，牢牢守住不发生系统性金融风险底线。强化监管规定落实，把依法合规经营打造成为核心竞争力。精准把握权和责、快和稳、防和灭等关系，积极发挥大行作用，助力稳妥化解重点领域风险。坚持风控强基，以实施"五个一本账"和产品风险管理为抓手，持续迭代升级完善全面风险管理体系，推动风险早识别、早预警、早暴露、早处置，着力构建全覆盖、硬约束、治未病的早期纠正机制，提升应对重大风险事件、极端风险事件能力。坚持管好自身、助力全局，加强对中小金融机构的风险管理技术和能力输出，助力维护经济金融稳定。

深化改革创新，当好国有大型金融机构做优做强的领头雁。胸怀"国之大者"，遵循新时代金融工作规律，深入落实金融供给侧结构性改革要求，着力扬长板、补短板、固底板、锻新板，不断推进做优做强取得新成效。坚持科技驱动、价值创造，统筹加强数据安全保护和数据开发利用，深化科技、数据、业务"煲汤式"融合，加快建设数字工行和科技强行。完善中国特色现代金融企业制度，深化党建与公司治理有机融合，加强内部管理和风险控制，提升治理现代化水平。坚持国际视野、全球经营，统筹开放和安全，完善境外网络布局和网络功能，做好对共建"一带一路"等重点领域的金融支持，助力稳慎扎实推进人民币国际化，促进提升我国金融国际竞争力和影响力。

四十载惊涛拍岸，九万里风鹏正举。站在推进金融高质量发展、加快建设现代化金融强国的新起点，踏上工商银行40年再出发的新征程，我们要更加紧密地团结在以习近平同志为核心的党中央周围，坚持以习近平新时代中国特色社会主义思想为指导，深刻领悟"两个确立"的决定性意义，增强"四个意识"、坚定"四个自信"、做到"两个维护"，全面贯彻党的二十大精神和中央金融工作会议精神，坚持金融工作的政治性、人民性，坚持行党委"48字"工作思路，坚定不移走中国特色金融发展之路，在服务经济社会高质量发展、助力构建新发展格局中，不断实现自身高质量发展新突破，努力为以中国式现代化全面推进强国建设、民族复兴伟业贡献新的更大力量！

奋力谱写工行高质量发展新篇章[*]

党的十八大以来，以习近平同志为核心的党中央高度重视金融工作，习近平总书记对金融工作作出一系列重要讲话和重要指示批示，为做好新时代金融工作提供了根本遵循，推动我国金融业发展取得历史性成就。中国工商银行深刻把握党和国家赋予的职责使命，坚决扛起国有大型商业银行责任担当，努力为实现中华民族伟大复兴贡献工行力量。

一、推进高质量发展的实践

工商银行坚持以习近平新时代中国特色社会主义思想为指导，忠诚拥护"两个确立"，增强"四个意识"、坚定"四个自信"、做到"两个维护"，坚决贯彻党中央决策部署，全力落实服务实体经济、防控金融风险、深化金融改革任务，着力在支持经济社会高质量发展中推动自身高质量发展，推动具有中国特色的世界一流现代金融企业建设不断开创新局面。

坚持党对金融工作的集中统一领导，党的建设和全面从严治党得到根本性加强。工商银行坚持把学懂弄通做实习近平新时代中国特色社会主义思想作为长期而重大的政治任务，在学习领悟习近平总书记关于金融工作重要论述上下实功、用长劲，结合开展党内集中学习教育，持续夯实"学"的基础、加大"悟"的力度，不断深化对新时代

---

[*] 本文发表于《中国金融》，2022 年第 14 期，个别文字较原文略有改动。

金融工作规律的认识，运用党的创新理论指导金融实践的能力明显提升。坚持把做到"两个维护"作为最高政治原则和根本政治规矩，及时将党中央决策部署转化为全行战略、规章制度和具体工作，推动习近平总书记重要指示和党中央要求在全行落地生根，不断形成生动实践。坚持把强化党的领导作为提高治理体系和治理能力现代化水平的关键，集团和子公司全面实现"党建入章"，党委把方向、管大局、保落实作用得到充分发挥，各类治理主体作用得到有效激活。坚持全面从严治党，纵深推进全面从严治党和全面从严治行，深化纪检监察体制改革，持之以恒正风肃纪反腐，强化金融反腐与金融风险处置有机衔接，一体推进不敢腐、不能腐、不想腐不断取得制度性成果和治理成效。坚持党管干部、党管人才，全面落实新时代党的组织路线，干部人才队伍结构不断优化、储备不断加厚、能力不断增强，基层党组织政治功能和组织力显著提升。特别是经过中央巡视的政治洗礼，全行对习近平总书记关于金融工作重要论述有了更深领悟，对金融工作的政治性、人民性有了更深认识，对做好新时代金融工作所应具备的政治意识、政治站位、政治能力有了更深把握，切实增强了走好中国特色金融发展之路的政治、思想和行动自觉。

坚持完整准确全面贯彻新发展理念，服务实体经济能力得到整体性提升。始终以新发展理念引领金融实践，不断增强金融服务高质量发展能力，金融服务的适应性、竞争力、普惠性持续提升。一是有效传导宏观政策。统筹投融资总量、结构和节奏，促进货币、财政、产业等政策协同落地，助力畅通经济循环。2012年以来，全行贷款余额年均增长10%，与经济增速基本同步，年度投放总量从3万亿元增至5万亿元，有力地支持了国民经济稳健发展。高效落实差异化信贷政策，重点领域和薄弱环节信贷增速持续高于各项贷款平均水平，民营企业贷款余额连续多年位居市场首位，小微企业贷款增速领先。二是深入履行主责主业。发挥工商银行服务工业、制造业传统优势，全力支持制造业高质量发展，推动制造业金融上量、保质、提占比，制造业贷款余额突破 2.7 万亿元、长期保持同业第一，有效支持了国产大飞机、复兴号动车组、载人航天等一批"国之重器"建设。三是全力服务国家战略。聚焦高水平科技自立自强，完善科创金融服务体系，对高技术企业、战略性新兴产业的贷款规模首家突破 1 万亿元。深入落实区域重大战略和区域协调发展战略，对京津冀、长三角、粤港澳大湾区等区域服务力度不断加强，对革命老区、边疆地区、贫困地区信贷投放逐年递增。统筹支持产业绿色化和绿色产业化，绿色信贷总量、增量同业领先，牵头成立银行业支持碳达峰碳中和工作组，派员参加金融稳定理事会气候风险相关工作组，助力增强我国绿色金融治理话语权。四是全力建设"人民满意银行"。牢固树立以人民为中心的发展思想，推动个人金融优服务、提品质、建生态，以高质量金融服务满足群众高品质生活需要。全行个人客户总量从 4 亿户增至 7 亿户，互联网金融活跃客户数率先突破 1 亿户，数字人民币试点走在市场前列，对新市民等群体的精准金融支持不断加强，助力群众圆安居梦、置业梦、创业梦。定点扶贫工作连年获得第一档"好"的评价，金融支持乡村产业振兴项目入选全球减贫最佳案例。

坚持从大局出发统筹发展和安全，防范化解金融风险取得战略性成果。深入落实党中央关于打好防范化解金融风险攻坚战的决策部署，坚持未雨绸缪、见微知著、亡羊补牢、举一反三，持续加固风险防线，牢牢守住不发生重大风险底线。一是全面完善风险治理体系。将维护经济金融安全纳入风险管理目标，制定完善风险治理、提升风险治理能力等一系列指引，明确总行分行、境内境外、表内表外、线上线下、商行投行附属机构"五个一本账"管理要求，深化主动防、智能控、全面管，风险管理整体性、统一性、有效性和前瞻性不断提高。注重以管党治行责任压实带动风控责任传导，推动独立信贷风险官应派尽派，实现一级分行纪委书记全专职、全交流和到期全轮换。二是持续强化信用风险防控。健全授信审批体系，形成"分级、分权、规范、制衡"的信贷运行新体制，推动信贷业务高质量发展。强化"三道口"

"七彩池"管理，创新方式推进不良贷款清收处置，一批重点项目风险化解取得突破，并形成良好的经济效益和社会效益。集团不良贷款率稳定向好，逾期贷款率、拨备覆盖率同步改善。三是前瞻应对外部风险冲击。自主研发市场风险管理系统，率先建立智能化、全流程的产品控制体系，市场风险长期保持稳健。金融科技自主可控水平市场领先，自主建设的智慧银行生态系统（ECOS）获评人民银行金融科技发展特等奖，数据管理能力获工业和信息化部最高评级。四是主动维护金融稳定大局。在疫情防控、市场波动等关键时点，全力满足中小金融机构应急资金需求，积极维护市场平稳运行。综合施策支持中小金融机构改革化险，推动形成大中小机构共筑风险防线的生动局面。

坚持供给侧结构性改革主线不动摇，创新发展动能得到系统性增强。积极发挥国有大型商业银行示范作用，站位大局服务改革，结合实际深化改革，着力在蹚新路、开新局中体现政治担当。一是主动服务和融入金融改革全局。围绕"三去一降一补"强化金融服务，全行先进制造业贷款占比较 2012 年提升超 10 个百分点；产能过剩行业贷款占比降至 1% 左右，处于市场低位。大力支持补短板、强弱项、增动能，统筹服务好传统基建和新基建，相关领域贷款规模突破 6 万亿元。围绕国家对外开放重点推动全球经营，境外网络覆盖 49 个国家和地区。扎实履行金砖国家工商理事会中方主席单位职责，推动在数字经济、贸易投资、能源合作、基础设施等领域形成务实合作成果。发起成立中欧企业联盟，积极发挥"一带一路"银行间常态化合作机制作用，推动形成全球系统重要性银行会议、中非经贸合作磋商等机制安排。二是不断提升治理体系和治理能力现代化水平。对标国家战略规划，滚动实施自身发展规划，着力构建更加有效服务实体经济的经营机制。带头在小微企业、乡村振兴、科技创新等重点领域成立专营部门和机构，提升金融供给适配性、精准性和可持续性。全面发力体制机制改革，绩效考核、资源配置、营销体系、机构管理、网点转型等改革多点突破，有效激活创新转型动能。

经过不懈努力，工商银行"强、优、大"特征不断彰显，成为自身高质量发展的重要体现。首先是"强"的基础进一步筑牢。客户基础不断夯实，制造业金融、绿色金融、交易金融、机构金融等综合实力持续巩固；风险管控水平稳步提升，资本实力全球领先。其次是"优"的质态进一步提升。资本、资产、资金运行更趋平衡，经营效率持续改善，成本收入比为全球大型银行最优，资产回报率、资本回报率、净利息收益率处于国际较优水平。最后是"大"的优势进一步巩固。全行资产规模超过 35 万亿元，营业收入突破 8500 亿元，客户存款规模超过 29 万亿元，客户贷款规模超过 23 万亿元，多项指标保持全球第一，全球领先优势继续扩大；近十年连续保持 A 股上市公司分红第一。

二、认识与体会

习近平总书记强调，回顾历史不是为了从成功中寻求慰藉，更不是为了躺在功劳簿上、为回避今天面临的困难和问题寻找借口，而是为了总结历史经验、把握历史规律，增强开拓前进的勇气和力量。党的十八大以来，工商银行在学习贯彻习近平总书记关于金融工作重要论述、推动高质量发展的实践中，进一步加深了对走好中国特色金融发展之路的认识。

必须强化政治引领，把坚持党对金融工作的集中统一领导作为根本要求。党的十八大以来，我国发展内外环境发生复杂深刻变化，金融作为国之重器，只有坚持和加强党的全面领导，才能保证改革发展的正确方向。工商银行坚持按党的方针办金融、按党的纪律管银行，使党的领导政治优势、制度优势不断转化为自身发展优势、治理优势。实践充分证明，党的领导是金融发展的"根"和"魂"，只有始终同党中央保持高度一致，金融发展才能行稳致远。

必须坚持人民至上，把以人民为中心的发展思想贯穿金融工作全过程各方面。中国特色社会主义进入新时代，我国社会主要矛盾已经转化为人民日益增长的美好生活需要和不平衡不充分的发展之间的矛盾。金融联系千家万户、关系民生福祉，必须顺应社会主要矛盾变化，更好满足人民对美好生活的向往。工商银行坚持以人民群众需求为导向，持续丰富金融产品和服务体系，推动"人民满意银行"建设不断取得新成效。实践充分证明，只有坚守人民金融底色，更好满足人民群众多样化、差异化金融需求，金融发展才有源头活水。

必须牢记金融宗旨，把服务实体经济作为金融工作的出发点和落脚点。我国经济发展进入新常态，实体经济发展面临动力变革、效率变革、质量变革的艰巨任务，客观上要求构建更具适应性、竞争力和普惠性的金融服务体系。工商银行坚持以实体经济需求变化牵引金融服务提质升级，在与实体经济良性互动中实现自身创新发展。实践充分证明，只有坚守服务实体经济本源，才能实现最优发展路径，实施最佳发展蓝图，激发出高质量发展的强大动能。

必须统筹发展和安全，把防范化解风险作为金融工作的永恒主题。当今世界正经历百年未有之大变局，各类风险交叉共振，金融风险的隐蔽性、交叉性、传染性增强，工商银行强化底线思维，注重从总体国家安全观的政治高度去认识和把握风险，建立并不断完善全面风险管理体系，实现资产质量总体稳定和各类风险整体可控。实践充分证明，只有从政治和全局高度认识风险、治理风险，才能下好先手棋、打好主动仗，确保风险应对走在市场曲线前面。

必须深化改革创新，在服务经济社会高质量发展中实现自身高质量发展。深化金融改革是以习近平同志为核心的党中央对金融发展一以贯之的要求，金融领域很多深层次问题必须靠深化改革来解决。工商银行坚持立足大局谋划改革、结合实际推进创新，改革关键一招、创新第一动力作用持续彰显。实践充分证明，只有把国家战略、实体经济和人民群众的需要作为改革立足点，遵循金融规律，坚持守正创新，高质量发展才会有长久动力、持久活力。

三、坚定走好新征程奋进之路

时间镌刻使命，奋斗开启未来。当前，党正带领人民踏上实现第二个百年奋斗目标、全面建设社会主义现代化国家新征程。工商银行一定牢牢把握金融工作正确政治方向，进一步突出金融工作的政治性和人民性，以高质量发展的实际行动，奋力谱写中国特色金融发展之路的工行新篇章。

坚持党建引领、从严治理，推动党的领导和公司治理深度融合迈上新台阶。旗帜鲜明加强党对工商银行的全面领导，不折不扣落实党中央决策部署。持续学懂弄通做实习近平新时代中国特色社会主义思想，提高用党的创新理论指导金融实践的能力。将党的领导融入公司治理各领域全过程，不断提高治理体系和治理能力现代化水平。锚定"五个强化""四个融入"整改要求，健全巡视整改长效机制，推动整改工作进一步走深走实。纵深推进全面从严治党全面从严治行，持续强化严的氛围，为高质量发展提供坚强政治保证。

坚持客户至上、服务实体，推动金融支持高质量发展实现新提升。把服务国家战略摆在突出位置，形成更加有力有效服务实体经济的发展模式、经营机制，更好满足市场主体和人民群众多样化金融需求。对标高质量发展要求，引导资金更多流向现代产业、科技创新、民营企业、绿色转型、小微企业、乡村振兴等重点领域和薄弱环节。围绕养老、医疗、住房等领域加强产品和服务创新，着力建设"人民满意银行"。

坚持科技驱动、价值创造，推动科技强行、数字工行建设迈出新步伐。推动科技、数据与业务深度融合，加快自身数字化转型，不断催生发展新动能。积极将产品和服务融入数字政府、智慧民生、工业互联等领域，嵌入新型基础设施，更好地服务数字经济发展。积极推进金融科技向自主可靠可控转型，助力国家金融基础设施建设和升级。牢固树立正确网络安全观，打造立体综合防御体系，为转型发展提供强大安全支撑。

坚持国际视野、全球经营，推动金融服务高水平对外开放实现新跨越。对标构建新发展格局需要，积极以金融力量连通两个市场、畅通内外循环。认真履行金砖国家工商理事会中方主席单位职责，推动金砖工商合作不断走深走实。围绕共建"一带一路"高质量发展重点领域，优化金融资源配置，提升全方位服务水平。打造全球产业金融服务体系，增强对稳链强链、初级产品供给保障等领域服务能力。主动参与国际金融治理，助力提升我国金融制度影响力。

坚持转型务实、改革图强，推动国有大型商业银行创新发展取得新成效。坚持立足全局谋划推动改革，促进金融供给侧结构性改革落细落深。高水平实施集团发展战略规划，推动"扬长、补短、固本、强基"布局和重点战略实施不断取得新突破。围绕做强做优做大目标，提高发展平衡协调可持续性，坚定不移走好质量第一、效率优先、创新引领的内涵式发展道路。

坚持风控强基、人才兴业，推动全面风险管理和队伍建设开创新局面。坚持从维护政治安全、经济安全的高度防范化解风险，发挥好大型商业银行作用，全力维护金融稳定，服务构建新安全格局。强化"一本账"管理、"一盘棋"统筹，落细落深全面风险管理要求。坚持党管干部、党管人才，深入落实新时代党的组织路线，建设忠诚干净担当的高素质专业化干部队伍，打造人才高地和人才强行，为全行高质量发展提供坚实人才保障。

新时代呼唤新作为，新征程要有新担当。工商银行将坚持以习近平新时代中国特色社会主义思想为指导，进一步增强"四个意识"，坚定"四个自信"，坚决捍卫"两个确立"，做到"两个维护"，不断增强做好新时代金融工作的责任感使命感紧迫感，以高质量发展、走好中国特色金融发展之路的实际行动，迎接党的二十大胜利召开。

贯彻新发展理念　践行大行担当[*]

创新、协调、绿色、开放、共享的新发展理念，是以习近平同志为核心的党中央对经济社会发展提出的最重要、最主要的理念，集中反映了我们党对经济社会发展规律的新认识。围绕理解贯彻新发展理念，习近平总书记多次发表重要讲话，深刻阐释了一系列重大理论和实践问题。2021 年 3 月 5 日，习近平总书记在参加十三届全国人大四次会议内蒙古代表团审议时再次强调，新发展理念是一个整体，必须完整、准确、全面理解和贯彻，着力服务和融入新发展格局。

工商银行坚持以习近平新时代中国特色社会主义思想为指导，全面落实党中央决策部署，坚决把新发展理念落实到金融服务与经营发展各领域全过程，积极服务和融入新发展格局，不断提升金融服务的适应性、竞争力、普惠性，扎实践行国有大行的责任担当。

坚持创新发展，增强服务高质量发展的效能

习近平总书记强调，抓创新就是抓发展，谋创新就是谋未来。新发展理念，创新是第一位的，在我国现代化建设全局中具有核心地位。工商银行认真贯彻创新驱动发展战略，持续加大对制造强国、质量强国、网络强国、数字中国建设的支持力度，坚持完善金融服务创新体系与自主开展科技创新双管齐下，推动金融、科技和产业的良性循环，

　＊　本文发表于《中国金融》，2021 年第 6 期，个别文字较原文略有改动。

助力培育经济发展新动能。

将服务科技创新摆在突出位置。全力支持国家战略科技力量打造，紧跟创新链产业链布局，完善科创金融产品、组织和风控体系，针对重大创新项目、重大创新工程制订专属金融服务方案，加大对关键核心技术领域、战略性新兴产业、现代服务业、数字经济等新动能的支持力度。设立特色专营机构，专司科创企业的客户服务、产品创新、投融资审批和风险管控，提供与轻资产、高科技、新业态企业相匹配的金融服务。充分发挥商投一体、投贷联动优势，综合运用贷款、债券、股权、租赁等多种工具，改善科创企业需求与传统融资模式错配问题，提高融资可得性。助力科技成果转化和产业化，服务全国超一半的国家高新技术企业，支持开展核心技术攻关，提升产业链供应链自主可控能力。

加快推动自身数字化转型。按照"科技驱动、价值创造"思路，着力打造"数字工行"，努力实现客户服务智能普惠、金融生态开放互联、业务运营共享联动、产品创新高效灵活。强化科技赋能，加大科技投入力度，增强自主创新能力，智慧银行生态系统全面建成，IT基础设施水平引领同业。深化科技与业务融合，加快布局金融科技前沿领域，努力实现更多突破性创新和引领性技术应用，构建拥有自主知识产权的企业级区块链平台，加快支付、融资、投资等核心产品数字化智能化重构。优化创新研发机制，发挥市场化优势，加强产学研联合攻关，持续完善数据资产管理体系、数据服务体系，积极参与数据要素市场建设，推动数据资源向数据资产转化。

坚持协调发展，提升发展的整体性均衡性

习近平总书记指出，协调既是发展手段又是发展目标，同时还是评价发展的标准和尺度，是发展两点论和重点论的统一，是发展平衡

和不平衡的统一，是发展短板和潜力的统一。工商银行坚持系统观念，注重处理好当前和长远、局部和整体、发展和安全的关系，努力实现自身发展与服务国家发展的同频共振。

统筹当前和长远。一方面，立足当前，找准服务和融入新发展格局着力点。适应供给体系和需求体系新变化新特点，精准摆布融资总量、结构、节奏、投向和价格，发挥好货币政策传导主渠道作用，引导资金流向关键领域和薄弱环节。着眼产业基础再造、技术提升和企业全生命周期，持续加大制造业支持力度。针对小微民营企业融资难融资贵问题，在资金供给上突出"增"，在融资成本上突出"降"，在产品服务上突出"新"，在帮扶政策上突出"实"，努力提供精准适配的金融服务。大力发展供应链融资，助力将产业链龙头企业以及研发中心、关键零部件生产等环节留在国内，实现"稳链固链"，同时积极服务有实力的企业"走出去"，参与全球产业链重塑，助力提升我国在全球产业链中的地位。另一方面，面向长远，对标国家战略谋划自身发展路径。立足新发展阶段，对标"十四五"规划和 2035 年远景目标，制定新一轮发展规划，实施"扬长、补短、固本、强基"战略布局，全面提升经营质效和服务能力。主动对接国家和地方重大项目、重大工程，以服务供给侧结构性改革为主线，围绕调结构、补短板、强活力等方面优化投融资布局，同时把握扩大内需战略基点，将服务需求侧管理摆在更加重要的位置，做好稳投资、促消费、惠民生等领域金融服务，助推实现更高水平的供需动态平衡。

统筹局部和整体。坚持立足整体谋局部与做强局部促整体相结合，把握综合平衡，实现良性互动。以支持国家区域发展战略为导向，制定实施工商银行重点区域竞争力提升战略，全力支持京津冀、粤港澳、长三角、成渝等重点区域发展，持续提升对新时代西部大开发、东北振兴、中部崛起等的服务质效。落实国家乡村振兴战略，制定实施工商银行城乡联动发展战略，聚焦城乡融合、农业现代化等重点领域，下沉渠道、创新产品、完善服务，探索走出一条具有工行特色的服务乡村振兴之路。

统筹发展和安全。强化忧患意识，坚持底线思维，把畅通经济循环、增强市场主体活力作为防范化解风险的根本，抓好存量风险化解和增量风险防范，助力打好防范化解金融风险攻坚战，切实发挥国有大行"压舱石"和"稳定器"作用。加强宏观判断，做好微观安排，健全全面风险管理体系，努力使风险应对走在市场曲线前面。加强前瞻性风险排查和实质性风险管控，管好资产入口、风控闸口、处置出口，稳定信贷资产质量。统筹抓好利率、汇率、流动性风险管理，主动维稳金融市场，确保自身经营在市场波动中保持稳健。

坚持绿色发展，助力经济绿色复苏和低碳转型

生态环境没有替代品，用之不觉，失之难存。推动绿色低碳循环发展，加快形成绿色发展方式和生活方式，不仅是当今时代科技革命和产业变革的重要方向，也是蕴藏巨大潜力、很有前途的发展领域。工商银行坚持绿水青山就是金山银山的理念，优先支持绿色经济发展，努力发挥绿色金融"头雁效应"。

持续完善绿色金融服务体系。综合运用项目贷款、绿色债券、产业基金、租赁保理等金融手段，加大对清洁能源、绿色交通、节能环保等绿色产业的支持力度，打造全方位绿色金融服务体系，绿色贷款余额、绿色债券累计发行、承销及投资量均保持同业领先。扎实推进投贷联动，投资国家绿色发展基金，全产品全链条支持绿色产业发展。严格执行环保"一票否决制"，将环境与社会风险、气候风险评估要求嵌入信贷全流程，坚守环保底线。

参与国际合作发出"工行声音"。作为联合国《负责任银行原则》唯一中资起草机构和创始签署行，工商银行积极参与联合国可持续金

融领域的国际交流与合作，在国际舞台大力倡导绿色发展的中国理念。加强绿色金融前瞻研究，发布"一带一路"绿色金融指数，牵头推进环境信息披露试点工作，助力应对全球可持续发展筹资体系欠缺、可持续金融标准不统一、筹资工具及金融产品创新不足等挑战。

坚持开放发展，更好服务高水平对外开放

海纳百川共扬帆。党的十八大以来，我国高水平对外开放不断跑出加速度。工商银行始终坚持人类命运共同体理念，以国际视野推动全球经营，发挥全球网络优势，注重提高金融服务对外开放能力，努力构建与服务新发展格局、推动高质量发展相适配的国际化经营新质态。

优化国际化发展格局。围绕国家对外开放战略重点，优化全球机构布局，稳步推进重点空白区域的机构申设，不断扩大国际化覆盖面，提高海外机构发展质量。大力支持"一带一路"资金融通，以金融力量助推设施联通、贸易畅通、民心相通，服务范围覆盖"一带一路"21个共建国家和地区。全力服务我国主场外交和对外经贸合作平台，为服贸会、进博会、广交会等提供全方位金融服务。同时，密切研判国际政治经济走势与风险演变趋势，立足自身管理能力和风险管控边界，及时调整海外机构业务重点，确保风险可控。

提高全球化服务能力。聚焦畅通跨境贸易往来、稳定跨境产业链供应链开展"春融行动"，加大对外贸外资企业及其境外上下游企业的融资支持力度，服务国内企业走出去、外资企业引进来。着力满足客户全球化综合化金融服务需求，稳慎推进人民币国际化，有序扩大跨境人民币在清算、结算、投融资、风险管理等领域的使用，研发推出多项离岸市场人民币投资理财产品，在大宗商品和对外承包工程等领域率先推进人民币全链条闭环应用。

积极拓展参与国际金融治理的广度和深度。牵头建立"一带一路"银行间常态化合作机制，将其打造成为服务高质量共建"一带一路"的互惠合作平台，成员覆盖62个国家和地区的116家机构。通过金砖国家工商理事会、国际金融协会等多边平台正面发声，举办金融合作论坛、全球系统重要性金融机构会议，积极倡导多边合作，打造负责任大行形象。

坚持共享发展，不断擦亮金融为民初心

为人民谋幸福、为民族谋复兴，是新发展理念的"根"和"魂"。党的十九届五中全会把"全体人民共同富裕取得更为明显的实质性进展"作为2035年远景目标加以鲜明提出，充分彰显了以习近平同志为核心的党中央深厚的人民情怀和坚定的人民立场。工商银行始终坚守"人民金融"底色，坚持客户至上、服务实体，自觉把满足人民对美好生活的新期待作为开展金融工作的出发点和落脚点，努力做到发展利民、服务惠民，助力脱贫不返贫。

全力做好特殊时期金融保障。部署开展支持防疫抗疫、复工复产、湖北武汉等专项行动，全面助力"六稳""六保"，坚决扛起金融保障重大责任。发动全球机构支持防疫抗疫，2800余名干部员工奔赴抗疫一线，全行踊跃捐款捐物超过2.5亿元，以实际行动践行伟大抗疫精神。主动让利实体经济，通过减息降费等方式降低企业融资成本。认真落实延本延息政策，对普惠贷款应延尽延，通过调整结息周期、展期、再融资等方式，最大限度降低客户还本付息压力。

持续提升金融服务便利化水平。以解决客户痛点和难点为切入口，实施第一个人金融银行战略，优化个人业务服务流程，打造线上线下一体化运营的服务体系，客户服务体验显著提升。积极落实优化营商环境相关部署，在合规基础上精减优化企业开户流程，让信息多跑路、

企业少跑腿，客户服务效率大幅提高。主动承担公益责任，建设"工行驿站"惠民服务点，形成以1.6万家网点为矩阵的公益服务体系。

扎实推动精准扶贫与乡村振兴衔接。向贫困地区和人口倾斜信贷资源，通过激励先进、督导后进、管控薄弱环节等方法，提升扶贫贷款的精准有效性，2020年扶贫贷款增速大幅高于各项贷款平均增速。开展消费扶贫"春暖行动"和"金秋行动"，帮助扶贫产品进超市、进企业、进供应链。强化贫困地区金融普惠性，国定贫困县网点覆盖率逐年增加。将金融扶贫与产业扶贫、教育扶贫、卫生扶贫、就业扶贫等相结合，真金白银投入，真抓实干推进，有力支持一大批特色产业发展。认真落实"四个不摘"要求，按照"地方所需、工行所能"帮扶原则，为地方龙头企业、农村合作社等市场主体提供支付、融资、咨询等服务，赋能乡村产业发展，确保脱贫成果稳得住、脱贫群众不返贫。

树有千枝而系于一根，水有万流而出自一源。加强党对金融工作的全面领导，是金融机构贯彻新发展理念的根本保证。工商银行将紧密团结在以习近平同志为核心的党中央周围，更加注重从讲政治高度贯彻新发展理念、做好金融工作，不断增强"四个意识"、坚定"四个自信"、做到"两个维护"，提高政治判断力、政治领悟力、政治执行力，不折不扣落实党中央决策部署，在全面建设社会主义现代化国家新征程上，砥砺前行，奋勇争先，以优异成绩庆祝建党100周年。

国有商业银行在新时代新征程上的新使命新作为

习近平总书记深刻指出，当前世界百年未有之大变局加速演进，世界之变、时代之变、历史之变的特征更加明显。我国发展面临新的战略机遇、新的战略任务、新的战略阶段、新的战略要求、新的战略环境，需要应对的风险和挑战、需要解决的矛盾和问题比以往更加错综复杂。金融作为国家重要的核心竞争力，在全面建设社会主义现代化国家新征程上，作用重要、责任重大。2021年以来，经过中央巡视和巡视整改，我们对金融改革发展的正确政治方向有了更深把握，对党和国家赋予金融单位的职责使命有了更深理解，增强了走好中国特色金融发展之路的政治自觉、思想自觉和行动自觉。举办中国现代金融学会2022年学术年会，将更好地汇聚各位专家学者的智慧，推动政治站位的提升、思想认识的深化，促进理论成果进一步转化为生动的金融实践。这里，我谈几点认识，同大家交流。

第一，坚持金融工作的政治性、人民性、专业性，积极探索中国特色金融发展之路的实现路径。实践证明，一国的金融发展模式，以及与之相对应的金融理论，必须根植本国土壤、立足客观实际，这样才能有长久生命力。研究中国金融问题，发展中国金融事业，必须始终坚持从中国实践中来，到中国实践中去，区分现象与规律、假设与结论、应然与实然，真正理解金融运行的本质，把是不是有利于国家发展、有利于实体经济、有利于民生改善作为根本出发点，使金融理论和政策创新符合中国实际、体现中国特色。当前，需要重点深化关于金融工作政治性、人民性、专业性方面的研究，推动三者在理论内涵上有机统一，在政策设计上互为补益，在具体业务上贯通体现，真正成为指导金融工作开展的基本理念、基本逻辑、基本要求。

第二，坚持聚焦主责主业、推进守正创新，积极探索金融服务中国式现代化的有效路径。我国已经开启全面建设社会主义现代化国家新征程，做好金融工作，对推进中国式现代化十分重要。具体到国有大行来看，服务好中国式现代化，关键在于树牢正确政绩观、发展观，真正站在党和国家工作全局高度思考谋划金融工作，把握职能定位、深耕主责主业，以人民群众需求为导向丰富金融产品和服务体系，以实体经济需求变化牵引金融服务提质升级，着力形成更加有力有效服务新发展格局的金融发展模式，为国家重大战略实施提供更为有力的金融支持。这里面，有大量理论问题、技术问题、实践问题亟待破解。我们要紧紧抓住解决不平衡不充分的发展问题，精准找到补短板、强弱项、固底板、扬优势的着力点，研究提出解决问题的新思路、新举措，努力为推进中国式现代化贡献更多金融智慧、金融力量。

第三，坚持高质量发展与高水平安全的统筹协调，积极探索国有大行维护金融稳定的更优路径。在百年变局和世纪疫情叠加影响下，全球政治经济格局深刻调整，外部环境的复杂性、严峻性、不确定性上升；我国经济发展面临的需求收缩、供给冲击、预期减弱三重压力持续显现，一些长期积累的结构性矛盾问题更加突出。在此形势下，金融风险进入易发多发期，且呈现出复杂性、隐蔽性、关联性、易扩散性等特点。如何从总体国家安全观的政治高度去认识和把握风险，不断完善全面风险管理体系，提升风险防控的整体性、前瞻性；如何更好发挥大行作用，带动中小金融同业共筑金融防线；如何精准把握应对金融风险的力度和节奏，在管住特定风险的同时防止发生次生风险，都是需要我们回答的问题。我们要通过开展更加务实深入的研究，加快这些问题的破解，助推金融长治久安。

加快金融业数字化转型[*]

刚刚过去的"十一"黄金周，居民消费需求持续释放，商业人气稳步攀升，旅游市场出行火热。这展现了我国疫情防控所取得的重大战略成果，其中数字经济功不可没。

数字化转型已成为我国经济社会发展的整体趋势。金融业也不例外。银行作为资金中介和信息中介，具有天然的数字基因。今天银行的资产负债表，不仅包括存款、贷款、债券，还包括数据、平台和生态。数据作为重要的要素资产，正在驱动金融服务的再造和资产负债表的重构与升级。

我们体会，金融业实现数字化转型，首先要在做实、做强、做活数据资产上下功夫。

做实数据资产，要夯实数字治理基础。我们要不断提升采集数据的能力，积极参与数据标准化治理，推动数据要素市场建设，让数据和其他资产一样，可计量、可交易，实现市场化流通和配置，推动数据资源向数据资产转化。

做强数据资产，要增强数字发展能力。对内，我们要促进业务与科技深度融合，形成高效和谐的内部生态圈；对外，通过跨界融合、优势互补，打造合作共赢的开放生态圈，不断提高金融服务的适应性、

---

* 在第三届数字中国建设峰会上的致辞，2020 年 10 月 12 日，个别文字较原文略有改动。

竞争力和普惠性。

做活数据资产，要活跃数字经济循环。我们要强化数据的生产要素功能，聚焦生产、分配、流通、消费各环节，助力畅通经济循环，让发展成果更好地惠及广大人民群众。

中国工商银行正在积极打造数字工行。工商银行与福建省在智慧政务、产业互联网等领域开展了卓有成效的合作，下一步将继续以金融力量，全力支持福建打造"数字中国"样板区和国家数字经济发展新高地。

有效应对变局　推动银行业高质量发展[*]

当前，"两个大局"交织震荡，疫情变化和外部环境存在诸多不确定性，国际政治经济格局正在发生深度调整，我国发展面临的形势复杂多变。准确把握发展趋势，对做好经济金融工作至关重要，对银行业发展至关重要。中国现代金融学会 2021 年学术年会以"新冠疫情后国际国内经济金融演化趋势与银行业的应对"为主题，就是希望借助各位领导、专家的智慧和力量，为金融业、银行业更好地把握方向、应对风险、实现高质量发展，提供强有力的学理支撑。这里，结合实际工作和平时思考，我谈几点认识，同大家交流。

第一，全球经济波动前行、起伏发展可能成为常态，银行业应提升应对复杂环境的能力。2020 年全球遭遇了第二次世界大战以来最严重的经济衰退。2021 年以来，随着疫苗的推广使用，疫情形势逐渐好转，对经济冲击的边际效应有所减弱。但疫苗接种不平衡使不同经济体复苏呈现"梯度效应"，经济政策的不同选择造成各经济体走势产生分化，世界经济呈现"强反弹、弱复苏、不同步"的特点。预计未来一个时期，这种情况仍将持续。对此，银行业应做好充分准备，通过服务体系的深层次变革、服务方式的全方位创新、服务生态的全场景优化，努力提升自身的适应性、竞争力、普惠性，更好地服务和融入新发展格局。

---

* 在中国现代金融学会 2021 年学术年会上的致辞，2021 年 3 月 23 日，个别文字较原文略有改动。

第二，科技创新对生产生活和社会结构的塑造力将持续增强，银行业应加快数字化转型。以信息互联为特点的新一轮科技革命深入发展，大数据、物联网、人工智能等新兴技术广泛应用，正在催生磅礴而持久的产业变革。特别是在疫情期间，数字经济逆势发展，表现出强劲韧性和巨大潜力。无论是国家的"十四五"规划还是地方的"十四五"规划，都把发展数字经济、推进数字化改革摆在十分突出的位置。银行业要紧跟经济社会数字化转型步伐，及时调整产品、组织、风控体系，实现科技与业务的深度融合，提供与新经济新业态相适配的金融服务。

第三，新发展格局的构建将牵引供需产生新变化，银行业应加强前瞻性布局。随着我国人均 GDP 向更高水平迈进和中等收入群体扩大，衣食住行、教育、医疗、养老等内需消费日益呈现细分化、多元化趋势，投资正朝着有利于催生新产品、新客群、新渠道、新模式的方向转化。银行业应适应供给体系和需求体系的新变化新特点，找出金融服务的切入点、结合点、共振点，精准摆布融资总量、结构、节奏、投向和价格，助推实现更高水平的供需动态平衡。同时，着眼新发展格局对区域经济布局、高水平对外开放、要素流通体系建设、城乡联动等提出的新部署新要求，推动自身布局与之同向调整，更好服务国家战略落地。

第四，国际竞争合作新态势将带来风险形势演变，银行业应强化底线思维。主要经济体综合实力相对变化、全球经济复苏不稳定不平衡、国际关系调整，造成金融风险共同治理机制弱化，一些应对疫情的超常规政策可能形成长期影响，资金链、信息流的全球联网使金融风险高度关联问题更加凸显。在此情势下，金融风险防范的复杂程度将大幅提升。银行业应强化总体国家安全观，统筹好发展和安全，精准把握风险传导路径、方式、载体等的新变化，加强全面风险管理能力建设，做好危机的压力测试和攻防演练，保持足够的流动性缓冲，牢牢守住不发生系统性风险底线，助力维护国家经济金融安全。

全力以赴做好金融风险防控工作[*]

中央政治局会议在部署当前经济工作时强调：要细化"巩固、增强、提升、畅通"八字方针落实举措，注重以供给侧结构性改革的办法稳需求，坚持结构性去杠杆，在推动高质量发展中防范化解风险，坚决打好三大攻坚战。防范化解金融风险特别是防止发生系统性金融风险是金融工作的根本性任务。这要求深化对金融本质的认识，着力推进金融供给侧结构性改革，更好服务经济发展和改革开放，全力以赴做好金融风险防控工作，助力打赢防范化解金融风险攻坚战，推动我国金融业高质量发展。

金融的本质是服务好实体经济。各国经济金融发展的历史经验表明，任何脱离实体经济运行的金融活动都是无本之木、风险之源。金融要以服务实体经济为本源。在十九届中央政治局第十三次集体学习上，习近平总书记将金融和经济的辩证关系高度概括为"活、稳、兴、强"，即"金融活，经济活；金融稳，经济稳；经济兴，金融兴；经济强，金融强"。这四组关系深刻地揭示了经济和金融二者互为表里、互为因果、互相促进的关系。只有服务好实体经济，防范金融风险才有前提，化解金融风险才有基础。

着力推进金融供给侧结构性改革。改革开放以来，我国金融业发展取得了历史性成就。特别是党的十八大以来，金融业保持快速发展，

---

* 本文发表于《学习时报》，2019 年 5 月 1 日 A2 版，个别文字较原文略有改动。

金融改革开放有序推进，金融产品日益丰富，金融服务普惠性增强，金融监管得到加强和改进。同时也要看到，我国金融业的市场结构、经营理念、创新能力、服务水平还不适应经济高质量发展的要求，诸多矛盾、问题和风险仍然突出。这些问题说明，金融业不仅要服务好供给侧结构性改革，在融资结构、机构体系、市场体系、产品体系等方面也要做好自身的供给侧结构性改革。特别是要综合运用"投、贷、债、股"多种工具，助力打通货币政策传导的"最后一公里"，为民营企业、普惠金融和绿色经济提供优质高效低成本的金融服务。要积极发展债务资本市场、资产管理和直接融资业务，服务资本市场健康发展。要针对"三农"、精准脱贫等薄弱领域，加大金融支持力度。要坚持"房子是用来住的、不是用来炒的"这一定位，促进房地产市场平稳健康发展。

在稳增长基础上防风险。实体经济健康发展是防范化解风险的基础。当前，国内外经济形势错综复杂，如果经济增长滑出合理区间，多方面的风险就会集中爆发，最终防风险的任务也无法完成。金融机构有责任助力平衡好"稳增长"和"防风险"的关系，以服务供给侧结构性改革为主线，做到"稳增长""防风险"两促进、两不误。在区域结构上，要落实国家区域协调发展战略，重点做好京津冀、雄安新区、粤港澳大湾区、长江三角洲、海南等地区金融服务。在行业结构上，要加大对高端制造、现代服务业、民生消费等领域的支持力度。抢抓5G商用窗口期，支持新型基础设施建设和新一代信息技术产业发展。在业务结构上，要保持贷款稳定增长，大力发展债券和股权融资业务，积极叙做市场化债转股项目，助力降低企业杠杆率、化解地方政府债务风险。

在双向开放条件下增实力。我国正在更大范围、更宽领域、更深层次上提高开放型经济水平，这要求金融机构加快提升开放条件下的全球经营管理和风险防控能力。政策性银行、商业银行、国际多边组织、出口信用保险等机构要加强合作，大力支持共建"一带一路"，积极推动自贸区金融服务创新，稳步推进人民币国际化，服务好进口博览会等国家重大活动。要充分利用国际组织平台，积极参与国际金融治理。同时，金融机构要注重强化国别风险管理，帮助客户管理好跨境风险，助力我国企业境外资产安全。针对全球监管趋严的现实，要牢固树立全球合规理念，持续加强反洗钱反制裁合规工作，不断提升开放条件下防控风险、合规经营的水平。

精准有效处置重点领域风险。金融风险隐蔽性、突发性、传染性强，处置金融风险是一项专业性很强的"技术活儿"，处置不好还会衍生其他方面的风险。我们要坚持底线思维，深刻认清形势，找准优先序，密切关注外部输入性风险、金融市场大幅波动和叠加风险、银行和债券市场信用风险、地方政府债务风险等重点领域的新变化、新特点，有的放矢地做好应对准备，采取化解措施。要提高防范和化解金融风险的主动性和前瞻性，增强同风险赛跑的意识，抓住有限的时间窗口，变被动防御为主动进攻，努力跑在风险前面，赢得化解先机。同时也要把握好处置风险的节奏和力度，避免因处置不当而引发新的风险。要加快金融市场基础设施建设，做好金融业综合统计，加强对潜在风险和趋势性风险隐患的主动监测、分析和处理，做到未雨绸缪、防患于未然。

全面提升风险防控能力。一要提升各级机构负责人的风险防控能力。各级机构负责人要做到政治过硬、作风优良、精通金融工作，不仅要成为业务拓展的能手，也要成为风险管理的行家。要改变重收益、轻风险的错误理念，切实平衡好风险与收益的关系。要调整考核方式，延长对各机构主要负责人的考核时段，实行穿透式考核。二要提升风险防控关键岗位人员的专业能力。要加强各级机构风险管理关键岗位人员的配备和培养，打造一支懂风险、会管理、有作为的关键岗位人员队伍。三要提升全体员工的日常风险防控能力。每项业务都会伴生风险，每位员工都是风险管理的责任人。要通过教育培训、问责处罚、考核评价等方式，提升全员合规意识和风险管控能力，形成"主要管理者狠抓风险，关键岗位精通风险，全体员工共管风险"的全方位立体式风险管理架构。除了提升人的能力外，还要着力健全金融机构风险研判、评估、防控协同和防控责任机制，加快完善与现代金融发展相适应的风险治理体系。要坚持科技引领，夯实风险数据基础，加强模型开发应用，加快推动风险管理由"人控"向"机控""智控"转变。

完善金融治理体系　提升金融治理能力[*]

党的十八大以来，以习近平同志为核心的党中央统揽全局，创造性地提出推进国家治理体系和治理能力现代化这一时代课题，并在党的十九届四中全会上作出全面部署，体现了高瞻远瞩的战略眼光和强烈的历史担当。我们要以习近平新时代中国特色社会主义思想为指导，通过完善金融治理体系、提升金融治理能力，健全具有高度适应性、竞争力、普惠性的现代金融体系，有效防范化解金融风险，努力为推进国家治理体系和治理能力现代化贡献金融力量。

金融治理是国家治理的重要组成部分

"治理"一词源远流长。从词源上来说，"治"为水名，后演化为国家政事管理。"理"的本义是攻玉之法，引申为遵循规律、道理、秩序行事。至战国晚期，"治""理"合二为一，形成"治理"一词，强调治国理政之道，具有善治、良政、使国家万事安定有序的含义。

马克思主义经典作家也在著作中使用过"治理"一词。1871年，马克思在《法兰西内战》一文中指出，"向资产阶级中的大批保皇派和地主阶级证明，他们尽可以放心地让资产阶级'共和党人'去操治理国家之心，得治理国家之利"。1917年，列宁在《只见树木不见森林》中指出，"波拿巴主义是一种治理形式"。

＊ 本文发表于《中国金融》，2020年第1期，个别文字较原文略有改动。

我们党的文献中出现过"治理黄河""治理整顿""综合治理"等表述。1985 年，邓小平同志指出，"治理国家，这是一个大道理，要管许多小道理"。党的十八大以来，以习近平同志为核心的党中央站在党和国家事业发展全局的高度思考和探索国家治理问题，从完善和发展国家制度的角度把握国家治理，创造性地提出推进国家治理体系和治理能力现代化，这是治理理论的一个重大创新。

党的十九届四中全会系统概括了我国国家制度和国家治理体系的发展成就和显著优势，习近平总书记在全会上的重要讲话和全会审议通过的《中共中央关于坚持和完善中国特色社会主义制度　推进国家治理体系和治理能力现代化若干重大问题的决定》，深刻回答了"坚持和巩固什么、完善和发展什么"一系列重大政治问题，标志着我们党对国家制度和国家治理体系演进方向和规律的把握达到了新的高度。

金融是国家重要的核心竞争力，金融安全是国家安全的重要组成部分，金融制度是经济社会发展中重要的基础性制度。金融活，经济活；金融稳，经济稳；经济兴，金融兴；经济强，金融强。鉴于金融在经济社会发展中的重要地位和作用，金融治理必须放在国家治理中去理解和把握，完善金融治理必须融入推进国家治理体系和治理能力现代化大局。

金融治理涵盖金融机构、金融市场、金融监管以及金融制度建设等多方面内容，是一个相互衔接、相互支撑的系统。金融机构，特别是国有大型银行要在完善金融治理中发挥积极作用，通过不断完善自身治理体系、提升治理能力，为健全现代金融体系、提升金融治理水平贡献力量。

金融治理要坚持新发展理念

习近平总书记指出，理念是行动的先导，一定的发展实践都是由一定的发展理念来引领的。发展理念是否对头，从根本上决定着发展成效乃至成败。完善金融治理，为的是更好地为实体经济发展服务、更有效地防范化解风险，必须立足新时代，坚定不移贯彻创新、协调、绿色、开放、共享的新发展理念，把注意力集中到解决各种不平衡不充分的问题上来，着力推动经济高质量发展。

下沉服务重心，优化金融供给。经济高质量发展，需要与之高度适应的金融供给来支撑。金融业要完善内部治理，优化机构体系、市场体系、产品体系，综合运用"投、贷、债、股、租、顾"等多种工具，助力货币政策传导。当前，要把支持制造业、中小微企业、民营经济和科创产业发展作为完善金融治理的试金石。商业银行作为金融机构的主力军，要优化客户准入、融资总量及期限管理、担保要求、产品定价、尽职免责、绩效考核等内部制度，不断提高金融服务的适应性、竞争力、普惠性。

提高配置效率，促进区域协调发展。我国经济发展的空间结构正在发生深刻变化，中心城市和城市群正在成为承载发展要素的主要空间形式。要充分发挥市场在资源配置中的决定性作用，推动金融资源向优势地区集中，推动京津冀协同发展、雄安新区建设、长江经济带发展、粤港澳大湾区建设、长三角一体化发展、黄河流域生态保护和高质量发展，进而带动我国经济总体效率提升。东北地区建设现代化经济体系具有良好基础，要发挥金融力量，有效整合资源，通过支持传统制造业技术改造、推动国有企业改革、培育新增长点等方式，助推东北地区形成新的均衡发展的产业结构，实现全方位振兴。

创新制度安排，发展绿色金融。绿色发展具有很强的正外部性，建设生态文明是中华民族永续发展的千年大计。要从观念上牢固树立"绿水青山就是金山银山"理念，通过创新金融制度安排，引导和激励更多社会资本投入绿色产业，有效抑制污染性投资。大力发展绿色信贷、绿色债券、绿色股票指数、绿色发展基金、绿色保险、碳金融等金融工具，为绿色发展服务。同时，要有效防范化解生态环境变化给企业资产负债表、抵押品价值等造成的风险。

有效防范化解风险是金融治理的永恒主题

有效防范化解金融风险，是经济高质量发展的重要内涵，也是金融治理的永恒主题。当前，我国金融体系总体健康，具备化解各类风险的能力。但以往积累的金融风险正处在高发期，仍不可掉以轻心。我们要从系统论出发，不断完善金融治理，牢牢守住不发生系统性金融风险的底线。

处理好防风险与稳增长的关系。为实体经济服务是防范金融风险的根本举措，有效防范化解风险必将进一步推动实体经济健康发展。近一段时间，一些重点领域存量风险被精准"拆弹"，增量风险得到有效控制，整体金融风险走向收敛。与此同时，我国经济运行保持总体平稳，发展质量稳步提升。这充分证明，稳增长与防风险是一个相辅相成、相互促进的过程，必须系统谋划、统筹推进，在高质量发展中实现系统优化。要完善企业、金融机构、政府、监管机构共同参与、协同配合的风险化解机制，稳扎稳打、精准施策、步步为营，避免发生处置风险的风险，打好风险防范化解的主动仗，为经济高质量发展保驾护航。

处理好防风险与促开放的关系。开放带来进步，中国开放的大门已经越开越大。随着我国金融领域开放程度不断加深，我们也将面对前所未有的新问题、新挑战、新风险。要正视这些问题挑战，将它们视作前进道路上必将逾越的关口，同时扎扎实实做好自己的事，加快完善开放条件下的风险防控体系。要强化并表管理，完善同业合作机制，严防风险交叉传染。针对全球监管趋严的现实，树立全球合规理念，持续加强反洗钱反制裁合规工作，不断提升合规经营水平。金融机构在做好自身风险管控的同时，要积极帮助客户管理好跨境风险，助力我国企业保护境外资产安全。

旗帜鲜明反对金融腐败。习近平总书记强调，我们党面临的最大威胁就是腐败。很多金融风险的背后，都有腐败的影子。防范化解金融风险，必须旗帜鲜明反对腐败。要紧盯重大项目、重点领域、关键岗位，加大金融领域反腐力度，构建亲清新型政商关系。健全权力运行制约和监督制度，强化风险管理"三道防线"建设，确保"管住人、看住钱、扎牢制度防火墙"。

以金融治理完善推动金融机构竞争力增强

党的十八大以来，我国金融改革发展取得新的重大成就，金融业保持快速发展。我国银行资产规模、外汇储备规模全球第一，股票、债券、保险市场规模全球第二。我国金融业发展正在由大向强转变，完善金融治理必将进一步有力地提升金融机构的市场竞争力。

打通境内境外，服务高水平对外开放。我国对外开放正在走向更大范围、更宽领域、更深层次，为金融机构更好地利用两个市场、两种资源提供了难得的历史机遇。要加强跨境服务能力建设，聚焦"一带一路"及与我国经贸往来密切区域，优化金融机构全球网络布局，进一步做强做优核心节点市场。提升一体化经营能力，深化境内外业务联动和境外经营模式创新，做到一点接入、全球响应。发挥好人民币业务优势，综合运用多种金融工具，助力共建"一带一路"，推动自贸区金融服务创新，服务好中国国际进口博览会，稳步推进人民币国际化。要充分利用国际组织平台，积极参与国际金融治理。

打通增量存量，优化融资结构。遵循"质量优先、效率至上"理念，更加注重金融供给侧的存量重组、增量优化、动能转换。对于商业银行，要盘活存量贷款，实施到期贷款移位管理，更好支持国家重大项目和重点工程。新增贷款要优先服务供需共同受益、具有乘数效应的先进制造、民生建设、基础设施等领域，促进产业和消费"双升级"。研究开发长期融资工具，支持重大基础设施建设和科技创新。加快推进资产证券化，腾出资源加大对重点领域的支持力度。

打通综合平台，加快协同发展。我国不少大型金融机构牌照种类齐全，成为事实上的综合金融服务提供商。为更好满足客户"一站式"金融服务需要，金融机构在遵守监管规定、有效隔离风险的前提下，可探索建立不同牌照主体间的协同与资源共享机制，实现客户交叉推荐、服务相互对接、产品渠道互补、信息资源共享，提升跨市场服务能力和全价值链竞争力。强化科技赋能，建立服务跨业综合定价、综合收益、综合管理的信息平台，不断提升经营效率。

融合金融科技，提升智能水平。科技创新是引领金融变革的重要力量。金融与科技的深度融合，深刻改变着金融服务模式和金融发展生态。要完善金融机构内部科技体制机制，顺应金融生活化、产业互联网化趋势，强化跨界合作，将支付、融资、理财、投资等金融服务，嵌入到教育、医疗、出行、政务等高频场景中，实现金融服务"无处不在"。深入运用人工智能、区块链、云计算、大数据等技术，打造集智慧服务、智慧产品、智慧风控、智慧运营于一体的智慧金融体系，为客户服务、风险防控、经营决策提供"最强大脑"。

坚持党中央对金融治理的集中统一领导

党政军民学，东西南北中，党是领导一切的。完善金融治理的首要之义，就是必须坚持党中央对金融工作的集中统一领导，确保金融改革发展正确方向，确保国家金融安全。

要以党的政治建设为统领，切实增强"四个意识"、坚定"四个自信"、做到"两个维护"，确保党中央决策部署在金融部门得到不折不扣地落实。强化创新理论武装运用，推动学习贯彻习近平新时代中国特色社会主义思想往深里走、往心里走、往实里走，把"不忘初心、牢记使命"作为加强金融机构党的建设的永恒课题。持之以恒正风肃纪，用身边事教育身边人，以案促思、以案促省、以案促查、以案促改。大力营造风清气正的政治生态，保持敢于担当、狠抓落实、积极进取的精神状态。坚持新时代党的组织路线，大力培养、选拔、使用政治过硬、作风优良、业务精通的金融人才，着力建设高素质专业化干部队伍。

要将党的领导与完善公司治理机制有机结合起来。做好党委议事规则和公司治理决策机制的有效衔接，确保党委把方向、管大局、保落实的作用充分发挥，不断提高公司治理科学性、稳健性、有效性。进一步规范公司治理架构，厘清治理主体责任边界，完善授权体系，提升董事、监事和高管层履职能力。树立正确发展观、业绩观，完善绩效考评和激励约束机制。主动适应金融监管体制改革和金融宏观调控机制创新，深化经营机制和管理体制改革，固根基、扬优势、补短板。强化制度意识，各级领导干部要带头维护制度权威，做制度执行的表率。

中国工商银行作为国有大型银行，正以习近平新时代中国特色社会主义思想为指导，全面贯彻党的十九大和十九届二中、三中、四中全会精神，扎实推动中央经济工作会议精神落地，着力完善自身治理体系、提升治理能力，为坚决夺取全面建成小康社会伟大胜利贡献工行力量！

以高质量风控推动高质量开放[*]

在全国两会胜利闭幕、"十四五"规划实施开局起步之际，探讨在新发展格局下，金融业开放与风险防控这个主题，很有意义。下面，我分享几点思考，和大家作个交流。

一、中国经济稳中向好，为金融业开放提供了良好环境

2020 年，在以习近平同志为核心的党中央坚强领导下，我国经济发展克服世纪罕见疫情和世界经济深度衰退影响，在全球主要经济体中唯一实现正增长，经济总量突破 100 万亿元。2021 年以来，我国经济运行延续稳中向好态势，积极因素持续增多，主要经济指标表现良好。

经济兴，金融兴；经济强，金融强。我国经济持续稳健发展的态势，为金融业开放提供了良好的外部环境；同时，金融业加快开放，也为经济高质量发展提供了新的动力。这些年，国家推进金融业开放的力度很大，在扩大市场准入和业务范围、优化营商环境等方面出台了很多政策，国际知名银行、证券、保险、支付、评级等各类金融机构纷纷在华设立独资或合资企业。特别是，2020 年签署的《区域全面

---

* 在中国发展高层论坛 2021 年会经济峰会上的演讲，2021 年 3 月 20 日，个别文字较原文略有改动。

经济伙伴关系协定》（RCEP），就我国金融领域开放作出新的高水平承诺，达到了已有自贸协定的最高水平。这些举措有力地塑造了更加开放、包容、竞争的金融环境，为金融更好服务实体经济提供了坚强支撑，也有效促进了金融业加快转型创新、实现高质量发展。

二、全球经济复苏并不稳定，潜在金融风险不容忽视

为应对第二次世界大战以来最严重的经济衰退，各国出台数万亿美元救助措施，世界经济呈现"强反弹、弱复苏、不同步"特点，前景仍然存在较大不确定性，金融风险呈现新的特征。

一是金融风险的共同治理机制弱化。2020年以来，各国采取了超过200次的降息动作，但宏观经济政策协调有限。超级宽松政策虽然有助于解决短期流动性危机，但无法从根本上解决结构性失衡问题，并可能催生新一轮资产泡沫。

二是超常规政策形成长期潜在影响。全球已有近40个国家和地区的中央银行采取零利率或负利率政策，扭曲了传统资源配置和投资估值，增加了市场波动和信用违约概率。

三是金融风险高关联问题更加凸显。数字经济快速发展，资金流与信息流在更大范围联网，市场主体资产负债表高度关联。金融风险沿网络链条快速传播，产生市场共振的可能性加大。

此外，受疫情等因素影响，银行资产端收益下行，负债端成本承压，净息差持续收窄，营业收入增速放缓，叠加资本补充压力，银行可持续发展需要付出更多努力。

三、增强系统观念，以高质量风控推动高质量开放

金融业开放本身不会带来金融风险，但会提高金融风险防范的复

杂性。金融机构应树立总体国家安全观,统筹好发展和安全,强化风险管理能力建设,努力以高质量风控,助推金融业高质量开放。

第一,提升风险治理能力。强化宏观经济政策研究与预判,持续完善金融机构公司治理体系和全面风险管理体系,提高数字化风控水平。加强全球系统重要性金融机构合作,完善全球风险治理合作机制。

第二,提升规范创新能力。坚守服务实体经济本源,严格遵守监管规定,按照简单、透明原则,紧贴市场主体需求,设计产品与服务。坚持全口径、全维度、全链条、全周期风险管控,实现对金融创新的完整覆盖、充分穿透、智能监控。

第三,提升应急管理能力。完善应急管理体系,优化危机识别、预警、计量、处置和恢复的全链条管理机制。做好危机的压力测试和攻防演练,保持足够的流动性缓冲,确保极端条件下的安全稳健运行。

"十四五"时期,中国金融业进入高质量发展阶段。工商银行将秉持人类命运共同体理念,立足新发展阶段,贯彻新发展理念,坚持国际视野、全球经营,把握行业扩大开放机遇,积极对标国际国内先进同业,不断提升经营管理水平,有效防范化解风险,为构建新发展格局、推动高质量发展作出新的更大贡献。

推动风险管理从"资本化"
向"账本化"升级*

　　没有科学的风控理念，就难有稳慎的风控实践。36 年前，巴塞尔委员会开创性地将"资本"这一会计概念引入风险管理，形成"担风险"就要"有本钱"的约束框架。相关协议的实施推动国际大型金融机构建立起以风险管理"资本化"为重心的风险管理体系，在保障机构安全稳健的同时，亦在审慎监管、国际合作、市场作用、金融稳定等方面形成巨大推力。

　　我们也要看到，风险管理"资本化"重点针对金融机构经营的外部性，主要是按照"将本求利"的原则，明确最低资本要求，控制经营杠杆，其目标、过程、结果、形式更偏重于服务监管和市场等外部相关方。同时，风险管理"资本化"还是国际政治妥协的产物，长期在简单性、可比性和风险敏感性之间寻求平衡，进一步牺牲了对内管理价值。在这方面，主要学术观点包括：全面性不足，资本主要覆盖信用、市场、操作三大风险，忽视新兴风险、交叉风险；准确性不足，资本模型是对现实情况的简化，难以前瞻、精确地衡量风险特别是尾部风险；可比性不足，对同一资产组合，不同机构计算的资本要求有时相差数倍；适应性不足，规则主要基于美欧市场情况，"一国生病、全球吃药"；可解释性不足，即便经过多轮简化，风险量化技术的"黑箱"（Black Box）效应仍颇受争议；可管理性不足，资本主要反映组合

---

* 本文发表于《中国金融》，2025 年第 5 期，个别文字较原文略有改动。

层面风险，与具体管理有所脱节，易出现计量和管理"两张皮"现象；可追责性不足，个别境外金融机构通过虚构、套利、转移等操作，表面满足资本要求，存在巨大风险隐患，影响公众对资本监管有效性的信心。

针对上述情况，笔者在吸收巴塞尔协议风险管理"资本化"成果的基础上，进一步将"账本"概念引入风险管理，按照"涉及风险就应当账本化，影响杠杆就应该资本化"的原则，提出风险管理"账本化"的总体框架，力求以全面、系统、连续、穿透、动态的风险账本，支撑全景化、贯通式、精细化的风险管理，提升金融机构全方位安全水平。

一、推进风险管理"账本化"升级具有务实意义

防范化解风险，必须全面充分认识风险，最大的风险是"看不见风险"。对于金融机构来讲，将风险看全、看透是把风险管实、管住的基本前提。在复杂环境中，全面、精细、高效地识别和管理风险是金融机构风险管理的关键任务。

风险管理"账本化"通过严密勾稽建立风险账目，能够有效解决"谁在承担风险、承担多大风险、如何承担风险"这一基础问题，进而形成"全敞口识别、全口径评估、全链路管控"的风险管控路径，在工作中具有抓纲带目的"牛鼻子"作用。

第一，风险管理"账本化"有助于将树立正确风险观的要求具体化，推动自上而下强化风险意识与责任意识。正确的风险观需要有正确的风险认知、责任认知、业绩认知，是管理者对于筑防线、守底线的基本态度，关系到工作成效能否经得起周期和历史检验。风险账本以体系化、结构化的方法，把境内境外、表内表外、线上线下、本地异地、本级下级等各领域风险充分"打扫"干净、呈现出来，让风险

真实可见、实时可检,为摸清风险底数、压实管理责任、衡量管控成效等提供了直观工具。同时,风险账本为分级分层建立,可支撑每一层级管理者清晰掌握所面临的总体风险,引导从"知风险"向"懂风险"转变,更好地把自身摆进去、把责任摆进去,以"时时放心不下"保障"事事心中有底"。

第二,风险管理"账本化"有助于打通宏观和微观,增强风险防控的整体性和有效性。金融风险常常多层次、多维度交织,单一机构的风险评估难以全面反映总体状况,特别是全球经营的大型金融机构,其机构多、层级多、员工多,业务场景多元、风险触点复杂,如果没有集中管控,容易因各机构独立展业形成集中度等风险隐患。风险管理"账本化"具有全覆盖、全口径、全穿透的特征,可以将各类风险统一汇聚到"账本"中,形成全景风险视图,更好地识别与研判风险演化路径,做到"一点出险、精准锁定、全局布防"。

第三,风险管理"账本化"有助于推动全面风险管理要求延伸落地,打牢风险管理的基层基础。全面风险管理在一定程度上是舶来品,长期以来实施工作偏重于总部层面,概念化、口号化等情况越到基层越明显。风险账本是全面识别与评估风险的结果,既有自上而下的研判,也有自下而上的汇总,是可视化、可量化的管理工具。对于基层机构来说,在风险账本支持下,落实全面风险管理已具体化为逐笔逐项地管好每一笔业务、每一项敞口,为工作落地提供了抓手。

第四,风险管理"账本化"有助于深化巴塞尔协议成果应用,促进资本管理和风险管理的有机融合。巴塞尔协议是国际活跃银行风险管理的基石,资本是银行平衡量、价、质、险、效的支点。"账本化"与"资本化"理论同源,只有账本更全更准,资本才更可靠更前瞻。实践中不时有原不该由金融机构承担的风险损失因各种原因被资本化吸收,给金融机构资本管理带来挑战,巴塞尔委员会将其泛化定义为"介入风险"(Step - in Risk),大型机构相关责任更加重大。对此,有必要强化风险账本与资本的关联，"账本"用于识别、加总、监测风险，"资本"则用于进一步计量和约束风险。简而言之，承担风险就要"账本化"，影响杠杆就要"资本化"。

第五，风险管理"账本化"有助于实现风险、业务、财务"三账并建"，更好地统筹发展和安全。风险管理滞后于业务发展往往是出现金融风险的先兆。特别是新兴业务创新多、增长快，更容易产生风险管控盲点，形成"栅栏外的风险"。风险管理"账本化"要求联动记录风险账、业务账、财务账，既是"三方建账"，更是"三方对账"。同时，还可以前置风险管控工作，实现营销前、准入前的风险甄别，汇总完整业务视图，识别风险热点和脆弱环节，预防和阻断风险传染。

总体来看，风险管理"账本化"运用管账的严谨理念来管理风险，给难以量化和资本化的风险提供了识别与评估工具，能够提升风险管理的整体性、有效性，为做到不忽视一个风险、不放过一个隐患提供了基础支撑。

二、实施风险管理"账本化"的重点举措

实施风险管理"账本化"是一项系统性工作。对于管理者而言，要从全局全景出发，做到"一本账"监测、"一套表"调度、"一盘棋"统筹，提升风险防控的整体性和有效性。对于实施者来说，要健全建账、动账、记账、轧账、查账等全周期管理机制，形成相应的责任体系、系统工具、管理流程，推动管理要求层层对接、有效落地。主要涉及以下几个方面的重点工作。

一是全面建账。设立科学合理、分级分类、彼此联动、相互校验的账套，是实施"账本化"的关键。在机构层面，按照境内境外、表内表外、商行投行、线上线下、总行下属机构等维度建立风险账本，这些互补或互斥的维度，能够保障监督视野彼此交叉，更好扫清账务。

在风险层面，按照主要风险类别建账，其中信息科技、网络安全等难量化的风险，应形成集团一体的资产清单、风险清单。同时，单独设立重点领域、重点客户、重点风险、全量产品等账本。有的金融机构对几十个大类、数万个产品逐一建立了产品风险账本，对于规范业务发展起到了较好作用。

二是全量加总。全量加总要求做到全面穿透，总部要能直接看清集团每笔业务、每项交易的底层资产。要在集团层面统一风险的敞口定义、计量标准，至少包括总敞口、潜在风险、预期损失、压力损失，推进重点计量参数一致性校准，确保汇总后信息不丢失、敏感性不降低。对于集团化经营机构，要下大力气推进银行、保险、资管、租赁等跨业领域底层标准对接。委外业务、合作业务是风险加总的难点，应以合同方式确保数据可得性。

三是全景监测。全景监测是风险管理"账本化"的重点应用场景。重大风险事件反复警示，如果金融机构未能全面记录和监控风险敞口、没有形成风险全景，就如同"闭眼驾车"。风险账本应当能整合所有层级的业务和风险信息，生成风险全貌，提供可汇总、可下钻的管理工具，支持把风险看全、管透。在具体工作中，不仅要分析总量、结构、增速、异动，还要高度关注机构间、板块间、前中后台间的对账差异，倒查其中可能存在的视野盲区、管理空白甚至是隐匿风险。

四是全程布防。风险管理是全过程的，风险记账也必须是全过程的。通过推动风险、业务、财务"三账并建"，可以及时追踪业务风险变化，在生命周期内保持风险掌控。例如，在业务启动阶段，及时纳入总体敞口，识别潜在风险，评估边际影响；在业务执行阶段，持续动态监控，反映风险变化；在事后处置阶段，为分析和总结风险提供全程数据，支撑后续优化改进。这些都需要有强大的 IT 系统提供支持。

五是全局统筹。因风险管控的碎片化导致全盘管控不力、偏好传导不畅，引起业务进退失据甚至"内部接盘"等情况，在境内外时有发生。例如，对于前期出险的大型房地产集团，一些金融机构在境内银行端压降敞口，但又在境外端、非银端大举投资；在瑞士信贷事件中，允许美国家族办公室 Archegos 将头寸移至风险偏好更高的瑞信证券（国际），是风险扩大的重要原因。建立风险账本的关键意义便是通过"建全景"来"管全局"，以"一盘棋"统筹来保障"整盘棋"安全。实践中要重点管好偏好传导、复杂程度、杠杆水平、集中度等全局因素。

六是全员担责。风险管理"账本化"不仅是技术手段，更是贯穿全员的风险管理文化抓手。对于机构来说，要建立全周期"风险账"；对于管理者来说，要建立全任期"风险账"。账本应能层层分解，穿透至具体交易、底层资产、经办人员，以准确锁定风险、精准管控风险，每个基层单位都要通过"风险账"掌握自身风险敞口和风险管控责任。

同时，要强化对"建账、动账、记账、轧账、查账"全周期流程控制，明确履职要求，推动各环节工作扎实落地。具体要求有以下几个方面：建账要勾稽，强化总—分账套管理，细化各账本间的索引、加总、校验等关系，做到紧密衔接、互为平衡；动账要有痕，任何引起风险敞口变化的行为都要得到详细记录，为落实责任提供依据；记账要联动，同步记录业务账和风险账、条线账，形成勾稽关系，及时体现各层面风险敞口变化；轧账要收口，风险账本应与产品清单、授权清单、限额清单定期核对，任何不在清单中的产品均要提级响应，防止超预期承担风险；查账要彻底，风险管控部门要定期检查账本情况，查缺补漏、纠正偏差。要将"一本账"纳入巡视巡察、内审内控等监督，促进监督力量有机融合、贯通联动。

三、实践结论

风险管理"账本化"从理论到实践，经多次迭代、数轮演进，其路径逐步清晰、要素不断丰富、措施更加具体，形成了相应管理体系。在该体系的建立和实施过程中，我们观察到了一些具有趋势性特征的现象。

第一，风险暴露规模超出预期，新兴业务已占半壁江山。通过梳理风险账本，可以看出当前总体风险暴露显著高于预期。总体而言，账本记录的风险规模反映出一些实际上承担风险的业务未被纳入传统统计。分板块来看，新兴业务增速为传统业务的数倍，总量已超过传统业务，是健全风控体制机制的重点。

第二，业务复杂程度总体可控，但产品品类扩张值得关注。我国金融市场业务复杂程度仍然相对较低，结构简单、链条不长。但近年来，金融产品创新呈现加速线上化、场景化、碎片化的趋势，导致风险管理难度增大。一些跨境跨业产品创新，如无严密账本记录，很容易脱离总部视野，一旦被人为异化，可能形成"奇葩业务"，须引起重视。

第三，需警惕"低风险"业务加总可能形成的多头、复杂风险敞口。在过往实践中，一些领域形成了以"背对背"交易转移风险敞口的惯常操作，并将相关做法视为"低风险"，据此开展业务创新。但究其风险本质，并非简单平移风险，反而形成了双边甚至多边跨市场风险敞口，此类情况应在账本中完整记录、强化管控，预防极端情景下发生重大损失。

第四，我国产业和金融实力增长已跨越量变阶段，需要密切关注市场深度。随着我国经济实力、产业能力不断增强，在部分重要资源、节点市场上，中资企业和中国资金的影响力持续提升，随之也暴露出市场深度不足、制度规则不平等、定价机制不完善等问题。在风险账上就表现为风险敞口呈现结构性聚集，可能超出市场容量和管控能力。对此，金融机构要适应情势变化，转变思维、提升能力、主动作为，在严防风险中从参与者向引领者转型。

第五，金融服务业务可能潜藏结构性风险，前瞻性推进账本化清理具有务实意义。代销、托管等服务业务常被视作低风险或无风险业务，但其业务结构复杂、涉及利益多元且可能涉众涉外，风险难以被充分识别。在市场不稳定或产品出现问题时，风险可能迅速转嫁给金融机构。有必要对相关业务风险进行全面清查，重点建立高风险合作机构和产品风险账目，前移风险关口，控好传染链条。

第六，低利率环境下金融机构倾向于放松风险偏好、追求多元业务，需要强化全方位风险建账管理。从日本、欧洲的情况来看，在长期低利率环境下，金融机构的经营杠杆水平、业务复杂程度将明显抬升，这些新兴风险如未能及时记录，可能导致风险识别、评估不充分，进而在市场波动或外部环境发生变化时形成风险。

第七，复杂形势下防范系统性风险压力上升，提前锁定传导路径是防传染关键。近年来，全球金融市场动荡加剧，2023 年数家美国、欧洲的银行接连倒闭或被接管，其中包括全球系统重要性银行，引发强烈系统性风险预警。在"账本化"风险管理体系支持下，有金融机构提前半年识别并锁定了传导路径，预先实施控敞口、限品类、防演化等措施，实现了平稳应对。同时，"账本化"在助力有关机构改革化险中也发挥了积极作用。总体来看，大型金融机构间业务交叉点、风险传染点不少，需对额外一级资本债券（AT1）等投资、交易合作、衍生产品等实施严格管控。

四、讨论和展望

当前，外部形势更趋严峻，我国金融体量和复杂程度今非昔比，有效防控风险的任务更加艰巨。对标"事事心中有底"要求，对照有效应对复杂形势需要，风险管理"账本化"仍处于理论实践探索阶段，还需要持续发展完善。

比如，基于防范风险视角，可进一步丰富负债等资金来源业务的"建账"管理实践。目前"账本化"主要关注投融资业务、交易和服务业务，多涉及资金运用，或形成收益和权利，对于负债、募资等领域关注相对较少，需加以拓展。

又如，基于服务实体视角，可进一步探索与客户共享风险账本情况。风险管理"账本化"形成了以客户为中心的风险视图，既是金融机构的风险管控抓手，也是企业管理的有益参考，可探索以适当方式与企业共享，支持企业做好经营安排。

再如，基于金融稳定视角，可进一步形成金融系统"一本账"总体视图。目前"账本化"主要是单一机构实践，但为全面精细整理风险数据探索了路径。可基于此拓展形成金融全局账目，使所有风险敞口、关联关系更加清晰地置于金融管理部门视野之内，助力高效实施金融调控和金融监管。

此外，还可考虑推动风险管理"账本化"在全球金融治理中的应用。例如，在全球系统重要性银行的评估标准中，规模指标为杠杆率口径的资产规模且得分不设上限，对我国银行有失公平。建议可采用"账本化"方式，推动全面还原全球大型银行风险敞口，以真实风险规模来评估系统重要程度，促进形成更加公平的国际金融竞争合作环境。

推动风险管理从"资本化"向"账本化"升级，需要将两者始终放在全面风险管理框架中加以审视、谋划和推进。无论是"资本化"还是"账本化"，都旨在通过全覆盖、大一统的理念和方法，让动态多样、散布广泛甚至隐匿深藏的风险变得可视化、可量化和可控化，从而帮助我们在驾驭金融力量的同时维护好金融稳定。要全面做到这一点，还需要不懈努力。

第四篇
服务高水平对外开放
助推全球经济金融合作与发展

高质量服务"一带一路"资金融通 助力推动更高水平对外开放[*]

共建"一带一路"是习近平总书记亲自谋划、亲自部署、亲自推动的重大国际合作倡议，是人类命运共同体理念的重要实践平台。十年来，共建"一带一路"倡议从理念到行动，从愿景到现实，已成为深受欢迎的国际公共产品和国际合作平台。中国工商银行坚持把服务共建"一带一路"作为重大职责使命，认真学习贯彻习近平总书记重要讲话精神和党中央决策部署，坚持国际视野、全球经营，积极发挥资金融通作用，以高质量金融服务助力共建"一带一路"高质量发展。

一、工商银行服务"一带一路"资金融通的主要成效

习近平总书记强调，共建"一带一路"，要让政策沟通、设施联通、贸易畅通、资金融通、民心相通成为共同努力的目标。工商银行紧跟共建"一带一路"步伐，注重在关键处落点布局，有效拓宽共建国家的融资渠道，积极支持"一带一路"重大项目建设，"金融血脉"作用得到进一步发挥。

注重强功能，境外机构布局持续健全。共建"一带一路"，要建成层次清晰、互为补充、各有侧重、初具规模的金融合作网络。工商银行围绕共建国家和地区经济发展趋势、资金流通走势，坚持自主申设

---

* 本文发表于《习近平经济思想研究》2023 年增刊，个别文字较原文略有改动。

与战略并购并举、新兴市场与成熟市场并重，先后在科威特、土耳其、捷克、缅甸、越南、菲律宾、巴拿马等设立机构，有序填补了"一带一路"重点空白市场。截至 2023 年 6 月末，已在 21 个"一带一路"共建国家设立 125 家分支机构，与 143 个国家和地区的 1443 家外资银行建立了业务关系，服务网络覆盖六大洲和全球重要国际金融中心。

注重优供给，支持重大工程建设成效显著。共建"一带一路"，要聚焦发展这个根本性问题，实现经济大融合、发展大联动、成果大共享。工商银行坚持从实体经济发展和客户需求出发，以"高标准、可持续、惠民生"为目标，依托出口信贷、国际项目融资等专业产品，积极支持共建各国基建、能源、电信等领域重大工程建设，助力改善当地交通基础设施、电力供应和网络通信，为东道国经济发展和人民生活创造良好条件。截至 2023 年 6 月末，累计支持"走出去"项目 450 个，累计承贷金额 1162 亿美元；其中"一带一路"共建国家合作项目 314 个，累计承贷金额 779 亿美元。

注重拓渠道，资金清算体系更加完善。共建"一带一路"，要拓宽融资渠道、创新融资方式、降低融资成本。工商银行通过建立全球化、全天候的资金清算体系，为共建国家和地区提供全球 7×24 小时不间断人民币清算服务，有效提升了"一带一路"资金融通效率。截至 2023 年 6 月末，工商银行在新加坡、卢森堡、卡塔尔、泰国、加拿大、阿根廷、俄罗斯、老挝、哈萨克斯坦、巴基斯坦、巴西 11 个国家担任人民币清算行，服务覆盖结算、汇款、贷款、担保、结售汇、外汇及衍生品交易等领域。全集团年处理跨境、离岸人民币业务超过 100 万亿元。

注重助转型，绿色金融合作不断走深。共建"一带一路"，要把绿色作为底色，推动绿色基础设施、绿色投资、绿色金融，保护好我们赖以生存的家园。工商银行积极参与全球绿色金融治理，完善行业（绿色）信贷政策，全面实施投融资绿色分类管理；积极参与金融机构环境信息披露标准制定及实践，发布"一带一路"绿色金融（投资）指南，推广绿色金融创新方案，为共建国家绿色发展贡献中资银行智慧。牵头支持阿联酋迪拜光热光伏电站等一批绿色项目，有效拓展了资金融通促进经济社会发展和生态环境保护的宽度和广度，获得广泛好评。

注重促协同，多边金融合作全面开展。共建"一带一路"，要倡导多边主义，把大家的优势和潜能充分发挥出来，聚沙成塔、积水成渊。工商银行牵头成立"一带一路"银行间常态化合作机制（BRBR），吸引了来自 71 个国家和地区的 164 家机构参与，逐渐发展成为多边金融治理、互惠合作的重要平台。同时，认真履行金砖国家工商理事会中方主席单位职责，并发起成立中欧企业联盟，常态化联动亚洲基础设施投资银行、非洲开发银行等机构，有效助力"一带一路"多边金融合作走深走实。

基于在服务"一带一路"资金融通上的突出表现，工商银行蝉联《环球金融》2021 年、2022 年"最佳一带一路银行"奖项，荣获《环球金融》"最杰出新兴市场可持续融资银行（亚太区）"奖项，香港《财资》杂志"中国最佳项目融资银行奖"等。

二、工商银行服务"一带一路"资金融通的主要做法

习近平总书记强调，要创新国际化的融资模式，深化金融领域合作，打造多层次金融平台，建立服务"一带一路"建设长期、稳定、可持续、风险可控的金融保障体系。工商银行坚持把国家所需、金融所能、工行所长结合起来，从党建、战略、创新、机制、安全等方面综合发力，不断夯实服务"一带一路"资金融通的能力基础。

提高政治站位，把牢工作方向。做好新形势下金融工作，要坚持党中央对金融工作的集中统一领导，确保金融改革发展正确方向。注重从政治上考虑问题、谋划工作、推动发展。工商银行在服务"一带一路"资金融通过程中，坚持把学深悟透习近平经济思想、习近平外交思想作为前提和基础，深刻把握共建"一带一路"倡议的战略考量、

丰富内涵和实践要求，注重在共建"一带一路"整体大局中开展金融服务，努力以资金融通助力政策沟通、设施联通、贸易畅通、民心相通。坚持在国家有关部门指导下开展工作，加强日常请示沟通，着力把各项政策落深落细。

坚持规划先行，强化机制建设。共建"一带一路"既要登高望远，顺应时代潮流，做好顶层设计；又要脚踏实地，有序推进，争取早期收获。工商银行锚定我国高水平对外开放战略，立足自身业务基础和发展实际，滚动编制国际化发展规划，实施"外汇业务首选银行"战略，着力为服务"一带一路"资金融通提供有效战略指引。制定《关于金融服务"一带一路"高质量发展的意见》，推动境外机构结合所在国家和地区实际情况，深耕重点领域，作出亮点特色，不断提升服务效能。强化与南非标准银行集团的战略协同，推动对非洲近 30 个国家超过 200 亿美元的投资，为全面落实中非合作"九项工程"贡献力量。

着眼创新驱动，提升服务质效。"一带一路"建设本身就是一个创举，推进"一带一路"建设也要向创新要动力。工商银行坚持以金融科技赋能业务发展，打造贸易金融智慧银行，深入服务数字丝绸之路建设。加快自身数字化转型，持续推动科技强行、数字工行建设，加快境外线上渠道业务布局；自主研发"环球撮合荟"跨境撮合平台，深化"一带一路"共建国家和地区商贸合作。依托自由贸易账户为跨国企业提供跨境投融资、全功能型跨境资金池等产品服务，打造"在岸—跨境—离岸"新型跨境金融服务体系；作为首批托管清算试点银行，积极参与债券通"南向通"业务，为投资者提供跨境托管、资金清结算、货币兑换等全面服务；创新开拓"数贸e链通""智慧贸金平台""清关云管家"等产品，扎实推进与跨境电商的跨境支付业务合作。在阿联酋、泰国以及我国香港地区积极参与多边央行数字货币桥项目首期试点，支持境外央行类机构、人民币清算行和境外人民币参加行进入银行间债券市场，助力有序推进人民币国际化。

强化内外联动，推动一体运营。着眼实现更高合作水平、更高投入效益、更高供给质量、更高发展韧性，推动共建"一带一路"高质量发展不断取得新成效。为更好服务"一带一路"资金融通，工商银行不断强化境内外一体化经营，充分发挥境内机构在支付、运营等领域的优势，将数字化运营平台、移动支付体系推广至境外；整合境外机构当地资源，为境内客户提供涵盖留学、旅行、务工、商务合作等方面的综合跨境金融服务；不断创新和丰富自由贸易试验区、粤港澳大湾区金融产品和特色服务，实现功能互通、场景互通、资金互通。加强与共建"一带一路"国家央行和金融监管机构的沟通协商，推动构建"一带一路"金融合作规则标准，助力推进金融领域规则、规制、管理、标准等制度型开放。

夯实安全根基，确保风险可控。面对世界百年未有之大变局，必须全面强化风险防控，压紧压实企业和金融机构主体责任。工商银行坚持总体国家安全观，持续推进全面风险管理体系迭代升级，实施总行分行、境内境外、表内表外、线上线下、商行投行附属机构"五个一本账"管理，加强包括信用风险、市场风险、操作风险、流动性风险等在内"9＋X"全面风险管控，扎牢境外风险防控网络，夯实服务"一带一路"高质量发展的基础。深化信用风险管理，积极采取银团贷款、风险参贷等方式，优化信贷投放。深化国别风险管理，加强国别风险前瞻性分析和重点国家监测预警，审慎开展国别评级和国别限额核定，平衡业务发展和风险管控。深化合规风险管理，加强与属地监管政策对标落实、与集团制度分层衔接，强化境外合规管理体系落地实施。坚持一体推进不敢腐、不能腐、不想腐，监督约束境外机构干部员工守牢廉洁底线。

三、深化"一带一路"金融服务的几点思考

党的二十大擘画了以中国式现代化全面推进中华民族伟大复兴的宏伟蓝图，对推动共建"一带一路"高质量发展作出重要部署。对国

有大行来讲，做好"一带一路"金融服务，必须坚持以习近平新时代中国特色社会主义思想为指导，全面贯彻党的二十大精神，继续有力发挥"金融血脉"作用，深化务实合作，促进共同发展，推动共建"一带一路"行稳致远。

坚持政治引领、高标定位，自觉服务党和国家对外工作大局。新时代我国对外开放之所以取得历史性、开创性成就，最根本的原因在于有习近平同志作为党中央的核心、全党的核心掌舵领航，在于有习近平新时代中国特色社会主义思想科学指引。做好新征程上的"一带一路"金融服务，必须深刻领悟"两个确立"的决定性意义，增强"四个意识"、坚定"四个自信"、做到"两个维护"，不折不扣落实好党中央各项决策部署。要把做好"一带一路"金融服务放到国家经济发展大局和总体外交中把握，确保各项工作沿着正确方向开展。通过各种渠道和平台，积极宣传习近平总书记提出的"一带一路"倡议和全球发展倡议、全球安全倡议、全球文明倡议，助力增进国际社会对我国发展的认同。发挥好"一带一路"银行间常态化合作机制、中欧企业联盟等平台作用，积极以金融力量促合作、聚合力，为推动构建人类命运共同体汇聚更多正能量。

坚持开放包容、互利共赢，助力推进高水平制度型开放。制度型开放是新时代我国对外开放的战略重点，也是"一带一路"行稳致远的重要保障。要积极落实好已签署的共建"一带一路"合作文件，努力与共建国家的政府机构、企业客户、金融同业实现优势互补、互利共赢。用好多边金融机构平台，加强与各国和国际组织之间金融规则标准对接，持续深化绿色金融、数字金融等领域务实合作，高标准建设互联互通的金融基础设施，助力稳步推进金融领域规则、规制、管理、标准等制度型开放。稳步开展与共建"一带一路"国家双边本币合作，在跨境贸易和对外投融资中提升人民币使用占比，助力有序推进人民币国际化。

坚持内外一体、全球经营，用好国内国际两个市场两种资源。发挥金融桥梁纽带作用，围绕构筑互利共赢的产业链供应链合作体系、完善互联互通网络体系等重点领域，深化境内外业务联动，高质量服务"走出去""引进来"。把信贷资源配置到关键领域，支持建设"标志性"重点工程，孵化培育"小而美"精品项目，不断提升资金融通质效。着力拓展投融资渠道，积极培育离岸人民币市场，进一步健全多元化投融资体系，推广股权投资、创新项目融资方式，撬动更多长期资本、民间资本参与。健全完善全球网络渠道布局，优化战略规划、政策协调和考核激励机制，持续提升"一点接入、全球响应"的总分支、境内外一体跨境联动服务能力。

坚持安全第一、从严治理，守住不发生系统性金融风险的底线。牢固树立总体国家安全观，强化底线思维、极限思维，以"时时放心不下"的责任感管控好各类风险。坚持"危地不往、乱地不去、危业不投"，加强海外业务布局管理，深入研究海外项目所在国法律和国际规则，准确把握市场重点领域风险演化趋势，妥善处置项目推进或者退出的各类风险，提高风险防控敏感性和前瞻性。落实"管住人、看住钱、扎牢制度防火墙"的要求，持续深化"五个一本账"管理，迭代升级境内境外一体化的全面风险管理体系，完善全量产品风险管理，不断优化风险管理制度、流程和系统，一体筑牢业务部门承担直接责任、风险部门承担管理责任、内审部门承担监督责任的"三道防线"，保证流动性充裕安全，打造干净平衡健康的资产负债表。

当前，共建"一带一路"已经从谋篇布局的"大写意"进入精耕细作的"工笔画"，正在向高质量发展迈进。工商银行将坚持以习近平新时代中国特色社会主义思想为指导，完整准确全面贯彻新发展理念，积极服务和融入构建新发展格局，以更加有力有效的行动服务好共建"一带一路"资金融通和高质量发展，努力为构建人类命运共同体贡献更大的金融力量。

坚持"五个统筹"
开创全球经营新局面[*]

一、深刻把握全球经营面临的新形势

当前，和平与发展的时代主题没有改变，经济全球化大方向没有改变，金融机构全球经营仍面临重要机遇。同时，世界百年未有之大变局加速演变，新一轮科技革命和产业变革带来的激烈竞争前所未有，全球政治环境和经济金融形势发生显著变化，不稳定不确定因素增多。

从有利的一面看，我国在世界经济中的地位持续上升，对世界各国的吸引力越来越强，在全球资源配置中发挥的作用越来越大，客观上需要有与之匹配的、具有全球经营能力的金融机构提供服务和支撑。共建"一带一路"倡议得到越来越多国家的认同，《区域全面经济伙伴关系协定》（RCEP）正式生效，不断为经济全球化注入新的动力和活力，金融机构国际化发展的空间仍然十分广阔。不同国家经济金融走势和货币政策分化，也将为银行全球经营带来结构性业务机会。

从挑战的一面看，新冠疫情持续反复，全球进入新的动荡变革期，外部环境更趋复杂严峻。大国博弈持续加剧，个别国家保护主义和单边主义盛行，海外经营面临更大政治风险。全球产业链供应链体系加

* 本文发表于《现代金融导刊》，2022年第2期，个别文字较原文略有改动。

速重构，区域化、本地化特征更趋明显。金融监管保持严、强态势，对中资银行海外合规经营提出更高要求。国际大型银行纷纷加快数字化转型，增加金融科技资源投入，新领域、新赛道的竞争日趋激烈。

无论外部形势如何变化，对我们来说，关键是要做好自己的事。要准确理解和把握我国构建新发展格局对金融机构提出的新要求，自觉对标对表党中央决策部署，以辩证思维看待机遇和挑战，保持战略坚定性和战术灵活性，结合时代特点和区域国别特征做好具体安排，充分发挥自身优势，不断深化全球经营，更好助力内外循环畅通。

二、奋力开创工商银行全球经营新局面

工商银行具有良好的国际化基础，有一支优秀的国际化干部人才队伍和较为完善的国际化网络，积累了比较丰富的国际化经验。更为重要的是，工商银行的境内境外布局、全球第一大行地位，十分契合构建以国内大循环为主体、国内国际双循环相互促进的新发展格局。

下一步，国际化工作要紧扣"稳、进、改"这三个方面抓好落实。稳的方面，重点是围绕稳定宏观经济大盘，靠前做好金融服务，助力稳住外贸外资基本盘、稳定产业链供应链。加强境外机构内部治理，实现经营稳、风控稳、队伍稳，巩固良好发展局面。进的方面，重点是围绕服务国家高水平对外开放，建成更多具有带动作用的发展支点，为构建新发展格局贡献更大力量。深化新发展规划实施，提升境外机构经营质效。改的方面，重点是结合我国对外开放需要、国际形势变化和金融监管要求，完善全球经营治理体系，加大改革创新力度，筑牢发展基础，深化内涵式发展，提升全球竞争力。

在具体工作中，要注重抓好"五个统筹"。

第一，统筹好发展和安全。在当前形势下推进全球经营，必须坚

持底线思维，增强忧患意识，自觉在"两个大局"下审视境外发展，把安全发展理念贯穿工作全过程，主动防范化解各类风险，提高全域安全水平。一是树牢总体国家安全观。坚持国家利益至上，切实规范经营行为，主动维护国家利益，维护中资机构形象。健全境外风险全方位评估和联防联控机制，深入研判各类风险，及时预警、早作应对。高度警惕风险跨境传染、市场交叉共振，全面分析主要业务的跨境关联，建立风险防传染、防输入、防演化的"一把手"责任制，坚决守牢安全底线。二是抓好全面风险管理。提升境外信贷经营能力，全面把好资产选择关。将风险压力较大的机构，纳入全行资产质量攻坚范围，加快推动风险化解。动态优化资产负债结构，统筹管好市场风险和流动性风险，确保风险水平总体平稳。对境外非银行机构、二级子公司以下机构，要落实全面管、分类管、专业管、穿透管要求，确保集团风控体系全面有效覆盖。完善 ESG 制度，展现负责任大行形象。三是健全合规管理长效机制。做深做实对境外机构合规管理体系的定期评估，确保管理能力与业务发展有效匹配。督导境外机构提高自主发现问题、自我矫正纠偏的能力，真正把内部控制体系建成强大的免疫系统。压紧压实境外机构管党治行主体责任，加强廉洁管理，配强廉洁专员，强化履职保障，推动监督体系有效延伸，形成更多制度性成果。

第二，统筹好国内和国际。工商银行的国际化发展，重点在国外，根基在国内，关键是要加强全球统筹，做实联动机制，充分激发全球网络效能。加快提升总行领导能力，既要精于管理境内业务，也要善于管理境外业务、跨境业务，把散布在全球的团队、项目、信息等资源充分整合起来，真正发挥全球经营合力。要结合后疫情时期的形势，全面重检境外业务的管理制度、机制和流程，提高集团发展的整体化、集约化程度。强化全球业务协同，完善内外联动、外外联动、行司联动机制，深挖"走出去"客户，紧盯"引进来"客户，深入推进外汇业务首选银行战略实施，持续扩大综合营销成效。用好手机银行平台，不断丰富产品和场景生态，对重点客群开展精准营销，实现"一机在手、走遍全球"。境内外机构要在项目协同、业务协同的基础上，更加突出战略协同、机制协同，把全球一体经营做得更深更实。

第三，统筹好存量和增量。项目上，坚持两手抓，在经营好存量的同时，做强做优增量。围绕投资规模、建设周期、是否跨境等要素，做好新增境外项目的前期论证，积极支持健康、绿色、数字、创新等领域合作，助力我国打造更多"一带一路"标志性工程。网络布局上，要加快提升现有网络功能。坚持质量第一、效益优先、创新发展，把现有机构做强做优。地处重点市场的机构，要提升市场竞争力和发展带动力，发挥好旗舰效应。位于潜力和节点市场的机构，要稳扎稳打提高发展质量，积极挖掘和培育新的增长点，力争多做贡献。加快重点区域功能整合，推动区域一体化管理。同时，要围绕国家外交大局和全行发展战略，有重点地扩大网络覆盖。加大"一带一路"、RCEP实施等重点区域网络布局力度，形成更加完整的境外机构网络。健全全球人民币清算网络，高水平打造在岸、跨境、离岸一体的人民币产品体系，力促人民币按照国家政策导向出得去、用得好、留得住。

第四，统筹好整体和重点。紧紧围绕国家扩大高水平对外开放需要，在统筹布局、整体推进的基础上，更加注重精准发力、重点突破，全面提升服务质效。一是更好服务共建"一带一路"高质量发展，落实好"高标准、可持续、惠民生"要求，围绕重点区域、重点国别，优化金融资源配置。二是更好服务稳外贸稳外资，深化实施"春融行动"，对重点企业提供全球联动融资支持，帮助企业稳定预期、增强信心、激活动能。全力支持海关"单一窗口"建设，全链条嵌入金融服务，助推国际贸易便利化。三是更好促进产业循环畅通，着力打造全球产业金融服务体系，提升资源稳供、技术引进、稳链强链等领域的服务水平。丰富低成本、便捷化、高透明度的跨境支付、货币汇兑、现金管理、风险管理等服务供给，减少企业后顾之忧。四是更好助力金融市场双向开放，用好互联互通政策，积极发展离岸承销、全球托管等业务，增强对中国市场、中国资产的全球交易服务能力。

第五，统筹好战略和机制。做好全球经营，根本上要靠高质量的国际化干部人才队伍。要落实好全行人才战略部署，健全国际化人才培养、选拔、任用、激励机制，着力储备和培养一批具备国际视野、熟悉国际规则、经略国际金融的人才队伍，为建设世界一流现代金融企业、推动全球经营行稳致远，提供坚实人才保障。

推动金砖国家工商合作迈上新台阶*

2022 年是金砖合作的第十六年，经过多年努力，金砖国家已成为带动全球经济增长、维护世界和平安宁、完善全球经济治理、构建广泛伙伴关系的积极、向上、建设性力量。

习近平主席深刻指出，工商界是金砖经济合作的主力军、生力军。为推动金砖工商合作的常态化与系统化，2013 年金砖国家工商理事会在各国领导人的共同见证下成立。自成立以来，金砖国家工商理事会有力引导各国企业加大经贸往来与投资合作，共享发展机遇，在助力金砖国家经济乃至世界经济稳步增长上发挥积极作用。

当前，百年变局和世纪疫情交织，经济全球化遭遇逆流，世界进入新的动荡变革期。金砖工商合作必须承担新使命，展现新活力。金砖国家工商界应紧紧围绕经济合作这条主线，增进理解互信，拉紧合作纽带，加深利益交融，让合作的蛋糕越做越大，让进步的力量越聚越强。

第一，以合作促进开放共享。坚持互利共赢，加快落实《金砖国家经济伙伴战略2025》，落实贸易和投资自由化便利化举措，坚定推动建设开放型世界经济，继续朝着贸易投资大市场、货币金融大流通、基础设施大联通的方向，打造更多合作亮点。坚持协同推进，提升农业、能源、经贸等关键领域务实合作水平，充分释放金砖国家资源禀

---

* 本文发表于《人民日报》，2022 年 6 月 17 日第 16 版，个别文字较原文略有改动。

赋和产业结构的协同效应，共同维护粮食、能源安全以及产业链供应链稳定畅通。坚持互学互鉴，用好金砖国家工商理事会平台，交流分享发展经验，促成更多实实在在的成果。坚持共建共享，拓展"金砖＋"工商合作，促进新兴市场国家和发展中国家有效参与国际产业分工，共享经济发展红利。

第二，以合作加速创新发展。抓住新一轮科技革命和产业变革机遇，将企业合作同金砖国家新工业革命伙伴关系紧密结合，在科技攻关、数字经济等领域打造更多精品项目，培育利益共享的创新链、价值链。落实全球发展倡议，全面推进联合国 2030 年可持续发展议程，发挥工商界促进贸易往来作用，加快跨境电商、海外仓等新业态新模式发展，优化投融资支持，为维护全球产业链供应链安全稳定贡献力量。坚持生态优先，恪守共同但有区别的责任原则，加强绿色环保技术合作，推动建立绿色低碳循环经济体系，助力实现更高质量、更具韧性的增长。

第三，以合作推动造福民生。坚持人民至上、生命至上，引导工商界积极开展疫苗及特效药物研发、生产、互认合作，促进全球公共卫生治理，共筑多重抗疫防线，推动构建人类卫生健康共同体。发挥工商界在信息、技术、资金等方面的优势，引导资源向减贫、教育、基础设施建设等民生领域倾斜，开展更多互利共赢的务实合作，强化民生保障，持续提升各国人民的幸福感和获得感。强化普惠服务，完善数字化跨境服务贸易，支持中小微企业拓展生存和发展空间，不断提升金融服务的包容性和普惠性。

第四，以合作完善全球治理。充分发挥企业家协调沟通作用，聚焦科技研发等重点领域，积极建言献策，向政府提出专业建议，促进五国政府加强宏观政策协调，打造更加全面、紧密、务实、包容的金砖伙伴关系。积极参与全球经济治理改革，维护以世界贸易组织为基石的多边贸易体制，切实遵守共同制定的国际规则，提升金砖国家工商界在国际经济事务中的发言权和影响力，促进国际经济秩序朝着更加公正合理的方向发展。妥善应对经济全球化逆流，同各国工商界加强沟通联系，为各国经贸合作牵线搭桥，积极推动经济全球化朝着更加开放、包容、普惠、平衡、共赢方向发展。

展望未来，金砖国家经贸交流仍处于蓬勃发展期，贸易投资、货币金融、基础设施、科技创新、低碳转型等领域合作加速推进，金砖工商合作前景广阔。金砖国家工商理事会将紧密围绕"构建高质量伙伴关系，共创全球发展新时代"主题，发挥好桥梁作用，带领金砖工商界共同把握发展机遇，携手应对风险挑战，以务实行动推动金砖合作乘风破浪、行稳致远。

奋力推进金砖工商合作高质量发展*

金砖合作机制是新兴市场国家和发展中国家合作的重要平台，是带动全球经济增长、维护世界和平安宁、完善全球经济治理、构建广泛伙伴关系的积极、向上、建设性力量。2022 年是金砖合作的第十六年，也是第三个金砖"中国年"。站在世界百年未有之大变局加速演进、全球发展再次进入动荡变革期的关键当口，习近平主席以构建人类命运共同体、全球发展共同体的大格局、大情怀，引领金砖合作形成一系列开创性、引领性、机制性成果，开启了金砖国家携手构建高质量伙伴关系新征程。国内工商界必须深入学习贯彻习近平主席金砖系列讲话精神，增进理解互信，拉紧合作纽带，加深利益交融，持续发掘金砖务实合作潜力，让合作的蛋糕越做越大，让进步的力量越聚越强。

一、金砖工商合作取得新成果

习近平主席指出，工商界是促进金砖务实合作的生力军，并充分肯定了金砖国家工商界在发掘五国务实合作潜力、助力金砖国家发展方面的重要贡献。加强经济合作、实现共同发展是金砖合作的初衷和主线，在各国政府的有力支持下，金砖工商伙伴坚持开拓创新、开放包容的理念，共享发展机遇，合力应对挑战，推动金砖"中国年"取得丰硕成果。

＊ 本文发表于《现代金融导刊》，2022 年第 7 期，个别文字较原文略有改动。

（一）以包容普惠凝聚发展共识

发展是破解各种难题、实现人民幸福的关键。金砖各国要坚持包容普惠、互利共赢的正确方向，推动金砖工商合作不断走深走实，为实现共同发展繁荣贡献正能量。2022 年 1—6 月，中国与金砖国家双边贸易总额超过 2500 亿美元，同比增长 16%，展现出强劲韧性。一是突出生命至上，推动疫苗联合研发和生产，助力金砖国家疫苗研发中心建设，协同构建更具韧性的公共卫生体系，加固抗击疫情的"金砖防线"。二是突出安全底线，在保护农业生物多样性、提高粮食生产供给能力等领域强化合作，形成更加可持续的粮食生产模式；加大能源贸易、能源投资、清洁能源产业链以及能源技术应用合作，助力维护金砖国家能源安全。三是突出互利共赢，立足各国产业结构和资源禀赋，加强基础设施、制造业、金融服务等领域合作，积极维护产业链供应链稳定、可靠、高效；发布金砖国家工商理事会关于携手共建可持续伙伴关系的联合声明、金砖国家工商理事会 2022 年度报告；举办金砖国家可持续发展目标解决方案大赛，分享发展经验，贡献"金砖智慧"。四是突出普惠平衡，共建金砖国家企业跨境合作平台，提供线上线下一体化跨境撮合服务；举办金砖国家技能发展与技术创新大赛，探索建立跨境电商职教联盟，发布支持中小企业发展的共同宣言，帮助中小企业更好融入产业链，让金砖工商合作更好惠及各国人民。

（二）以创新引领激发合作动能

创新是发展的第一动力。习近平主席深刻指出，谁能把握大数据、人工智能等新经济发展机遇，谁就把准了时代脉搏。新经济正越来越广泛深刻地影响生产和生活，成为驱动各国经济增长的重要引擎。金砖各国紧抓新工业革命机遇，瞄准共同关心的重点领域，持续加强科技创新合作。一是完善创新合作机制，深化智能制造、数字经济等领域合作，促进新技术和实体经济深度融合，加快创新成果转化，积极落实金砖国家数字经济伙伴关系框架，助力达成制造业数字化转型合作倡议。二是开展技术联合攻关，推动创新要素集聚，深化热点领域、核心技术合作，加强新能源汽车、碳捕集碳封存等领域协作攻坚，助力金砖各国节能减排和低碳转型。三是搭建协同创新平台，在技能研究开发、技术信息交流、技术成果孵化等方面开展合作，推进建设金砖跨境贸易数字化创新平台试点项目，助力巩固金砖国家新工业革命伙伴关系。

（三）以开放融合促进互联互通

习近平主席深刻指出，一个更加开放包容的世界，能给各国带来更广阔的发展空间，给人类带来更繁荣的未来。金砖各国加速推动全方位互联互通合作，为金砖经贸合作勾勒了更加美好的蓝图，为世界经济复苏增添了新动力。"硬联通"方面，持续推动构建基础设施大联通格局，在铁路、公路、港口等交通基础设施项目上加强投资合作，促进贸易路线优化完善，助力区域一体化进程；开展绿色基建投资，为打造低碳、绿色、可持续的生态友好型基础设施创造有利条件；推动金砖国家金融机构、新开发银行进一步加大对可持续基础设施的金融支持。"软联通"方面，深入落实贸易便利化举措，积极探索打造符合金砖五国发展需求的规则标准，助力构建金砖一体化大市场；围绕贸易数字化、新技术行业应用、绿色金融、精准农业、节粮减损、农村电商等领域，积极开展最佳实践案例分享和国际交流培训，促进互学互鉴、共同提升。

二、金砖工商合作进入新阶段

在金砖系列讲话中，习近平主席把握时代脉搏，洞察国际大势，发出合作之声、开放之声、发展之声，擘画了金砖合作新蓝图，为全球共同发展指明了前进方向。金砖合作已进入高质量发展新阶段，金砖工商界要勇做开放发展的推动者、创新发展的领军者、共享发展的践行者，给金砖合作增添新动力。

（一）站在新起点

回望过去，金砖合作已走过 16 年历程，从开办金砖国家工商论坛到成立金砖国家工商理事会、金砖国家新开发银行，再到确立新工业革命伙伴关系，金砖工商合作机制不断完善，合作领域持续拓宽，稳步前行，硕果累累。着眼当下，面对世纪疫情和百年变局的交织，面对国际格局的深刻演变，金砖国家团结合作的意愿更加强烈，信念更加坚定，动力更加充足。展望未来，作为新兴市场国家和发展中国家代表，金砖国家坚定正确方向、深挖合作潜力对全球发展的意义愈加重要，金砖工商合作势头将越来越强，金砖"金字招牌"的成色会越来越足。

（二）锚定新目标

尽管国际形势风云变幻，但开放发展的历史大势不会变。金砖工商界要回答好习近平主席提出的时代之问，准确认识历史发展规律，携手并进、共迎挑战，推动金砖工商合作迈上新台阶，为促进共同发展、构建人类命运共同体贡献更大力量。要发扬团结协作的精神，促进金砖经贸合作不断取得务实成果，共同推动全球可持续发展；涵养守望相助的情怀，积极落实全球安全倡议，助力构建相互尊重、公平正义、合作共赢的新型国际关系；坚定同舟共济的信心，坚持合作发展，携手应对风险和挑战，防止世界经济陷入危机的泥潭；秉持包容并蓄的胸怀，扩大开放融合，坚持共商共建共享，推动建设开放型世界经济。

（三）迎来新机遇

金砖国家的面积占全球的 26%，人口占 42%，经济总量占 25%，代表着发展中大国群体性崛起的历史趋势，是国际经济领域的重要力量。金砖国家在资源、市场、劳动力等方面具有很大的潜能和优势，整体经济发展动能强劲；金砖各国各有所长，优势领域可以有效互补，有利于发掘合作契合点。在工业化、城镇化、信息化、农业现代化持续纵深发展的进程中，金砖国家蕴含强劲能量和巨大市场机会。同时，新一轮科技革命和产业变革动能逐渐释放，为生产力进步和经济社会发展开辟了新天地，为各国经贸合作创造了新空间，金砖工商界合作前景广阔、大有可为。

三、金砖工商合作开启新征程

习近平主席深刻指出，站在历史的十字路口，我们既要回望来时路，牢记金砖国家为什么出发；又要一起向未来，携手构建更加全面、紧密、务实、包容的高质量伙伴关系，共同开启金砖合作新征程。在新的征程上，工商界必须承担新使命、展现新活力，谱写金砖工商合作高质量发展新篇章。

（一）把握金砖工商合作新使命

在深刻复杂演变的国际形势中，金砖机制展现了韧性和活力，"金砖方案"受到国际社会更多的关注和期待。政治方面，金砖国家的团结协作，有利于践行真正的多边主义，在国际舞台上为正义发声，推动建立更加公正合理的国际秩序。经济方面，在经济全球化遭遇"逆风逆流"，一些国家想实行"脱钩断链"、构筑"小院高墙"的背景下，深化协作有利于金砖国家汇聚合力、相互支持，为各国经济发展开辟更加广阔的空间，为全球经济治理体系变革注入强劲动力。社会民生方面，加强金砖国家间农业、卫生、能源、绿色发展等领域合作，有助于共同促进全球可持续发展，破解当下发展难题，提升发展中国家人民福祉。工商界要深刻认识到金砖合作对国家发展、世界发展的重大意义，坚定信念，踔厉奋发，助力金砖这艘大船乘风破浪、勇毅前行。

（二）积极发挥工商理事会引领作用

自 2013 年在各国首脑的共同见证下成立以来，金砖国家工商理事会有力引导各国企业加大经贸往来与投资合作，共享发展机遇，在助力金砖国家经济发展乃至世界经济增长上发挥了积极作用。下一阶段，金砖各国工商理事会应继续围绕"构建高质量伙伴关系，共创全球发展新时代"的主题，发挥引领作用，凝聚工商界共识，激发企业家活力，助力金砖合作行稳致远。新一届中方理事会将以习近平主席对金砖工商合作的重要指示为根本遵循，认真落实领导人会晤精神，同各方理事会保持密切高效沟通、开展紧密务实合作，扎实践行共商共建共享原则，深入落实金砖工商合作各项议程，探索建设跨境贸易数字化平台、金砖国家支付体系、信用评级机构联盟，积极促进贸易投资合作，助力维护产业链供应链稳定畅通，服务好中国高水平对外开放，跑好金砖"中国年"下半程。

（三）持续推动金砖伙伴务实合作

坚持互利共赢，加强工业韧性和产业链、供应链合作，提升农业、能源、物流等关键领域务实合作水平，共同维护粮食、能源、产业链安全；用好金砖合作平台，交流分享发展经验，促成更多实实在在的成果。坚持创新驱动，把握数字经济发展机遇，推进数字技术、数字基础设施、数据安全等领域合作，发挥数字化转型领先企业优势，推动制造业数字化发展；扩大在开发可再生能源、研发清洁技术、提高能源效率等领域合作，加快绿色转型。坚持共同发展，充分发挥企业家的协调沟通作用，聚焦科技研发等重点领域，积极建言献策，向政府提出专业建议，促进五国政府加强政策协调，打造更紧密、更广泛、更全面的金砖战略伙伴关系。坚持民生优先，发挥工商领域在信息、技术、资金等方面的优势，引导资源向减贫、教育、基础设施建设等民生领域倾斜；强化普惠服务，支持中小微企业拓展生存和发展空间，不断提升金融服务的包容性和普惠性。

（四）积极拓展金砖合作朋友圈

习近平主席深刻指出，新形势下，金砖国家更要敞开大门谋发展、张开怀抱促合作。工商界要秉持开放包容、合作共赢的金砖精神，积极拓展"金砖＋"工商合作，助力金砖国家扩员进程，扩大金砖合作的辐射和受益范围，让金砖朋友圈越来越大、伙伴网越来越广。共同深化互利伙伴关系，促进新兴市场国家和发展中国家有效参与国际产业分工，共享经济发展红利。共同挖掘发展新动能，加快技术转移和知识分享，推动现代产业发展，促进优势互补和协同增效，不断开辟贸易投资、金融服务、基础设施等领域合作新路径，促进南南合作和南北对话。共同营造有利外部环境，积极参与全球经济治理改革，妥善应对经济全球化逆流，维护以世界贸易组织为基石的多边贸易体制，遵守共同制定的国际规则，加快落实全球发展倡议，全面推进联合国2030年可持续发展议程，助力增强新兴市场国家和发展中国家代表性和发言权，推动经济全球化朝着更加开放、包容、普惠、平衡、共赢方向发展。

构建高质量伙伴关系
共创全球发展新时代[*]

金砖国家是推进全球治理的关键力量。当前，国际变局和新冠疫情导致全球震荡加剧，国际格局和全球治理体系加速调整，世界经济复苏面临不确定性，国际社会对金砖国家在加强抗疫合作、促进经济复苏、维护和平稳定等方面给予了更多关注和期待。金砖国家应携手共进、勇担使命，构建更加全面、紧密、务实、包容的伙伴关系，推动金砖合作不断走深走实，为世界经济复苏注入更多稳定性和正能量，促进全球可持续发展。

作为金砖国家工商理事会负责人，我们认为金砖各国应有效凝聚工商界智慧，充分发挥工商界作用，深入落实贸易便利化举措，持续推进经贸财金领域互利共赢合作，努力打造更多开创性、标志性的合作成果。同时，应不断扩大金砖国家与其他新兴市场及发展中国家的合作，为完善全球经济治理体系提供含金量更高的"金砖方案"。为此，我们关注到世界经济复苏不充分、不平衡问题以及国际局势等因素，或将进一步加剧经济脆弱性；认识到当今世界绿色经济蓬勃发展，数字经济正成为重塑全球经济结构和全球竞争格局的重要动力；重申金砖国家工商理事会近年来发布的《关于开展商业合作以实现可持续发展目标的联合声明》和《金砖国家工商理事会联合抗疫宣言》等文件的重要性，助力加快落实联合国 2030 年可持续发展议程及

＊ 本文发表于《现代金融导刊》，2022 年第 7 期，个别文字较原文略有改动。

《金砖国家经济伙伴战略2025》；强调总结合作经验、凝聚合作共识、规划合作蓝图，不断巩固金砖国家间经贸财金、人文交流合作架构，加快构建可持续合作伙伴关系；倡导加强宏观经济政策协调，积极培育经济增长新动能，保障产业链供应链安全畅通，推动世界经济复苏迈出新步伐；支持建立有气候韧性的低碳循环经济体系，坚持"共同但有区别的责任"和各自能力原则，全面有效落实《联合国气候变化框架公约》及其《巴黎协定》，进一步推进绿色发展；同意确保向不同国家，特别是发展中国家提供安全、有效、可及和可负担的诊断、药物、疫苗和基本医疗产品，确保疫苗公平分配和快速接种，以弥合全球免疫鸿沟。

作为工商界代表，我们呼吁金砖国家领导人紧密合作，共同关注以下行动：

进一步巩固金砖战略伙伴关系，加强金砖国家间合作，落实历次领导人会晤成果和共识，推动金砖合作取得更大实效；积极开展同其他新兴市场和发展中国家及国际组织的对话合作，拓展南南合作；深化粮食安全务实合作，完善金砖国家农业基础信息交流系统，共同提升粮食和重要农产品供给保障能力，提高农业生物多样性，推动农业农村可持续发展，助力实现消除贫困和零饥饿的目标；深化经贸合作，共同维护以世界贸易组织为核心的多边贸易体制，努力消除贸易壁垒，改善贸易环境；扩大基础设施投资合作；支持电子商务及配套的物流、仓储设施建设，推进金砖国家间海关、结算数据的互联互通，持续提升贸易便利化水平；把握数字经济发展机遇，加强金砖国家间产业政策交流，推动智能制造业发展，促进数字技术同实体经济深度融合；落实《金砖国家创新合作行动计划（2021—2024）》，加强旗舰型项目合作；加快绿色转型发展，搭建技术交流平台和对话机制，开展绿色能源和制造业合作，推动绿色供应链管理，促进农业、民航、交通、基础设施建设绿色低碳发展；增进ESG与绿色金融领域合作，完善金融科技手段，加强反洗钱和反恐怖融资工作，支持普惠金融和贸易金融发展；为中小微企业提供关键的流动性和贸易融资支持，拓展中小微企业的生存和发展空间；根据本地疫情状况和经济形势调整政策组合，积极增加新的就业，促进失业人员再就业；为劳动者提供再培训和支持措施，大力发展数字教育，提升教育的可及性；加强金砖国家劳动者技能升级，完善技能人才培养基础设施保障，支持举办技能发展培训和比赛。

发挥金融"引擎"作用
推动中欧合作之舟行稳致远[*]

合作共赢是中欧关系的主旋律。中欧在改善全球经济治理、维护多边主义、携手共建"一带一路"等重大问题上存在广泛共识。中欧经贸合作具有很强的互补性。中国和欧盟互为重要的贸易合作伙伴。2018 年，双边贸易额达 6822 亿美元，同比增长 10.6%。中欧双向投资稳定增长。2018 年，在全球跨境直接投资增长放缓的情况下，中国对欧盟直接投资 87 亿美元，同比增长 7.1%；欧盟对华实际投资 104 亿美元，增长 25.7%。有超过半数的欧盟成员国与中国签署了政府间"一带一路"建设谅解备忘录。中欧两大市场的良好合作互动，为世界经济复苏增添了正能量。

作为全球最大的商业银行，工商银行在 47 个国家和地区设有 428 家境外机构，并通过参股南非标准银行，覆盖非洲 20 个国家。建立了全球统一的 IT 平台，打造了 25 大类、全产业链的"走出去"金融产品体系，可以横跨亚、欧、美三大时区进行人民币清算。工商银行积极主动地走向世界，努力为经济全球化和世界经贸自由发展作出贡献。

在欧洲市场，工商银行耕耘 20 载，经营网络覆盖 15 个欧洲国家，这些国家占欧洲 GDP 总量的 90%、占中欧贸易额的 92%。工商银行以独特的服务优势，致力于推动中欧深化务实合作。一是全面服务优势。

---

* 在中欧企业家大会上的开幕词，2019 年 11 月 6 日，个别文字较原文略有改动。

在欧洲的工商银行机构大多具有全功能银行牌照，能够提供"商行＋投行""融资＋融智"的全产品、全市场服务。二是网络客户优势。工商银行服务全球6亿多个人客户和近800万对公客户。依托全球化服务网络和广泛客户基础，工商银行愿为中欧企业贸易投资和对接合作，架起"鹊桥"。三是绿色服务优势。工商银行倡导和践行绿色发展理念，2017年，工商银行主导的首只"一带一路"绿色债券在卢森堡成功发行，创下多项业界第一。2019年，工商银行又在伦敦成功发行美元、欧元双币种绿色债券，获得国际气候倡议组织年度"新兴市场最大绿色债券"奖。四是合作平台优势。作为中德经济顾问委员会、中西企业顾问委员会中方主席单位，工商银行搭平台、建机制，促成了中欧飞机、船舶租赁、中欧可再生能源项目等一大批成果落地。

进博会以"新时代，共享未来"为主题，就是欢迎各方朋友，把握新时代发展机遇，深化国际经贸合作，实现共同繁荣进步。工商银行将进一步发挥金融"引擎"作用，推动中欧合作之舟行稳致远。让我们携手共进，共享未来，共同谱写中欧合作发展的新篇章。

凝聚金砖合力　　促进贸易投资便利化*

当前，经济全球化遭遇波折，单边主义、保护主义抬头，多边主义和自由贸易受到冲击。全球经济增速放缓，不确定性、不稳定性增加。促进贸易投资便利化，是推动世界经济复苏的良药。金砖国家合作，是推动全球经济治理改革、促进共同发展的重要力量。工商界作为金砖经济合作的主力军，在促进贸易投资自由化便利化方面，更大有可为。在此，我愿就贸易投资便利化问题，分享三点"工行见解"。

第一，促进贸易投资便利化，需要我们增进共识，坚定建设开放型世界经济。经济全球化是历史潮流，开放合作是历史大势，这是不以任何人的意志为转移的。纵观国际经贸发展史，开放和融通促进了发展和进步。尤其是当前新一轮科技革命和产业变革方兴未艾，全球供应链、产业链、价值链联系更加紧密，任何国家都不可能关起门来搞建设。只有坚定不移地发展开放型世界经济，以长远眼光和建设性方式，破解国际经贸合作障碍，坚持多边主义，才能引领世界经济走出困境、走向繁荣。

中国是开放型世界经济的积极推动者。目前，中国正通过增设自由贸易区和深化自由贸易区建设，来打造对外开放新高地。2019年中国新设了6个自贸区，自贸区总数已达18个。在自贸区的制度创新清

---

* 在金砖国家工商论坛上的发言，2019年11月13日，个别文字较原文略有改动。

单中，我们看到，在贸易便利、投资开放及金融扩大开放等方面，有很多先行先试的突破。这些政策措施不仅有利于中国营造一流的营商环境，也有利于包括金砖伙伴在内的各国从中获益。

第二，促进贸易投资便利化，需要我们凝聚合力，不断深化各领域务实合作。金砖五国就像 5 根手指，伸开来各有所长，合起来就是一个拳头。过去 10 年的金砖合作，不仅增进了五国福祉，也为世界经济企稳复苏作出了突出贡献。2019 年 6 月，金砖国家领导人举行会晤，就加强战略伙伴关系、深化各领域务实合作达成广泛共识。我们应将五国领导人会晤精神，切实付诸行动，围绕贸易投资便利化等重点领域，积极推动合作成果落地。同时，以"金砖 +"的合作理念，持续扩大合作朋友圈，构建更广泛的伙伴关系，实现更多的互利共赢。

2019 年，中国在扩大国际经贸往来与合作方面，有两项重大举措，工商银行都积极参与其中。一个是 4 月举办的第二届"一带一路"国际合作高峰论坛，形成了数百项务实成果。工商银行是纳入成果数量最多的商业性金融机构。工商银行在 2017 年倡导和牵头成立的"一带一路"银行间常态化合作机制，目前已覆盖 48 个国家和地区的 92 家金融机构，成为信息共享、政策共商、互助合作的有益平台。工商银行也真诚欢迎金砖国家的更多同仁加入这一机制，让"一带一路"共建成果惠及更广。另一个是刚刚成功举办的第二届中国国际进口博览会，吸引了 150 多个国家和地区的代表参加。工商银行作为进博会的境外招商合作伙伴，在招商招展、配套活动、金融服务等方面提供了积极支持。工商银行愿意发挥综合服务优势，为金砖国家和企业拓展中国市场，架设起互联互通的金融桥梁。

第三，促进贸易投资便利化，需要我们共担责任，持续推动金融治理现代化。贸易投资便利化，离不开金融支持。推进全球经济治理改革，需要同步推进金融治理改革，以更加稳定、更有活力、更具韧性的金融体系，为全球经济增长提供新动能。

　　作为金砖国家工商理事会理事，以及新一届中方理事会金融服务组组长单位，工商银行愿与金砖各国同仁携手同心，相向而行，致力在跨境支付、绿色金融、普惠金融、金融科技、数据治理、风险防控等方面，加强沟通合作，在推动完善全球金融治理进程中，发出金砖声音，提出金砖主张。工商银行建议进一步推动金砖五国跨境支付系统的互联互通，打造金砖自主清算网络，提升贸易投资便利化水平。

疫情下的全球经济展望[*]

人类正在经历第二次世界大战结束以来最严重的全球公共卫生突发事件。我们既要看到中国、韩国等亚洲国家很好地控制了疫情发展，看到欧洲国家感染者曲线正在边际改善，同时也要看到美洲、南亚、中东、非洲的疫情还在扩散和蔓延。我们必须做好同新冠疫情做长时间斗争的准备。

现代经济是由人流、物流、资金流、信息流等构成的"流动经济"，疫情期间实施的社交隔离措施减缓了经济活动，给供给端、需求端、金融端造成了全面挑战。企业和居民现金流的突然中断、对未来的悲观预期以及国际供应链的不畅，使投资、消费、出口"三驾马车"同时受到冲击。世界银行最新发布的《全球经济展望》预测，2020 年全球 GDP 将负增长 5.2%，衰退幅度是 2008 年国际金融危机的 2 倍多；全球 90% 的经济体将陷入衰退，而 1930 年大萧条期间这一数字也仅有 85%。

由于汲取了大萧条和国际金融危机的教训，这次不少国家相对迅速地出台了刺激政策。美联储连续降息至 0 ~ 0.25%，实施无限量化宽松政策和 2.2 万亿美元刺激协议。日本、德国、法国等也纷纷出台刺激计划，提供了防止经济"超级硬着陆"的缓冲垫，对本国及区域经济金融稳定起到积极作用。

---

[*] 在 2020 财新夏季峰会上的演讲，2020 年 6 月 22 日，个别文字较原文略有改动。

但这些经济刺激计划并不能解决疫情控制以及经济结构失衡等问题。由于美联储看跌期权的存在，预计在新一轮科技突破前，美欧国家将长期维持低利率水平。较低的资金价格推升了本已高企的债务水平，促使货币贬值，加剧流动性陷阱和贫富差距问题，并可能向全球输出通胀。虽然资本市场随着流动性的充裕而出现反弹，但会因为基本面的问题而大幅波动。值得关注的是，动荡时期往往出现"黑天鹅"事件，放大金融市场波动，有的甚至比原有冲击更加严重。

历史经验表明，危机爆发后，各国往往面临经济问题意识形态化的挑战。我们已经看到，有的国家民粹主义盛行、政治极化严重，阻碍了全球合作，影响了国际政策协同合力的发挥。跨国企业将受到更大的政治压力，在效率和冗余间作出权衡，适当缩短多国参与的供应链，以降低利润率的代价提高稳定性。贸易保护主义短期内将继续抬头，但不改变全球发展重心向亚太地区转移的趋势。

除了令人揪心的趋势外，也有好消息。中国、韩国等抗疫较为成功的国家，使用移动互联技术，开展大规模监测、接触者追踪和智慧医疗，取得了良好的成效。民众居家期间，新型消费异常火爆，"宅经济""云办公"迅速兴起。视频会议平台 Zoom 股价 2020 年上涨超过200%，远超市场同期表现。抖音的国际版 TikTok，安装量超过 1.1 亿户，成为 5 月全球下载量最大的非游戏类应用程序。同时，中国 5G、人工智能等新型基础设施建设正在加快推进。这些数字经济的新迹象，为疫情过后的全球资源配置提供了依据。

中国应对疫情、恢复生产、提振经济的表现，再次证明中国经济是全球经济增长的重要引擎和稳定因素。面对国内国际形势发展的新变化新趋势新挑战，中国正在加快形成以国内大循环为主体、国内国际双循环相互促进的新发展格局。这是中国发挥超大规模市场和内需潜力、推动高质量发展的必然要求，将有力推动中国企业从代工到研发、从模仿到创新、从制造到智造的历史性转变，全面提升核心竞争力；同时也将有助于推动更高水平对外开放，促进进口与出口平衡发展、利用外资与对外投资相互协调，为稳定国际产业链、实现全球经济良性循环作出新的贡献。

人类是命运共同体，团结合作是战胜疫情最有力的武器，也是推动疫后全球经济重振的最大信心来源。中国工商银行作为全球最大的商业银行集团，将秉承人类命运共同体理念，进一步发挥雄厚资金优势、专业人才优势、金融科技优势和全球网络优势，为助力世界各国克服疫情冲击、恢复经济发展作出更大的贡献！

强化全球系统重要性金融机构责任担当
共促世界经济复苏回稳*

当今世界面临百年未有之大变局，新冠疫情全球大流行加速了大变局的演进。产业安全、供应稳定、政治互信面临新的挑战，叠加气候变化、减贫脱困、环境治理等传统议题，给全球经济增长和金融稳定带来重大影响。

全球性议题需要强有力的全球性解决方案。全球系统重要性金融机构对于推动世界经济增长和维护金融稳定负有重要责任。我们应以更大的担当和务实的行动，为全球疫情防控与经济社会发展作出新的积极贡献。

让我们迎难而上，全力推动全球经济复苏。共同发挥好政策传导主渠道作用，围绕疫情防控、产业链供应链稳定、中小微企业、民营经济、绿色环保等重点领域，平衡好应急性举措和机制性安排，推动全球经济增长重回正轨。

让我们筑牢防线，全力维护全球金融稳定。处理好防风险和稳增长的关系，完善风险治理体系，在实践中做到：管好总量，防止应对措施越过预设边界；管好流向，减少局部市场价格扭曲；管好节奏，助力稳定各方预期。

---

* 在全球系统重要性金融机构闭门会议上的致辞，2020 年 10 月 22 日，个别文字较原文略有改动。

让我们务实变革，全力提升金融服务能力。顺应数字经济发展大势，更好发挥数据要素价值和金融科技作用，搭建好开放融通、共建共治、互惠互利的金融基础设施，不断提高金融服务实体经济的适应性、竞争力和普惠性。

让我们开放包容，全力促进国际金融合作。发挥好跨国经营优势，加强应对疫情合作与政策协调，以更大力度推动全球贸易与投资发展，向市场传递合作共赢的一致信息，体现全球系统重要性金融机构的正能量。

当前，中国正在加速构建以国内大循环为主体、国内国际双循环相互促进的新发展格局，中国的金融市场正在加速开放。中国工商银行作为全球资产规模最大的银行，愿继续发挥好桥梁和纽带作用，帮助全球企业与金融机构在中国更高水平的对外开放中实现更好发展。

抓住机遇
加强中欧企业贸易投资合作[*]

新冠疫情全球大流行，使全球经济发展面临很多不稳定不确定因素。面对这样的形势，中欧企业加强合作意义重大。2020 年以来，中欧贸易总量逆势增长，显示出双边合作的坚实基础和强大韧性。第三届中国国际进口博览会如期举行，传递出中国坚定深化改革、全面扩大开放，与世界共享美好未来的积极信号。在这样的背景下，我们举办中欧企业家大会，就是希望通过具体行动，为推动中欧经贸发展搭建广阔的平台，为促进中欧企业家合作创造实实在在的机遇。

让我们抓住机遇，夯实互联互通基础。紧紧抓住中国加快构建以国内大循环为主体、国内国际双循环相互促进的新发展格局机遇，通过双边市场主体的密切合作，助力稳定全球产业链供应链，促进两大市场、两方资源更好连通，产生更大效益。

让我们抓住机遇，加强数字领域合作。积极顺应新一轮科技革命和产业变革趋势，推动企业数字化转型，推进数字产业化和产业数字化，促进数字经济和实体经济深度融合。强化市场主体在数字领域国际规则和标准制定方面的合作，共同开发第三方市场，打造中欧合作新引擎。

让我们抓住机遇，发展绿色伙伴关系。积极履行企业社会责任，

---

* 在中欧企业家大会上的致辞，2020 年 11 月 6 日，个别文字较原文略有改动。

助力中国生态文明建设和《欧洲绿色协议》落地。深化在环境技术、循环经济、清洁能源等领域合作，为推动后疫情时期世界经济"绿色复苏"、建设人类共同的"绿色家园"作出更大的贡献。

工商银行是全球资产规模最大的商业银行集团，长期深耕欧洲市场。我们愿发挥资金、人才、网络、科技等优势，为中欧企业合作注入源源不断的金融活水。

促进气候友好　推动共建共治共享[*]

习近平主席指出，气候变化关乎人民福祉和人类未来，应对气候变化是全人类的共同事业。近年来，气候变化带来的影响不断显现，全球气候治理进入关键阶段。绿色金融是应对气候变化的重要工具，在推动全球经济绿色复苏、发展方式低碳转型上发挥着积极作用。作为全球系统重要性金融机构，我们有责任有义务在增进绿色理念、统一行动框架、推动共建共治共享等方面，主动作为、率先行动。我们应：

坚持服务实体，助力经济绿色低碳转型。深刻把握气候变化对金融业发展提出的新要求，积极顺应生产生活方式绿色转型趋势，主动调整投融资布局，加大对绿色低碳经济领域的全方位支持，更好发挥金融对绿色低碳转型的支撑作用，推动形成适应气候变化的产业结构。

坚持创新引领，不断丰富绿色金融供给。加强绿色投融资产品和服务创新，大力发展绿色债券、绿色基金、绿色保险、碳金融等多种金融工具，引导资金流向绿色低碳产业，撬动更多社会资本支持绿色发展。积极助力绿色金融市场建设，丰富交易品种和交易方式，吸引更多主体参与，增强市场活力。

坚持系统观念，前瞻应对气候变化风险。充分认识气候风险的长期性和不确定性，深入研判低碳转型对能源结构、产业发展的中长期

* 本文发表于《现代金融导刊》，2021 年第 11 期，个别文字较原文略有改动。

影响，做好对市场主体的风险监测，加强前瞻性管控，预防环境风险、气候风险演化为金融风险，共同维护金融稳定。

坚持开放合作，共享绿色金融发展成果。以更大力度促进国际合作，共同参与绿色金融国际治理，积极推动规则互通、标准互认。发挥好全球系统重要性金融机构会议的平台作用，加强绿色金融问题研究，分享低碳转型创新举措，推动形成可复制、可推广的先进经验和最佳实践。

中国工商银行作为全球最大的商业银行，是绿色信贷标准和责任投资原则的积极倡导者、践行者。我们将气候风险纳入全面风险管理框架，首批开展碳中和债、可持续发展挂钩债等绿色产品创新，形成了相对完整的绿色金融产品体系，同时不断推动自身的绿色低碳运营。我们积极响应本次大会将要商讨提出的《气候友好银行北京倡议》，愿与全球同业一道，为促进气候友好，推进绿色金融与可持续发展，持续贡献智慧和力量。

加强金砖能源合作　助力绿色转型发展[*]

习近平主席深刻指出，气候变化和能源问题是当前突出的全球性挑战，事关国际社会共同利益，也关系地球未来。金砖国家机制作为新兴市场和发展中国家合作的典范，在共同应对全球挑战方面，日益展现出强大的韧性和旺盛的活力。金砖国家工商理事会自成立以来，高度重视能源合作、促进绿色发展，为提升全球能源安全水平、助推全球可持续发展做了大量工作，注入了"金砖力量"。

在中国石油天然气集团的有力推动下，工商理事会绿色与能源经济工作组开展了卓有成效的工作，发出"后疫情时代为金砖国家可持续发展贡献能源力量"联合倡议。我们期待各方共同落实好联合倡议，以更大担当和务实行动，为实现可持续发展目标、建设清洁美丽世界作出新的贡献。

一是强化协同配合，深化金砖能源合作。紧紧围绕《金砖国家经济伙伴战略关系2025》，提升能源开发、能源供应、能源金融等领域务实合作水平，强化优势互补。携手参与国际能源治理，更好维护共同利益。

二是强化创新引领，增强绿色转型动能。推动科技创新同绿色发展深度结合，聚焦传统能源清洁利用、绿色能源创新发展领域前沿问

---

[*] 在第一届金砖国家能源合作论坛上的演讲，2022年6月21日，个别文字较原文略有改动。

题，加强联合攻关，做好成果共享。深化能源互联、智慧金融等技术融合应用，汇聚更大转型力量。

三是强化风险意识，守牢安全发展底线。深刻认识能源结构调整和发展方式转型的长期性，统筹好发展和减排、经济进步和民生保障、能源安全和金融安全，健全风险联防联控机制，共同在高水平安全基础上推动高质量发展。

四是强化开放包容，促进更大范围合作。聚合金砖国家能源、产业、金融等力量，积极拓展"金砖＋"工商合作，促成更多务实成果。发挥好工商理事会和工作组平台作用，拉紧与各国工商界、能源界的合作纽带，把"朋友圈"越做越大。

中国工商银行作为金砖国家工商理事会中方主席单位，同时也是全球最大绿色信贷银行、中国最大能源金融银行，我们积极响应联合倡议，一定继续做好高质量的能源金融服务，与金砖工商界一道，为实现更加绿色、安全、可持续的全球发展，构建人类命运共同体，持续贡献智慧和力量。

坚持开放合作　共促世界经济复苏发展[*]

当前，百年变局和世纪疫情交织，克服疫情影响、促进经济复苏、维护和平稳定，是全球的共同期盼。习近平主席指出，只有开放才能使不同国家相互受益、共同繁荣、持久发展。工商界作为金砖经济合作的主力军、生力军，应当团结一致、携手共进，以开放合作为世界经济复苏发展注入更多稳定性和正能量。

第一，坚持开放共享，凝聚合作共识。充分利用金砖国家工商理事会平台，深挖合作潜力，形成更多务实成果，让金砖经济合作含金量更高、成色更足。同时，积极拓展"金砖＋"工商合作，让更多新兴市场和发展中国家参与到团结合作、互利共赢的事业中来。

第二，坚持开放创新，汇集转型动能。积极落实全球发展倡议，深化创新交流合作，联手加快经济新旧动能转换和转型升级。推动科技创新同绿色发展深度融合，在绿色能源、绿色基建、绿色供应链等领域开展更多合作，助力各国经济绿色低碳转型。

第三，坚持开放包容，助力改善民生。完善金砖工商合作内容和方式，支持中小微企业拓展生存和发展空间，助力提升各国经济发展的普惠性、包容性。积极引导资源向减贫、教育、基础设施建设等民生领域倾斜，让金砖工商合作更好造福各国人民。

---

* 在 2022 年金砖国家工商论坛上的演讲，2022 年 6 月 22 日，个别文字较原文略有改动。

始终将服务改革开放摆在工作突出位置

党的十八大以来，以习近平同志为核心的党中央将全面深化改革纳入"四个全面"战略布局，围绕"完善和发展中国特色社会主义制度、推进国家治理体系和治理能力现代化"这一总目标，全面深化经济体制、政治体制、文化体制、社会体制、生态文明体制、国防和军队改革以及党的建设等各领域改革，开创了改革开放新局面。

其中，经济体制改革是全面深化改革的重点领域之一。作为一名长期从事经济金融工作的政协委员，我对此领域关注也更多一些。新时代以来，针对我国经济在前期高速增长中积累的矛盾问题，党中央鲜明提出深化供给侧结构性改革，推动形成一系列理论成果、实践成果、制度成果，为经济金融高质量发展注入了强劲动力。

在金融领域，成立中央金融委、中央金融工委，强化党中央对金融工作的集中统一领导；加大对制造业、科技创新、小微企业、乡村振兴、绿色发展等领域支持力度，重点领域和薄弱环节金融服务不断加强；完善市场化利率形成和传导机制，推进贷款市场报价利率（LPR）改革，实体企业融资成本不断下降；全面实施资管新规，坚决清理乱加杠杆等乱象，金融脱实向虚势头得到扭转；稳妥推进中小金融机构改革化险，严厉打击违法违规金融活动，社会金融秩序基本实现"由乱到治"；设立科创板并试点注册制，设立北京证券交易所，资本市场改革持续发力。

在扩大对外开放方面，推动实施更大范围、更宽领域、更深层次的全面开放，加强双边、区域和多边合作，我国已成为 140 多个国家和地区的主要贸易伙伴；全面实行外商投资准入前国民待遇加负面清单管理制度，规则、规制、管理、标准等制度型开放加快推进；启动沪深港通、沪伦通、债券通，放开外资金融机构在华持股比例限制，金融市场开放力度日益增强；高质量共建"一带一路"，签署 RCEP 等多个双边、多边自贸协定，全球经济合作网络进一步拓展；提出全球发展倡议、全球安全倡议、全球文明倡议，推动构建人类命运共同体从理念转化为行动、从愿景转变为现实。

上面提到的这些，是党的十八大以来全面深化改革实践的一小部分，其他领域的改革还有很多。这些改革成就，充分彰显了习近平总书记巨大的改革勇气和强烈的改革担当，充分彰显了以习近平同志为核心的党中央将改革进行到底的决心和意志，是"两个确立"决定性意义的生动证明。

习近平总书记强调，人民政协要聚焦党和国家中心任务履职尽责，紧紧围绕大局，深入协商集中议政，强化监督助推落实。作为政协外事委员会的一员，我比较关注对外开放方面的改革，也一直在认真学习习近平总书记相关重要讲话精神，积极为构建高水平对外开放新格局建言献策。我体会，下一步可以考虑推进以下两方面改革：

一是深耕金砖合作机制，服务制度型开放。2023 年 8 月，金砖国家领导人达成金砖扩员的重大决定。数据显示，2023 年金砖国家在全球经济中的份额达到 35.7%[①]。金砖合作机制不仅在贸易、科技、绿色等领域具有重要作用，在标准化建设方面也有合作潜力。在监管协调方面，促进金砖国家间跨境支付、信用评级和监管框架等金融领域标准体系的开放与合作。在标准互认方面，金砖合作机制提供了技术机构、社会组织和企业等主体参与标准合作的渠道，可以开展标准化联

---

① 数据来自俄罗斯卫星社。卫星社对世界银行数据进行统计，并按购买力平价计算。

合试点，举办标准化能力建设培训。在提升国际标准化话语权方面，金砖国家可以在绿色发展、数字经济、生物经济等新兴领域，共同研制国际标准或区域标准，以"金砖＋"模式推动标准化合作。

二是把握全球产业转移整体趋势，统筹开放与安全。习近平总书记在二十届中央政治局第二次集体学习时强调，要顺应产业发展大势，从时空两方面统筹抓好产业升级和产业转移。当前的产业转移既有内生规律，也有部分经济体"制造业回流"战略等外部扰动，这对我国来说既是挑战也是机遇。我们可以发挥产业金融的牵引作用，支持产业全面升级。例如，利用设备更新改造专项再贷款等新型政策工具，助力传统制造业产业升级；提供"融资、融智、融商"全方位金融服务方案，切实保障高精尖企业的资金需求。同时，顺应我国通过提供中间品参与全球贸易分工的大趋势，加强中间品厂商竞争力和产业链嵌入程度，促进内外产业深度融合，打造自主可控、安全可靠、竞争力强的现代化产业体系。

改革开放以来，党的历次三中全会研究的都是重大改革议题。二十届三中全会立足党的十八大以来全面深化改革取得的历史性成就，面向百年变局下国际形势新变化、我国发展新特征，就进一步全面深化改革、推进中国式现代化进行谋划部署，意义十分重大。个人比较关注以下几方面改革：

一是关于发展新质生产力的改革。在当前技术迭代加快、颠覆性创新频出、跨领域融合加深的背景下，科技创新越来越成为大国竞争制胜的关键。通过深化科技、教育和人才等体制改革，将我国庞大的科技资源更好组织起来，发挥社会主义新型举国体制优势，推动传统产业加快升级、新兴产业加快壮大、未来产业加快布局，对于我国实现高水平科技自立自强至关重要。

二是关于扩大高水平对外开放的改革。近年来，全球发展和安全形势日益复杂严峻，贸易保护主义抬头，逆全球化趋势加剧。在这种情况下，我国应该坚定扛起经济全球化大旗，形成更高水平对外开放的制度环境和制度优势，以内外循环畅通促进产业结构优化和技术升级，不断塑造发展新优势。

三是关于金融方面的改革。在 2023 年的中央金融工作会议和 2024 年初的省部级班上，习近平总书记提出建设金融强国的宏伟目标，以及打造"六个强大"关键核心金融要素、构建"六大支柱"中国特色现代金融体系等任务要求，为金融高质量发展提供了根本遵循。接下来，要通过深化金融供给侧结构性改革，更好支撑和促进这些目标任务的落地。

健全跨境金融服务体系
助力高水平对外开放[*]

党的二十届三中全会通过的《中共中央关于进一步全面深化改革、推进中国式现代化的决定》（以下简称《决定》），就完善高水平对外开放体制机制作出重要部署，强调要"建立健全跨境金融服务体系，丰富金融产品和服务供给"。这是更好满足跨境贸易和投资需要的战略举措，将为扩大高水平对外开放、拓展中国式现代化发展空间提供有力支撑。

一、新时代我国跨境金融发展成效显著

党的十八大以来，我国有序推进金融业开放，持续拓展金融开放的广度和深度，跨境金融产品不断丰富，服务体系逐步完善，服务能力持续增强，跨境金融发展取得重要成果。

一是服务进出口贸易能力持续提升。贸易结算规模稳步扩大，中国银行业协会贸易金融专业委员会统计数据显示，2023年我国商业银行国际结算金额再创历史新高，达到11.57万亿美元，较上年增长4.4%。贸易结算方式更加多样便捷，银行和支付机构积极推行数字化、自动化结算流程，提供快速、安全、低成本的结算服务。贸易融资环境持续优化，稳步创新贸易金融产品，满足企业多元化跨境融资

---

* 本文发表于《人民政协报》，2024年8月3日第1版，个别文字较原文略有改动。

需求，2023 年国际保理业务同比增长 16.7%。金融服务模式更加精准，针对高新技术和专精特新企业实施跨境融资便利化政策，降低企业融资成本。

二是支持企业对外投资渠道更加通畅。在全球跨境投资整体收缩的背景下，我国对外直接投资仍表现强劲、逆势上涨，2024 年上半年对外非金融类直接投资 726.2 亿美元，同比增长 16.6%。在助力中资企业"走出去"过程中，跨境金融服务扮演了关键角色。金融机构境外网络布局逐渐完善，基本覆盖主要国际金融中心以及重点市场，截至 2023 年 6 月末，中资银行在境外 71 个国家和地区设立了 295 家一级机构，为"走出去"中资企业提供便捷金融服务。国际金融合作进一步深化，我国金融机构深度参与国际经贸合作，发起成立"一带一路"银行间常态化合作机制（BRBR）、"一带一路"绿色投资原则（GIP）等，开展多层次跨境金融合作，拓宽中资企业境外投融资渠道。

三是金融市场对外开放持续扩大。境内外金融市场互联互通稳步推进，沪深港通规模不断扩大，2023 年北向日均成交额超千亿元人民币，沪伦通模式拓展至与德国、瑞士的互通合作，"债券通""互换通"相继推出，基金互认、ETF 互挂、跨境理财通等试点持续推进。市场准入有序放宽，取消银行、证券、基金管理等领域外资持股比例限制；QFII/RQFII 全面取消额度限制，截至 2023 年末，已有 802 家境外机构获批合格境外投资者资格；部分外资机构获批参与企业债务融资工具承销、国债期货交易试点。我国金融市场的国际认可度进一步提升，中国国债被纳入彭博巴克莱、摩根大通、富时罗素三大全球主流债券指数，截至 2024 年 5 月，已有 1100 余家境外机构进入中国银行间债券市场，持债总规模超过 4.2 万亿元。

四是人民币国际化取得积极进展。人民币在国际收支结算中的重要性提升，2024 年 6 月，人民币在国际支付中占比达 4.61%，保持全球第四大支付货币位置；人民币成为我国跨境收付第一大结算币种，

2023 年人民币跨境收付总额 52.3 万亿元，同比增长 24%。人民币投融资和储备功能增强，人民币贸易融资产品需求持续增加，2024 年 6 月，人民币在国际贸易融资中的占比达 5.99%，是仅次于美元的贸易融资币种；人民币作为储备货币，被超过 80 个境外央行或货币当局纳入外汇储备。人民币国际化网络更加完善，境外人民币清算行和央行间双边本币互换协议数量持续增长，人民币跨境支付系统（CIPS）在全球持续推广，业务范围覆盖超过 180 个国家和地区。数字人民币推广力度持续加大，数字货币桥等多边支付解决方案投入试点，应用场景逐步扩大，为人民币跨境收支业务和国际化进程提供了新的技术支撑。

二、新形势下跨境金融服务面临新任务

当前，世界之变、时代之变、历史之变正以前所未有的方式展开，全球新一轮科技革命和产业变革方兴未艾，国际力量对比深刻调整，我国推进高水平对外开放面临新的形势。健全跨境金融服务体系，必须把握我国对外开放的新趋势、新特点、新任务。

一是面向新对象。随着数字技术、基础设施等发展变革，跨境要素流动更加便利，服务业可贸易特征不断增强，数字内容、数字服务、数据交易等数字贸易生态日益丰富；同时，以 RCEP、DEPA 等为代表的贸易协定不断推进服务贸易自由化，服务贸易开放度持续提升。2013 年至 2023 年，我国服务贸易进出口总额年均增长 7%，增速是货物贸易的 1.4 倍以上，成为我国国际贸易发展的新增长点。长期以来，我国跨境金融以服务货物贸易为主，亟须完善适应服务贸易、数字贸易发展的跨境金融服务体系，加强与服务平台合作对接，为贸易新业态新模式提供高效便利的金融服务。同时，货物贸易内部结构也在发生趋势性变化，以"新三样"为代表的高技术、高附加值、引领绿色转型的产品成为我国新的出口优势。2023 年，"新三样"产品出口突破万亿元，同比增长近 30%。伴随我国出口动能由中国制造向中国创造

迈进，需要有更多更适配的跨境金融产品。

二是拓展新区域。改革开放后，东南沿海地区是我国对外开放的主阵地，欧美等西方经济体是主要贸易伙伴。随着世界格局演变，我国正在采取更加主动的开放战略，将西北、西南和东北地区由对外开放的"末梢"推向"前沿"，形成沿海、内陆、沿边的全方位开放格局。相应地，我国跨境金融服务体系的区域布局也需要作出调整。在深耕出口业务集中的东南沿海地区基础上，对新疆、黑龙江、西藏等对外开放"后发地区"，也需做好跨境金融布局，强化贸易融通与资金融通联动；同时，还要结合我国对外开放新局面，推动中资金融机构优化完善"一带一路"、RCEP 等区域境外网络布局，依托真实贸易和融资需求，提升便利化水平，通过联合融资、风险分担等方式开展更加广泛的国际业务合作。

三是服务新模式。当前，我国企业"走出去"步伐更加稳健，嵌入全球产业链价值链的深度持续增加。在传统的支付结算、贸易融资需求之外，"走出去"企业在投资建厂、资金运作、员工管理等场景中出现更复杂的金融需求，呼唤更具专业性、辨识度和附加值的跨境金融服务。例如，在企业对外投资过程中，在目的地环境研判、境外投资登记、国际收支申报等环节，需要咨询顾问服务支持；随着企业版图拓展，需要将全球分支机构账户进行统一管理，建立"财资中心"，实现司库管理规范化、体系化。金融机构亟须提升综合化跨境金融服务能力，为企业国际化经营提供更好支持。此外，境内外投资者资金双向流动的需求不断攀升，需要稳步优化创新金融市场互联互通的渠道和模式，更好满足全球资产配置和风险管理需求。

四是应对新风险。随着外部环境不确定性上升，跨境金融服务面临的风险更具复杂性、扩散性和危害性。受地缘政治影响，我国金融机构在国际金融基础设施使用、境外金融资产安全等方面面临威胁，企业"出海"投资面临政权更迭、恶意审查等问题，要求我国加强金融基础设施建设，并密切关注政治氛围变化，做好风险识别与应对。在跨境资金流动方面，美西方国家宏观政策外溢可能带来外部冲击、引发汇率波动，需要进一步加强开放条件下跨境资金流动管理和风险防控，完善风险预警和隔离机制。在金融数据安全方面，数据跨境流动更加频繁，需持续提升数据安全治理能力。

三、推动跨境金融服务体系建设迈向更高水平

党的二十届三中全会指出，开放是中国式现代化的鲜明标识，必须坚持对外开放基本国策，坚持以开放促发展，建设更高水平开放型经济新体制。要通过建立更高质量的跨境金融服务体系，为高水平对外开放提供更有力的金融保障。

一是以安全高效为目标，健全跨境金融基础设施。跨境金融基础设施是跨境金融服务体系的基石。要着力构建自主可控的跨境支付体系，形成以人民币跨境支付系统（CIPS）为主渠道，商业银行、清算机构等多渠道共同发展的跨境支付体系，在提升跨境支付便利性的同时，做好应急准备，增强全球金融信息传输和交易渠道把控能力。推进银行间清算系统、证券交易所、期货市场等境内外金融基础设施高效连通，减少跨境交易时间延迟和成本，探索建立统一的数据交换标准、电子签名认证等机制，确保数据在不同系统之间顺畅流转，为跨境金融服务高效运行奠定坚实基础。

二是以新技术应用为支撑，创新跨境金融产品和服务。强化科技赋能，借助区块链、云计算等技术，打造弹性可扩展的跨境金融服务平台，建立贸易融资信息实时共享机制，并根据跨境业务需求波动灵活调整资源配置，高效响应市场变化和客户需求。依托大数据等技术，从跨部门、跨地区的交易数据、市场动态中提取有价值信息，实现数据可信交换和交叉核验，为中小微企业提供更充分信贷支持。运用人

工智能等技术，为客户提供全天候智能服务，简化业务流程、提升支付效率、延伸服务边界，提升跨境金融服务的便利性和可得性。

三是以制度型开放为牵引，积极参与全球金融治理。我国正由商品要素流动型开放向制度型开放转变，由国际经贸规则的跟随者向制定者转变。要稳步扩大金融领域制度型开放，促进金融规则、规制、管理、标准与国际衔接，为跨境金融服务提供更加透明、稳定、可预期的法律与政策环境，减少跨境金融服务中的不确定性和摩擦。构建更加紧密的跨境金融合作网络，加强与外资金融机构合作，提升跨境金融服务的覆盖面和质量，满足不同市场的客户需求。积极参与国际金融治理，提升我国在重大国际金融规则、标准制定中的话语权和影响力，加强跨境风险防控合作，增进跨境金融服务的安全性和稳定性。

四是以稳慎扎实为导向，拓展金融市场互联互通。在保证金融稳定和安全的前提下，进一步提高我国金融市场开放和准入程度，完善合格投资者管理政策框架，优化沪港通、深港通、债券通等制度安排，拓展互联互通渠道，实时监测和定期评估全球经济金融走势，动态调整开放的步伐和方向。强化自贸区统筹谋划和系统集成，形成自贸区统筹发展机制，促进各自贸区协调互补，形成有机整体。充分考虑区域产业基础和市场需求，激发各自贸区比较优势和发展潜力，加强与周边地区联动。依托香港人民币离岸金融中心地位，逐步拓展跨境人民币投融资渠道，推出更多的人民币计价证券、人民币衍生工具、人民币投资组合等，提高人民币金融资产的流动性，深化内地与香港金融市场的双向联通，稳慎扎实推进人民币国际化。

五是以全球资源配置为重点，建设强大的国际金融中心。建设金融强国需要有强大的国际金融中心，《决定》强调要加快建设上海国际金融中心。要以跨境金融服务、新型国际贸易等为重点，加大便利化政策和服务供给，增强金融支持上海总部经济特别是跨国公司发展能力，提升跨境金融综合化服务水平。以建设国际金融资产交易平台为抓手，聚集全球范围内的金融资产和资金，吸引更多国际机构和投资者。以发展"上海价格"体系为目标，扩大上海黄金、上海原油等商品期货价格的全球应用，使其成为国际大宗商品交易的重要参考，提升人民币全球定价能力。同时，深化长三角一体化发展，推动金融和科创有效联动，为国内外企业提供更高效、更便捷的跨境金融服务。

　　健全跨境金融服务体系，是我国金融体制改革的重要内容，也是推进高水平对外开放的关键环节。我们要认真学习贯彻党的二十届三中全会精神，在以习近平同志为核心的党中央坚强领导下，不断完善高水平对外开放体制机制，形成更大范围、更宽领域、更深层次对外开放新格局，为中国式现代化建设开拓空间，为世界经济繁荣贡献力量。

第五篇
感悟银行经营管理之道

商业银行经营管理十五组关键词*

    商业银行经营管理包罗万象、纷繁变化，既是一门科学，也是一门艺术。尤其是在当今世界百年未有之大变局下，在"乱花渐欲迷人眼"的创新变革时代，做好银行经营管理，更需要不忘初心、洞察本质，回归最基本的经营要素和发展规律，回归最基础的管理之道和底层逻辑。笔者履职银行业较长时间，在实践中对商业银行经营管理之道有所感悟，总结和提炼了十五组关键词。这十五组关键词也是银行经营管理的一些基本范畴和若干关系，正确认识、正确处理有利于做好国有大行的各项工作，从而更好地落实金融工作"三项任务"和促进健全具有高度适应性、竞争力、普惠性的现代金融体系。

---

  * 系列文章发表于《现代金融导刊》，2020 年第 4 期、第 5 期、第 6 期，个别文字较原文略有改动。

统筹核心要素

资本、资产、资金

商业银行经营管理核心原则是安全性、流动性和效益性"三性"统一。资本、资产、资金对应"三性"不同的侧重点。资本是体现风险抵补能力的重要形式，资产是盈利的重要手段，资金是流动性管理的重要内容。三者相互联系、相互影响、相互制约，需要管理与统筹、平衡与优化。

（一）资本。资本是银行经营发展的基础性、战略性资源，是吸收各种风险的最后手段，包含三个视角。一是账面资本，又称会计资本，代表财务视角。是银行资产减去负债的净额，即所有者权益。包括股本、资本公积、盈余公积、一般准备、未分配利润、其他权益工具（优先股、永续债）等。账面资本管理需综合考虑资本总量、结构和成本。二是监管资本，是银行持有的、符合监管机构要求的资本，代表监管视角，主要强调资本工具吸收损失的功能。具体包括核心一级资本、一级资本、二级资本。三是经济资本，代表银行内部管理视角，是银行以风险调整资本回报率（RAROC）、经济增加值（EVA）等指标体系为管理手段，用于弥补一定条件下超过平均损失的部分即非预期损失需要的资本。不同银行经济资本计量规则是不统一的，不具有可比性。

资本管理在现代商业银行经营管理中十分重要。不仅涵盖资本补充，也涵盖资本使用；不仅强调资本回报，注重收益性，也强调风险约束，注重流动性和安全性；不仅是满足监管的需要，也是主动战略传导、促进风险收益平衡、提升价值创造能力的内在要求。

当前，在统筹做好疫情防控、金融保障和经营管理工作的要求下，商业银行资本管理面临较大压力。必须坚持资本补充与管理挖潜两条腿走路，促进资本供给与资本需求动态平衡，并保有一定的安全边际。一是从战略层面提升资本管理的有效性。以提高资本利用效率为核心，做好跨品种、跨条线、跨机构的发展规划和资本配置顶层设计，以资本管理引领业务结构优化，坚定走轻资本发展道路。二是强化资本管理的战略传导。从工具、考核、定价、培训等全链条入手，加快完善经济资本计量政策和配套机制，深化资本在经营管理中的全面应用，主动压降低效无效资本占用。及时认真研究全球系统重要性银行关于资本的要求，调整优化有关资产结构。三是积极推进资本补充和工具创新。统筹优先股、永续债等工具，拓宽资本来源。

（二）资产。资产是企业在经营活动中积累形成的，由企业拥有或者控制、能够带来一定经济利益的资源。与实体企业相比，银行经营中对资产的观察视角有两个显著特征：一是作为经营风险的企业，银行更加关注资产的风险属性，不仅要看账面资产，也要看风险加权资产。二是随着业务范围从传统的"存贷汇"向综合金融服务的转型，银行更加关注资产的多层次性，不仅要管好自身持有的资产，也要管好代客资产。一般来讲，银行的"资产"包括三个层次：第一层次，传统定义或会计概念上的表内资产，包括现金存款、拆放同业、短期贷款、应收账款和坏账准备等。第二层次，表外或有资产，包括贷款承诺、银票、信用证和保函等，这一类是资产属性，需要承担信用风险。第三层次，管理的客户资产，也就是通常所说的表表外资产。按照代客理财和托管清算的职责，这类资产银行不承担风险，但实际上会承担相应道德责任。

银行加强资产管理，要重点从三个方面着眼。一是在总量上，要合理适度。规模增长是有边界的。既要保持一定的信贷增速，提升对服务实体经济的适应性和支持力，又要做到规模增长与资本补充、与风险管理能力相匹配。二是在投向上，要动态优化。做好大类资产配置，把好贷款的品种、期限、行业和区域结构，优化债券投资组合，增强优质资产的组织和投放能力，把"好钢用在刀刃上"。三是在方法上，要善于创新。按照表内外一体化管理的视角，建立信贷增量与存量并轨管理机制，建立信贷与非信贷一体化服务体系，充分激发金融全要素的活力，促进表内资产、表外资产、管理资产的平衡协调发展。

（三）资金。资金是银行运营的命脉，是银行通过吸收存款、主动负债等形式获得的，支撑信贷等资产业务发展的主要经营资源。银行经营的基本原理之一，就是利用资金的时间差、空间差及使用权让渡，衍生出丰富的经营内涵。与资产的多元化相对应，随着金融创新的深入，商业银行的资金来源也具有了更丰富的含义，不仅包括传统的存款，也包括主动负债；不仅包括表内负债，也包括代客理财形成的表外资金。

近年来，商业银行资金的筹措运用日益复杂，总量、结构和成本的平衡难度逐渐加大。商业银行应加强对资金流转规律的研究和把握，平衡好各项资金来源运用，提高资金运用效率和效益。一是站在立行之本的高度抓好存款工作。在存款业务发展上，努力走自力更生、自求平衡的道路。二是坚持守正出新，夯实存款基础工作，使存款增长更多建立在客户基础的壮大上，建立在产品服务核心竞争力的提升上。三是抓好资金来源和运用的统筹平衡。在资金来源上，坚持主动被动负债、表内表外相协同，积极拓宽稳定资金来源。在资金运用上，坚持安全性、流动性和效益性相协调的原则，不断完善资金集中配置管理机制。

总的来说，对资本的配置和运用，在一定程度上决定着一家银行业务发展的速度、规模、结构，进而对资产、资金产生重要影响。资金的规模、构成、期限、成本、效率等，直接影响银行的资产、盈利与安全状况。资产与资本的比率，即为企业经营的杠杆率。运用杠杆，企业能够以既定的资本投入撬动更大的资产规模，提高资本回报。银行经营要摆布好这三个要素，实现资源的最优配置。

品牌、文化、创新

银行经营发展，需要软硬结合、刚柔相济。不仅要有资金、资产、资本等硬实力，也要有品牌、文化、创新等软实力。软实力需要经过时间的打磨和沉淀，而一旦形成，就具有强大的生命力，难以拷贝复制。软实力是一家银行从优秀到卓越、从"高原"到"高峰"不可或缺的关键因素。

（一）品牌。品牌是消费者对企业及其产品的认知度，是具有经济价值的无形资产。品牌最早的出现就是为了加深识别与记忆，吸引受众，建立影响。

银行做好品牌工作，要克服三个认识误区，处理好三个关系。一是克服"对品牌投入可以缓一缓"的认识误区，处理好品牌资源配置与价值回报的关系。很多企业习惯于把资源配置到那些看得见、摸得着、能立竿见影产生经济效益的地方。实际上，在客户更加重视服务品质和消费体验的时代，品牌的传播力、影响力和营销力是惊人的。换句话说，今天在品牌建设上资源投入所取得的边际收益会越来越高，其投资属性越来越突出。

二是克服"品牌可以依附于业务发展自动生成"的认识误区，处理好品牌工作当前与长远的关系。品牌工作可以通过业务发展来促进，但绝不能以业务发展代替品牌建设。品牌工作有自身特定的规律，必须尊重规律，兼顾即期与长期、战略与战术。

三是克服"品牌是特定部门特定人的事情"的认识误区,处理好品牌工作各司其职与形成合力的关系。品牌的根本是"承诺"和"践诺",银行应着眼于目标品牌的建设,让客户对银行的服务与产品承诺产生信任和依赖,提升品牌的美誉度和影响力。因此,品牌建设渗透于银行经营管理的各个环节,需要每个机构、每个人的共同努力。

(二)文化。企业文化是企业的灵魂,是企业在长期经营管理实践中逐步形成,员工普遍认同和遵循的经营思想、价值取向、思维方式、规章制度、行为准则及企业形象的总和。具体包括三个部分。一是精神文化。这是企业文化的本质要素和核心特征,包括使命、愿景、价值观、基本理念等。二是制度文化。这是企业价值取向的固化,是员工行为的对照标准,包括各种规范、制度、流程、准则等。三是物质文化。这是企业文化的外在形象,也是社会公众感知企业文化的主要载体,包括员工着装礼仪、企业识别系统、产品、广告等。文化是试金石,校验着银行人;是磨刀石,打磨和塑造银行人;是磁石,吸引和凝聚同路人。

银行应与时俱进,吐故纳新,传承创新,不断丰富和发展具有自身特色、体现时代精神的企业文化。一是将企业文化建设融入党的建设。坚持党的领导,确保企业文化沿着正确方向健康发展。用文化理念和文化形式,促进党的建设各项工作,创新拓宽党建工作渠道和内容,提高党建工作质量。二是将企业文化建设融入公司治理体系。建立党委统一领导、牵头部门组织协调、相关部门发挥优势、广大员工积极参与的工作机制,以企业文化的落地深植,促进治理能力的提升。三是将企业文化建设融入经营管理。推进文化理念与战略规划、愿景目标、制度体系的对接,以文化力量团结和激励队伍,引领和支撑现代金融企业建设。

(三)创新。创新是改进或创造新的事物、方法、元素、路径和环境。创新是一个系统工程,包括理论创新、制度创新、科技创新、管理创新、产品创新、文化创新等方面。在所有创新活动中，科技创新居于突出位置。创新是引领发展的第一动力，居新发展理念之首。

银行抓创新就是抓发展，谋创新就是谋未来。创新要因势而谋，顺应宏观大势，把握市场形势，洞悉科技趋势。要以敢为天下先、敢为人先的锐气，打破思维定式和路径依赖的局限，对事物做新思考、对结构做新调整、对工作做新谋划，灵活务实地找到适合自身的创新转型之路。同时，要避免为创新而创新，避免偏离航道和超越边界的"伪创新"，始终将服务实体经济作为创新的出发点和落脚点。

品牌、文化、创新，不是彼此孤立存在的，本质上一脉相承，相互渗透影响。品牌主外，传播文化；文化主内，滋养品牌；创新打通内外，为品牌、文化赋能。对一家企业来讲，文化负责"腹有诗书"，品牌负责"气质自华"，创新负责"与时俱进"。如果将企业比作一个人的话，品牌就是形象，文化就是灵魂，创新就是能量。企业有什么样的创新气质和文化底蕴，就表现出什么样的品牌个性。要通过创新基因的注入和企业文化的塑造，撬动广大客户对银行品牌的"认同感"与"情感共鸣"，致力于成为客户首选银行和满意银行。

员工、人才、领导

员工、人才、领导，都是银行宝贵的人力资源。人是生产力要素中最活跃的因素，也是发展的最大变量。做好经营管理工作，说到底是做好人的工作。没有一个坚强有力的领导班子，没有一批高素质专业化的人才团队，没有一支有凝聚力和战斗力的员工队伍，银行不可能面向未来、创造未来。

（一）员工。员工是银行的主体，是发展成就的创造者和书写者。发展依靠员工，发展也成就员工。要坚持以人为本，建设一支总量合理、结构优化、充满活力的员工队伍，凝人心、集众智、促发展，实现员工与银行的共同成长。

首先，要向员工赋能。根据员工职业发展特点，建立分阶段、多样化的培养机制，培育挖掘员工内在价值，增强"兵对兵、将对将"的市场拓展能力。其次，要向岗位赋能。岗位的"专"与"通"是辩证关系。对银行本部而言，可适当多一些专岗，突出专业性、精深化要求；对经营机构而言，可多设通岗，更多强调岗位的通用性和职能的综合化。最后，要向管理者赋能。加强各级管理者做员工工作的能力培养，使直线管理者成为人力资源管理的业务伙伴。

（二）人才。人才是战略资源、第一资源。面对日趋激烈的人才竞争，必须着眼实施人才强行战略，建设人才高地，让良将如云、群星璀璨。

一是选好人。"治天下者，用人非止一端，故取士不以一路。"要树立"大人才观"，坚持德才兼备、以德为先，坚持五湖四海、任人唯贤，广开进贤之路，让更多优秀人才脱颖而出。二是育好人。培养一批能够引领传统金融业务转型升级的"尖刀型"人才，一批具备国际视野、熟悉国际规则的人才，一批创新水平高的金融科技人才，一批敬业和专业的"大行工匠"，一批战略条线的"种子选手"。育才造士不能"放养"，要加强"田间管理"，精耕细作。既加大教育培训力度，又加大实践锻炼力度，在严峻复杂的斗争中经风雨、长才干，锻造烈火真金。三是用好人。完善人才评价机制，重点看解决实际问题的能力，看实实在在的业绩，看人才在专业价值创造中的地位、作用、贡献。重视以事择人、人岗相适，考虑"该用谁"而不是"谁该用"。

（三）领导。领导是银行的领路人、带头人，发挥着率领、引导、组织、指挥、协调等作用，促进实现共同目标。领导的格局、视野、责任、素质、能力，直接影响着银行发展。要按照"对党忠诚、勇于创新、治企有方、兴企有为、清正廉洁"的要求，建设好银行机构领导人员队伍。

一是突出政治标准和专业素养。选什么样的领导人员，政治标准是第一标准、是硬杠杠。首先要看在政治上是否忠诚，理想信念是否坚定，是否真正增强"四个意识"、坚定"四个自信"、做到"两个维护"，是否坚决贯彻党中央决策部署，是否站得稳、过得硬、靠得住。同时，要讲专业化。"工贵其久，业贵其专"。银行工作是专业性很强的工作。银行领导人员必须注重专业知识、专业素养、专业能力的打造，善于以专业视角作出专业决断，以专业底蕴把握工作规律。二是选优配强领导班子。着眼银行未来发展对领导干部数量、素质和结构的需求，做好科学规划、提前储备和统筹使用，防止急用现找、降格以求。重点是选优配强"一把手"，进一步优化班子的年龄和专业结构，使班子成员能够相容互补，提升班子整体功能。三是加大优秀年轻干部的培养选拔力度。坚持宽视野发现、多维度培养，确保银行发展代际传承、后继有人，基业长青。

员工、人才、领导这三个主体，在银行经营实践中是内在统一的。领导来源于员工，员工人人皆可成才。从更普遍的员工范畴来说，领导和人才都属于一家企业的员工，只不过是职责分工不同。而且，随着职业生涯的发展，三个主体可以相互转化、互相成就。对银行经营来说，最根本的还是要调动起不同主体的主观能动性，真正做到以人为本、与人为善、事在人为、人人有责。

把准服务逻辑

客户、产品、渠道

客户、产品、渠道是银行的服务对象和经营手段。产品是客户服务的主要载体，是获客活客留客的抓手。客户与银行的每一次连接都是渠道的延展。客户、产品、渠道对应银行服务中必须要回答好的三大基本问题：客户思维、如何服务、在哪服务。金融服务的实质，就是将合适的产品，通过合适的渠道，提供给合适的客户。

（一）客户。客户是银行价值创造的源泉，是所有产品和服务的最终归宿。从一定程度上讲，客户基础决定了银行规模，客户结构决定了银行风险，客户质量决定了银行竞争力。随着互联网背景下客户主体、客户分布和客户行为模式的深刻变化，客户概念及内涵从狭义向广义、从静态向动态、从存量向流量转变。不仅要关注"开立银行账户"的传统意义客户，还要关注"使用银行服务"的广义用户；不仅要关注中高端客户，还要充分挖掘长尾客户价值；不仅要关注客户资产等存量数据，还要关注客户动态交易行为；不仅要关注客户即期收益贡献，还要关注客户长远综合价值。要关注疫情带来的客户行为变化，因时而变、因势而变，加快提高银行数字化服务的能力。

面对这一新趋势，银行要坚持全市场布局、全板块统筹，围绕谋客、获客、活客、留客四个核心环节发力聚力。一是在谋客上，需要做好客户拓展和市场规划的顶层设计，提升"本部大脑"的战略管理水平和战术支援能力，加强对基层的具体营销指导。二是在获客上，着力实现线下向线上的延伸。牢记"基础在线下，突破在线上"的客户发展逻辑，转变以自我为中心、包打天下的思维，树立开放包容的心态，善用外智，善借外力，实现优势互补，互惠共赢。三是在活客上，注重 G 端、B 端、C 端联动，通过交叉销售等方式，激活存量客户，尤其是长尾客户的价值，实现聚沙成塔而不是广种薄收。四是在留客上，建立客户全生命周期的动态监测机制，建立客户体验改善的常态机制，把"匆匆过客"变成"常住人口"，实现客户吸引到位、活跃转化有效、长期留存稳固。

（二）产品。产品是被人们使用和消费，并能满足客户某种需求的东西，既包括有形产品，也包括无形服务。有了好产品，场景和平台才能发挥作用。

银行要立足互联网时代客户需求痛点和市场热点，打造具有市场统治力和影响力的明星产品。一是在创新导向上，突出以客户为中心，将"客户需要什么、银行能提供什么"作为产品创新的基础逻辑。关键要想清楚以下几个问题。即产品解决什么问题（客户痛点），为谁解决这个问题（客户画像），有多少人需要解决这个问题（市场规模），大家怎么解决这个问题（同业分析），我的解决方案能否胜出（竞争优势），用户遇到问题首先会想到哪个名字（口碑品牌）。二是在创新重点上，从"做功能"向"做体验"转变，关注细节，减少冗余，打通断点，形成简洁、高效、友好的极致体验，并持续迭代优化。三是在创新推动上，坚持自上而下与自下而上并重，充分发挥产品部门的创新主体作用，以及科技部门、客户部门的统筹整合作用，既增强创新的"原动力"，又避免各自为战，提高在客户端的整合输出能力。

（三）渠道。渠道是银行与客户的"触点"，是兵家必争之地，经由渠道才能把产品和服务送达客户。金融科技时代，银行服务渠道也发生了重大变化，包括线下与线上、自有渠道与第三方合作、人工服务与智能服务等。

当前，银行在渠道建设上，应坚持线上线下两条腿走路。一是守住和用好线下基础优势。加快网点向"专业化、智慧化、体验化、轻型化"转型，把强大的网点落地服务与高效的线上服务有效结合，更好发挥网点价值创造作用。二是开辟线上获客、合作获客新途径。重视将手机银行作为线上的核心入口，拓展服务广度、打造产品深度、提升品牌"亮度"，实现一机在手、走遍全球；一机在手、尽享所有。大力推动渠道场景化、智能化、开放化建设，把银行"网点"开到第三方，实现场景嵌入、服务输出、引流获客，打造优势互补、互惠共赢的"金融朋友圈"。三是促进线上线下渠道的融合打通。以数据共享、流程衔接、业务协同为重点，增强各渠道联合作战能力，实现"一点接入，全程响应"。

产品、渠道是银行经营中践行"以客户为中心"服务理念的具体抓手。没有产品和渠道，就没有介入载体，获客就失去了可能。好的产品和渠道能够满足客户差异化、定制化需求，尤其是随着金融消费向线上渠道迁移，产品越来越成为激发客户使用欲望、决定客户体验和评价的关键要素。总之，要以更加开放的思维和视野，做优产品和渠道，用全量思维、全新手段获客活客。

个人、公司、机构

个人、公司、机构是银行经营的三大客群、三大业务板块、三大经营支柱。三大板块不仅要经营好自己的"一亩三分地"，还要以客户为中心画好"同心圆"，把经营视野扩展到全社会资金的大循环大流转之中，扩展到客户和业务的广泛联系互动中，打造个人端、公司端、机构端流动闭环，实现以公带私、以私促公、统筹联动、协同发展。

（一）个人金融板块。个人金融业务是银行经营压舱石、增长发动机、创新试金石、口碑传播器。特别是在经济下行压力较大的情况下，个人金融业务凸显弱周期效应和稳定器作用。

当前，商业银行个人金融业务发展具备良好机遇。一是尽管外部经济不确定性上升，但中国经济稳中向好、长期向好的基本趋势没有改变。经济转型升级的推进、人均可支配收入的提升，为个人金融业务发展带来广阔空间。二是随着中国城市化、城镇化进程的加快，为个人金融业务发展创造了巨大的市场。三是金融科技的快速发展，极大拓展了银行的服务半径，提高了服务效率，降低了服务成本，成为推动个人金融业务发展的利器。商业银行应站在时代的风口，抓住机遇，推动个人金融业务的经营模式变革与服务升级，按下"快进键"，跑出"加速度"。

（二）公司金融板块。公司金融是银行尤其是大型银行的常青树业务。公司金融发展要聚焦以下几方面重点发力。一是培养一批全天候的战略伙伴。聚焦一些直营客户、集团客户，做深"头部"，提升客户黏性和综合贡献。二是发展好普惠金融。这不仅是银行的责任担当，也是战略转型需要。通过做专线下、做活线上、做实保障，推动普惠金融增量、扩面、降本、保质，打通金融活水流向实体经济远端末梢的"经脉"。三是积极拓展新经济、新模式、新业态、新市场。敏锐"把脉"经济转型升级和新旧动能转换，完善行业布局，重点加强在5G、大数据、云计算、区块链、人工智能、物联网、工业互联网等新型基建领域或先导性产业的投入，抢占公司金融发展的制高点。

（三）机构金融板块。机构客户系统性强、影响力大、辐射面广、服务需求多，源头性、衍生性特点突出。相应地，机构金融业务具有交易金额大、成本费用低、边际收益高、资本占用少、规模效益明显等特点。当前及未来一个时期，机构客户资金管理模式将发生较大变化。随着政府、社保、军队等改革的陆续到位，以及资金管理集中化、信息化进程加速，机构资金的流转效率和使用效能将得到较大提升。

"源头存款沉淀减少、下游带动作用显著"将成为机构金融的新常态。必须敏锐把握机构客户资金流转的新规律新趋势，加快从"主抓存款"向"经营客户"转型，把机构金融的"护城河"挖宽凿深。

事物是广泛联系的，个人、公司、机构板块的发展也是如此。"分则各伤，合则共美"。三大板块互为支撑、相互联结、彼此带动。要进一步强化联动机制建设，拓展联动方式和渠道，增强联动效果，以全局观念和大气胸怀，构建多赢局面。

个人、公司、机构客户倒过来看就是 G 端、B 端和 C 端。从联动的角度看，可以形成 GBC 闭环，提高客户的复合效应，这是我们应努力做到的。如果实现 GBC 闭环管理、线上线下的协同管理和境内境外的宽域管理，客户的规模、结构、质量、贡献都会大不一样，我们要朝这个方向努力。

境内、境外、跨境

境内、境外、跨境是开放经济条件下银行的发展格局和经营布局。坚持国际视野、全球经营，统筹利用境内境外两个市场、两种资源，不仅是商业银行服务国家对外开放大局的需要，也是银行自身拓展发展空间、多元收益、分散风险、平滑周期波动的需要。

（一）境内。境内是中资银行经营的根基和大本营。从全球银行业的发展历史来看，大银行的规模实力通常与母国的经济体量相匹配，大银行的排名变化基本反映了一国经济实力的变迁。同时，境内机构强大也是境外机构壮大的基础，国际上的大银行基本上是本国金融市场上的执牛耳者。中国已是世界第二大经济体，2024 年国内生产总值接近 135 万亿元，占全球 GDP 的比重超过 18%。中国经济韧性好、潜力足、回旋空间大，仍然处在重要的战略机遇期，这是中资银行未来发展的最大机遇。这也决定了中资银行必须深耕本土市场，突出"中国元素"，抓住本土核心客户群，以境内辐射境外、带动境外、激活境外，在助推经济高质量发展中实现自身高质量发展。同时，要顺应传统外贸向"货物＋服务"贸易转变、传统外资企业向"引进来""走出去"双向投资客户转变、传统行业客户向新兴业态客户转变的趋势，加快推进境内国际业务升级发展，积极构建本外币、离在岸一体化经营机制。

（二）境外。境外是银行经营的潜力盘。目前，一些中资银行经营布局已经延展到境外，实现了跨国经营，但境外的资产和利润占比，以及在国际金融市场和全球金融治理体系中的影响力和话语权还需进一步提升。

党的十九大提出，推动形成全面开放新格局。中资银行应在这一宏大背景下，认清方向，找准定位，提升质量，构建国际化发展新格局。一要优化境外布局。以我国对外开放需求为导向，聚焦"一带一路"及经贸往来密切区域，做大做强核心节点市场。二要突出强化风控与合规管理。积极应对全球化进程"回头浪"的严峻挑战，加强风险管理、反洗钱、合规管理三大体系建设，坚持走审慎稳健、提质增效的国际化发展道路，走与集团战略相融合、与风控能力相适应的国际化发展道路，确保既能走出去，又能立得住。三要做强国际化经营的战略支撑，尤其是加强合规风控、小语种等关键人才的储备，打造一支既精通语言又熟悉当地监管规则，既精通金融业务又能融入当地文化环境的国际化人才队伍。

（三）跨境。跨境就是实现境内境外的融合打通，促进集团化发展与本地化发展的有效对接。中资银行要深化跨境联动的内涵，以战略协同为引领，以客户和业务协同为重点，以利益协同为动力，以风控协同为前提，以文化和人才协同为保障，提升"一点接入、全集团响应、全球化服务"能力。境内各条线要有全球视角，从经营理念、组织架构、合规管理、风险防控、产品流程、系统建设、业务布局、客户营销等方面进行优化调整，统筹好全球业务线布局和境内外一体化管理。境外机构要立足本地化、特色化发展，提升对跨境及本土客户提供综合金融解决方案的能力，依靠协作联动催生国际化经营的乘数效应，做到境内业务境外做，境外业务境内做，真正打通境内境外、在岸离岸、本币外币。

总的来说，做强境内，是站稳境外的依托和保障。拓展境外，是延伸和扩展境内服务链条的现实需要。跨境是连通境内、境外的纽带。银行经营要适时把握境内、境外、跨境经营的优先序和侧重点，不失时机做大做强做优布局，建设国际化大行进而打造国际化强行。

强化经营支撑

战略、机制、流程

战略、机制、流程是引领和保障银行发展的完整体系。一家企业的发展状况与其战略谋划和运筹能力密切相关，机制、流程则是促进战略在银行经营中付诸实践、取得实效的保障。战略决定方向，机制贯通全局，流程决定效果。

（一）战略。不同领域对战略有不同的概念和定义。对银行经营来讲，战略可以通俗地理解为，观大势、定大局、谋大事。具体包括战略目标、战略规划、战略分析、战略管理、战略执行等内容。战略是管总、管长远、管根本的，是引领发展的"风向标"，凝聚共识的"定盘星"，汇聚力量的"引力场"。

战略从根本上决定了一家银行能登多高、走多远、抵达何处。战略管理上要突出抓好以下几点。一是注重顶层设计。以愿景目标和战略取向统一思想，汇聚共同价值追求，形成全行一盘棋，全员一股劲。二是有分层谋划。在总战略、总布局之下，各分支机构要有相应的战略思考、领会和筹划能力，形成清晰的分层战略和分区域战略，体现各自特色和亮点。三是有战略定力和耐力。在前行道路上不分心、不走神、不偏离，坚持一心一意办银行，一张蓝图绘到底，一锤接着一锤敲，集中精力办好自己的事情，在专注经营发展中直达战略目标。四是强化战略执行力。好的战略是执行出来的。要解决好战略传导和执行中的"中梗阻"和"最后一公里"问题，打通堵点和断点，让战略与实践形成同频共振。

（二）机制。机制是经营管理各要素之间的结构关系和运行方式，是践行战略的重要保障。要靠机制的力量，建设一个有活力、有战斗力的组织。机制没有放之四海而皆准的模式，也不是一劳永逸、一成不变的，必须立足国情行情，与时俱进，调整优化，向改革创新要红利。

银行应重点从以下几个层面推进机制创新。一是完善公司治理。探索党的领导与公司治理有机统一的机制和路径，更好地促进党发挥作用的组织化、制度化、具体化。二是健全组织架构。核心是强化组织的效能，平衡好管理幅度与管理效率，同步提升经营活力、服务能力和风险控制能力。三是落实责任机制。压实"条""块"责任，统筹推进问责制度和尽职免责制度建设，既严格责任追究，又鼓励担当作为。四是理顺工作机制。在牵头与协作、集中与分散、标准化与个性化、线上与线下、业务与科技等关系的处理上，形成一个既科学又高效的工作机制。五是优化考核机制。处理好标准化与差异化、结果与过程、当期与长远、激励与约束等问题，强化穿透式考核、直通式管理，充分发挥考核评价的指挥棒作用，服务战略目标的实现。

（三）流程。流程就是各项工作的环节、步骤和程序，是银行运行的基础。流程根据客户服务或管理需要而设置，反过来又会影响客户服务能力和管理效能。如果流程设置合理，则能对流程链条上各节点起到充分的聚合效用，对整个工作做"乘法"，如果设置不合理，则会抑制协同作用的发挥，导致"去能力化"。

银行要真正按照"以客户为中心"的思想，在把握实质风险的前提下，不断将流程优化工作向纵深推进，促进渠道交付网络化、客户管理精准化、产品研发灵活化、风险管控系统化、运营保障弹性化、决策支持数据化、综合管理自动化。要倡导短流程，在横向上减少职能交叉和流程重复，在纵向上减少不必要的中间传导环节，消除流程缺陷和无价值作业。要通过流程优化，对内减少人力资源的"隐性占用"和价值创造的"显性耗损"，对外形成简洁、高效、友好的流程体验，并用客户评价和市场反馈来检验流程优化成效。

战略、机制、流程三者体现了从宏观到中观，再到微观层层递进的逻辑关系。一家成功的企业，往往有几个基本要素。一个是有正确的战略，另一个是有科学的机制性、制度性安排去实施这个战略，而战略和机制又必须贯穿、落实到具体流程中。这就像舞龙，龙头方向要正确，龙身要活起来，龙尾要动起来。要通过这三者之间的良性互动，实现竞争制胜、发展致远。

前台、中台、后台

前台、中台、后台是相对于银行组织架构和流程设置而言的。三者是银行经营管理和服务客户的有机组成部分，是既有所侧重又不能完全割裂的整体。通常而言，前台主要是市场营销部门，负责对个人、公司、机构客户的营销服务，与客户体验直接相关。中台主要是财务管理、资产负债管理、运营管理、产品创新研发和风险管理等部门，负责绩效考核、资源配置、业务运营、产品创新、授信审批、风险评价控制等。后台主要是人力资源管理、信息科技、办公管理等支持与保障部门。

前中后台分离，既相互制衡又协调配合，是银行劳动分工、提高效率的要求，也是目前国内外商业银行的普遍做法。比如信贷方面，前台营销部门应做好市场拓展计划，抓好客户营销组织和准入把关，承担具体贷后管理责任。中台授信审批部门应负责风险限额闸口把控，防范客户过度融资。后台信贷管理部门应立足系统性风险防控及转型发展要求，适时完善信贷政策制度体系，强化信用风险的统筹推动和协调管理。与此同时，前台部门要将市场拓展中的客户需求及时反馈给中后台，中后台制定政策制度时要做好与前台的常态化沟通，及时反馈监控中发现的风险问题，实现"政策先导—市场拓展—风险控制"的有机协同。

又如风险管理的"三道防线"，各级机构和前台部门作为第一道防线，承担着"风险所有者"的角色，需坚持业务发展与风险管理两手抓，将风控与合规要求融入制度流程、日常管理和监测检查中，努力将实质风险拒之门外。内控合规及风险管理部门组成第二道防线，承担着"风险管理建设者"的角色，需组织推动全面风险管理和内部控制体系建设，完善管理制度，统筹检查资源，督促建立和落实问题双线整改机制，努力将实质风险控于萌芽。内部审计作为第三道防线，承担着"风险监督者"的角色，需高度关注董事会、监事会和管理层重视的领域，从集团和全局视角，揭示影响经营发展和管理效率的体制、机制、系统、流程等方面的问题，分析风险背后的深层次原因，评价前两道防线工作的充分性和有效性，努力将实质风险防于未然。"三道防线"各司其职、把守关口、联动联防，共同扎牢风险防控的"篱笆"。

前中后台的有效分离及高效运作，是一个持续、动态的过程，绝非一日之功。难点在于，一是如何科学合理界定前中后台的职责分工。要既重流程，又防止"流程至上"的倾向。严密的流程是业务合规的保障，但一切唯流程、重形式不重实质，就会走向另一个极端，导致以流程合规推卸责任，造成"看似人人负责，其实人人无责"的问题。二是如何做到制衡与协同相统一。前中后台既要有独立的身份定位和清晰的职责划分，又要通过相应的制度安排和文化导向，如沟通对话、换位思考、捆绑考核、柔性团队等手段，建立高效协作机制，提高对市场需求的快速反应能力和联合作战能力。比如，在客户服务方面，前台直接面向客户，要深入挖掘客户需求，量身定制解决方案，以客户满意为评判标准。同时，客户服务的效率、质量、能力更多取决于中后台。中后台要听得见一线的炮火声音，并及时提供支援。前台就是中后台的一线，就是中后台的客户。如何贴近市场、贴近前台，形成中后台为前台、前台为客户的大服务格局，值得重视和研究。

如果将银行经营比作一出面向客户的"大戏"，则前台更像是舞台上的"演员"，与客户体验直接相关；中后台则是"幕后人员"，是整部戏必不可少的支撑和保障。前台、中台、后台是矛盾的统一体，关键在于通过机制安排与文化引导使三者达到均衡高效状态。

场景、平台、生态

场景、平台和生态日益成为银行竞争与获客的"利器"。场景聚合成平台，平台搭建出生态，这是一个由点到面、由面到域的逻辑演化。

（一）场景。场景不是互联网时代的专利，但却是伴随互联网发展而兴起。场景是以人为逻辑、以体验为核心、以连接为中心的一种商业环境。如果拆解来看，"场"是时间和空间，是物理概念；"景"是情景和互动，是化学反应。当用户在某个时空中，通过情景和互动去触发体验和行为，就形成完整的场景和效用。场景是服务的展示，本质是时间占有，拥有场景就等于拥有消费者的时间。

对银行来讲，衡量场景有效性有三个标准：客户流、资金流、信息流。客户流是指，有效的场景必须带来客户流，场景入口要轻、门槛要低，先将客户引流进来，再活客黏客，由轻及重，逐步把用户转化为客户。资金流是指，有效的场景能实现流量变现，产生价值贡献。信息流是指，有效场景能带来客户行为数据、交易数据等全量信息。

（二）平台。平台原指生产和施工过程中为进行某种操作而设置的工作台,将互联网元素加入进去,平台就变成了实现供给方与需求方对接的场所。平台是场景建设的依托。银行平台化发展,一方面基于用户需求和行为变化,另一方面也是银行内生变革的选择。相较传统的商业模式,平台模式契合了数字经济时代快速连接、高效供需匹配、突破产业边界的发展趋势,具有去中介化、去中心化、去边界化的显著特征。所谓去中介化,是指用户可直接在平台上自主选择服务和消费,减少交易环节和成本,促进资源共享,提升服务效率和客户体验。所谓去中心化,是指平台内各方共生共荣,共享平台内资源,共同为平台创造价值。平台银行不仅是产品和服务的提供者,也是平台网络中的协调者和组织者。所谓去边界化,是指打破金融和非金融服务边界,通过"走出去"和"引进来"相结合,实现跨界创新,延伸服务链条。当前,商业银行平台化发展有不同模式和路径,有的是主要基于自建平台,有的是基于 API 拓展平台,实现金融产品和服务对外输出,有的是基于跨界生态圈的共享平台。但不管哪种模式,都驱动了银行服务体系和价值创造方式的再造。

(三)生态。生态概念来源于生物学,原指生物在一定自然环境下生存和发展的状态。在互联网语境下,生态更多指的是各类主体之间环环相扣、互相依存的关系。生态需要一个载体,比如草原生态的载体就是土地,海洋生态的载体就是水。互联网生态的载体就是平台。当前,随着监管加强,互联网金融企业逐步回归本源、回归理性发展,与银行竞合并存、优势互补、错位发展,而且合作会大于竞争。商业银行应把握这一新趋势,以更加开放的心态拥抱互联网,以专业促合作,以开放谋发展,以核心能力为圆心向泛银行能力拓展,跳出原有闭环式、内向型生态,构建开放、合作、共赢的金融生态圈,实现用户、银行、合作方的多赢局面。

在场景、平台、生态建设过程中,银行应把握四个基本原则:一是坚持优势互补。利用银行的品牌价值和专业服务优势,主动加强与各类业态的互补合作、错位合作，借助第三方力量来丰富应用场景和生态，延伸平台优势，不断提升获客活客黏客能力。二是坚持用户为先。场景、平台、生态的核心是用户、是体验。银行产品和服务创新，要以给客户创造卓越体验为目标。三是坚持开放共享。遵循互联网发展规律和金融服务本质，全面开展与外部的跨界合作、生态共建，实现金融服务与人们生活、生产场景的无缝嵌入。四是专业协同。既要对外开放，也要对内开放。突破"条线化""部门化"的固有思维，加强各专业的分工协作，运用"煲汤"思想推动形成金融与科技深度融合的"场效应"，建立场景、平台、账户、接口等资源共有共享机制，防止画地为牢、分而治之。

　　总的来说，互联网的深入发展，令场景、平台、生态三个要素越发重要。要坚持全行做、专业干、合作办原则，拓展场景入口，筑牢平台基础，丰富生态建设，与时俱进，打造面向未来的银行。

推进平衡发展

规模、速度、份额

规模、速度、份额是衡量银行发展状况、市场地位和竞争力的重要指标，代表银行的"体量"。银行经营要避免唯规模论、唯速度论、唯份额论的片面认识，善于运用"三比三看三提高"的工作方法，追求更高质量的规模、更高效益的速度、更有竞争力的份额，在比中想，想好干，最终实现赶超和提高。

（一）规模。规模是绝对量指标、存量指标。银行业具有典型的规模经济特征。没有一定的规模，就没有结构，没有地位，没有转型的基础，没有战略回旋的余地，没有服务实体经济的实力。一定程度上，银行规模是综合实力的体现，是经营发展的基础和底气所在。同时，也要防止简单将规模大等同于竞争发展能力强。由于金融所具有的外部性，体量的急剧增长不可避免地带来风险挑战，增强内生脆弱性。理想的规模，不是简单"跑马圈地"的扩张，而是建立在实质风险可控、核心客户稳固、资本占用节约、有质量有效益基础上的规模。因此，银行经营必须平衡好规模与速度、份额、结构、成本、质量、效益等关系。

（二）速度。速度是成长性指标、增量指标。规模与速度是辩证关系。一方面，要保持规模的领先优势，就必须有一定的成长性，保持适当的发展速度。另一方面，随着规模体量不断发展，基数不断提高，不可避免地要经历增速换挡。因此，不应单纯看速度本身，更重要的是看速度的内涵与质量。可能今天5%的盈利增长，是过去几倍的价值含量。在不同发展阶段，速度的内涵也在丰富和变化。如在传统市场环境下，竞争法则主要是"大鱼吃小鱼"，而在互联网和金融科技时代，更多讲"快鱼吃慢鱼"，竞争成败很大程度上取决于产品创新和技术创新的速度和能力。

（三）份额。份额是相对指标、市场比较指标。讲市场份额，要有全局眼光。今天银行面临的竞争无处不在、无时不有。不仅包括实力大体相当的可比银行之间的对称性竞争，也包括大型银行与中小金融机构之间的非对称性竞争，还包括银行与互联网金融企业之间的跨界竞争。因此，不仅要和同业相比，还要高标定位，和全市场格局中的领跑者相比。讲市场份额，要有辩证思维。对银行竞争力，不能大而化之地讲、笼统地看，要辩证分析结构状况和趋势变化。比如，即使已经做到市场第一，也要看市场份额是在下降还是在上升，对追赶者的优势是在缩小还是在扩大。处于强势的时候，用非对称竞争去分析弱者；处于弱势的时候，用对称的手段分析强者。

规模、速度、份额是银行实力的直观体现。规模增长需要一定的速度支撑，总体规模和发展速度在一定程度上又决定了市场份额大小。同时，任何一个指标，都有一定的边界约束，不可能无限扩张。银行经营必须统筹把握好度和临界点，实现最优解。

结构、质量、效益

结构、质量、效益是银行内源性增长和可持续发展的关键要素，分别代表银行的"体型""体质"和"体能"。"体型"好才能走得更轻松，"体质"好才能走得更稳健，"体能"好才能走得更长远。结构是支撑，质量是前提，效益是目标。

（一）结构。结构是银行各经营要素的组合构成或比例关系。银行经营结构通常具有三个特征。一是多元性。银行结构指标是多维度的，如客户结构、资产结构、负债结构、区域结构、行业结构等。每个大结构下，还有具体的细分结构，如资产结构中，包括信贷、非信贷资产结构等；信贷资产结构中，又包括行业、品种、区域、期限、利率分布等结构。二是均衡性。在一定意义上，结构的均衡性决定着发展的协同性和经营韧性。犹如建房子，结构不均衡稳定，压力集中在某一个支柱上，既容易受到单一业务和市场增长空间有限的制约，也容易因外部冲击不能有效分散而出现垮塌。三是动态性。结构调整优化是一个持续、动态、渐进的过程，不可能一蹴而就、一劳永逸。以收益结构为例，目前中国银行业中间业务收入占比低于国际性大银行。这既与我国以间接融资为主的融资结构有关，也与我国银行业自身经营结构相关。需要顺势而为，从国情行情出发，稳步有序推进收益结构的优化。

（二）质量。没有质量的发展，是不可持续的发展。质量分过程质量和结果质量。基于过程质量的管理，带来结果质量。追求结果质量，会迫使银行业追溯源头管控过程质量。质量体现在经营发展的各个条线和各个环节。对我国银行业来讲，信贷资产质量是"牛鼻子"。信贷赢，则全盘活；信贷输，则满盘皆输。信贷资产质量的损耗，是最大的效益损耗。

在指导思想上，信贷资产质量要打好"三战"。一是保卫战。坚持底线思维，严守风险底线，守住质量"阵地"。二是攻坚战。点面结合、标本兼治，打好防范化解重大金融风险攻坚战，找准主攻方向和突破口。三是持久战。健全长期性、机制性工作安排，夯实基础管理。

在具体策略上，要"四管齐下"。一是疏源。管住贷款质量，必须正本清源。选准目标市场，把好"蓄水池"的库容和质量，防止"病从口入"，止住新的出血点。二是堵漏。即堵住资产质量劣变的"漏洞"。逾期和潜在风险贷款是资产质量的"堰塞湖"。既要有序化解，以时间换空间；又不能饮鸩止渴，以留给明天更大的包袱来解决今天的问题。三是清淤。银行不良资产大致分为三类。"冰棍类"是指资产随着时间推移而出现价值明显贬损，需要快速处置。"根雕类"是指具备盘活潜力、预期收益较好的资产，不宜盲目追求变现速度。"顽石类"资产是指预期回收价值较低的资产。要树立不良资产经营理念，针对三类资产的特点，分类施策。四是固本。通过夯实信贷基础管理、强化金融科技运用、培育专家治贷和从严治贷文化，来塑造质量之魂、培元固本。

（三）效益。效益是投入与产出之比，是经营的综合结果。商业银行的效益性目标，是经营活动的出发点和落脚点。银行保持合理的利润增速，是增强资本补充能力和服务实体经济能力的重要基础。

银行利润增长主要源于以下几个方面：一是来自规模增长。银行是典型规模经济的行业。资产规模的扩大，会带来相应的利润增长。二是来自质量改善。资产质量的稳定改善，带来了信贷成本率（减值计提与贷款总额比例）的下降，能直接推动利润增长。三是来自技术和业务创新。据统计，银行线上渠道办理业务的成本是柜台交易成本的20%。产品和业务创新的加快，在更好满足客户需求的同时，也成为银行新的盈利增长极。四是来自成本控制。最直接的衡量指标就是成本收入比。我国银行业的成本收入比平均为30%，而国际大银行一般在60%左右。

从更广义的概念来讲，银行是经济组织，同时也承担着社会责任。特别是国有大型银行，更应当积极运用金融手段和力量，助力解决经济社会发展不平衡不充分问题，实现经济效益和社会效益相统一。面对经营本质，要不忘初心，坚守本源，着力提高服务实体经济的适应性、竞争力和普惠性。面对客户需求，要践行"以客户为中心"理念，持续打造卓越服务体验和良好口碑形象。面对社会期盼，要坚持扶贫济困、守望相助，做有情怀、有温度、负责任的银行。面对生态环境，要倡导绿色金融理念，推动绿色发展，促进人与自然的和谐共生。面对全球化发展，要秉持人类命运共同体理念，积极参与国际金融治理，助力国家高水平对外开放。

结构、质量、效益是银行行稳致远的内在保证。从一定程度上来说，结构的优劣影响质量高低，最终体现为效益的好坏。在银行经营中，要向结构优化升级要效益，向高质量发展要效益，实现结构、质量、效益的协调发展。

风险、内控、科技

风险、内控、科技是银行发展的基石和保障。风险管理能力、内部控制能力、科技创新能力，是银行的核心能力和看家本领，是长盛不衰的"不二法门"。"马拉松健将"型的银行，都是能平衡风险管理与价值创造、创新求变与稳健合规的银行。

（一）风险。风险是指经营过程中，由于不确定因素的影响，从而导致损失或不能获取预期收益的可能性。从银行风险种类来讲，包括信用风险、市场风险、流动性风险、操作风险、合规风险、声誉风险、信息技术风险等。从本质上看，银行就是经营风险的机构。与其他企业相比，银行的风险特性在于：第一，银行自有资本在其全部资金来源中所占比重很低，属于高负债经营；第二，银行的经营对象是货币，具有特殊的信用创造功能；第三，银行是市场经济的中枢，风险的外部效应巨大。因此，风险管理是银行工作的永恒主题。

银行要勇于直面风险，善于识别风险，精于化解风险，长于抓住危中之机。要以"管住人、看住钱、扎牢制度防火墙"为核心环节，持续优化全球、全员、全程的风险管理体系，构建完善全面风险管理模式。要做到耳聪目明，心中有数，对各类风险的表现形式、生成机制和传导路径看得清、摸得准，画得出清晰的风险全景图。既管好传统信贷风险，又管好交叉性输入性风险；既管好表内，又管好表外；既管好境内，又管好境外；既管好线上，又管好线下；既管好增量，又管好存量；既抓好预防，又抓好处置；既防"黑天鹅"，又防"灰犀牛"；既有未雨绸缪的"先手棋"，又有见招拆招的"对攻术"，多管齐下把"高发期"和"深水区"的风险管理做实做强。

（二）内控。银行内控是指通过采取一系列政策、制度、措施、程序和方法，对风险进行防范及控制的动态过程和机制。在新形势下，银行要通过内控合规提升品质、创造价值。一是坚持合规为本。这是可持续发展的前提。要倡导"主动合规"，坚持内控合规与创新发展的有机统一，坚持境内合规和境外合规一体推进，持续完善科学的组织架构、工作机制、报告路线、管理制度、业务流程等机制，促进自身合规与外部监管的有效互动，适应境内外"强监管、严监管"的形势。二是坚持全员有责。这是可持续发展的基础。要坚持内控合规人人有责的理念，建设"正面有规范，反面有禁止，违规有处理"的"三位一体"长效机制，形成"人人重风险，事事讲合规"的良好氛围。三是稳健高效。这是可持续发展的途径。要树立正确的发展观、风险观和业绩观，落实严密监测、严格核查、严肃整改、严厉问责"四严"管理要求，切实发挥内控合规对防控风险、提升竞争力的有效支撑作用。

（三）科技。银行是科技密集型行业。科技发展水平是衡量银行经营管理及服务水平的重要标尺，是打造核心竞争力的关键环节。银行业在科技应用方面向来不是保守者、落伍者，而是信息化建设最早的实践者、推动者，是科技创新最活跃的领域。银行业信息科技发展大体经历了三个阶段。

BANK 1.0 时代（20 世纪 50 年代至 90 年代），即网点时代，竞争焦点是时间和空间，银行服务由手工化走向电子化。这一阶段国内商业银行走过了从一把算盘一支笔的手工操作，到单机处理，到区域互联，再到大机集中的发展道路。

BANK 2.0 时代（20 世纪 90 年代至 21 世纪初），即网银时代，竞争焦点是功能和安全，银行服务由电子化走向网络化。这一阶段国内银行业逐步建立了以网上银行、电话银行、手机银行和自助银行构成的电子银行服务体系，并获得快速发展，助推了国内电子商务的大发展，对培育互联网金融文化和客户金融消费习惯起到了重要作用。

BANK 3.0 时代（21 世纪初至今），即移动互联时代，竞争焦点是体验和情感，银行服务从网络化走向移动化。移动互联、云计算、大数据、人工智能等技术高速发展，推动了金融业新一轮革命，消费者行为发生根本变化，"银行不再是客户要去的一个地方，而是一种随时可得的服务"。特别是新冠疫情使金融消费与客户行为习惯发生深刻变化，"无接触支付"需求激增，"线下需求通过线上来满足"成为趋势。

当前，金融与科技深度融合趋势已越来越明显。需要强调的是，金融科技的创新发展不能脱离金融的基本功能和属性。金融为本，科技为器，道器不离。决定一家金融企业能否真正屹立不倒且基业长青的，从来不是技术本身，而是能否在恪守金融基本规则的前提下，依托技术来变革思维、改进管理、创新模式，将金融业务做得更深更透，进而创造出新的核心竞争力；能否深刻理解并审慎把握好金融的本质特征，控制好创新的界限，平衡好效率与风险、便捷与安全的关系。这种内功恰恰是商业银行发展金融科技的独特优势。

风险与银行相伴相生，内控是防范风险的重要防线，科技是支撑各项业务稳健发展的有力武器。统筹好风险、内控、科技三者的关系，就是要借助科技力量，筑牢内部控制的防线，不断提升风险防范水平，确保银行稳健运营。

夯实发展保障

激励、约束、监控

激励、约束、监控是现代管理学和经济学的重要内容。在某种意义上，激励和约束是一对孪生兄弟，在企业经营中总是同时存在，明确了规矩和边界。激励解决动力问题，约束解决平衡问题，监控为激励和约束提供有意义的依据和反馈。

（一）激励。激励就是激发动机、鼓励行为、形成动力，通过调动人的积极性和创造性，推动实现组织目标。通俗地讲就是用对人、做对事、分对钱。激励有不同的划分种类，如长期激励和即期激励、物质激励和精神激励、外在激励和内在激励等。

"善用人者，必使有材者竭其力，有识者竭其谋。"要落实好党中央激励广大干部新时代新担当新作为的意见要求，在银行内部建立崇尚实干、主动担当、加油鼓劲的正向激励体系。一是鲜明树立重实干重实绩的用人导向。这是最重要、最根本、最管用的激励。用好一个人能激励一大片。要把敢不敢扛事、愿不愿做事、能不能干事作为识别干部、评判优劣、奖惩升降的重要标准，把干部干了什么事、干了多少事、干的事组织和群众认不认可作为选拔干部的根本依据，激励大家撸起袖子加油干。二是注重强化精神激励。"凤非梧桐不栖。"在重视发挥薪酬作用的同时，银行要通过政治引领、事业感召、平台吸引、荣誉表彰、教育培训等手段，写好用事业、用感情、用文化激励人这篇大文章。三是为敢于担当的干部撑腰鼓劲。要落实"三个区分开来"要求，健全容错纠错机制，为负责者负责，为担当者担当，为干事者撑腰。

（二）约束。约束就是制约和限制，使人的行为不超过必要的界限，可以理解为反向的激励。商业银行的约束，包括自我约束、市场约束、法律约束、监管约束等。

银行强化自我约束，应重点抓好以下几个方面。一是强化治理约束。健全"三会一层"有效制衡机制，确保决策科学、监督有效、执行有力，提升内部治理效能。二是强化制度约束。一手抓制定完善，一手抓贯彻执行，真正让铁规发力，让禁令生威，让制度落地。各级领导要带头维护制度权威，做制度执行的表率。三是强化系统和流程约束。通过系统硬控制和流程硬约束，防止人情代替制度，习惯代替约束。四是强化自律约束。通过抓好教育引导，变"不能"为"不想"，让外在约束转化为行为自觉。

（三）监控。监控就是监督和控制，掌握动态，预警纠偏，是银行不可或缺的管理手段。银行的监控，包括内部监督和外部监管，两种手段、两种视角互为补充，相互促进。

银行有效的监控要突出六个关键词。一是全面。做到监控全覆盖，业务创新到哪里，机构延伸到哪里，监控就要覆盖到哪里，不留真空地带。广撒网，细捕鱼，摸清底数。二是精准。聚焦重点领域，精准配置监控资源，精准揭示风险隐患，提高监控效率和工作价值。三是穿透。加强对业务嵌套、杠杆率、底层资产、交易对手、子公司、境外机构等关键要素的穿透监控，把"看不清"变为"看得清"，避免形成藏匿风险的"黑箱"，防止"遗漏风险"和"疲劳风险"。四是闭环。构建完整的监控链条，形成风险识别、评估、监测、控制、报告、处理、整改一体化"闭环管理"。五是智能。充分运用大数据、云计算、人工智能等金融科技手段，加快监控理念、技术手段、作业模式的创新，让"智慧监控"引领专业能力跃升。六是从严。适应国内外金融监管强、严、深、精的特点，进一步提高内部监督的严肃性，敢于质疑，敢于说"不"，敢于碰硬，敢于揭短，拒绝"好人主义"和"父爱主义"。要真正把全面从严治党贯穿银行经营管理的全过程，以全面从严治党带动全面从严治行，以全面从严治行推动银行各方面工作的提升和竞争力的增强。

激励、约束、监控三个要素都和行为有关。激励是行为的推动力，相当于汽车的"发动机"。约束是行为的限制力，相当于"刹车"。监控是对行为的监测控制，相当于"雷达"。三者共同构成有机联系的制度安排，解决"要干什么、在干什么、不能干什么"的问题，既为银行发展筑起抵御风险的屏障，又可以提高经营活力和管理效率。

严管、厚爱、协同

严管、厚爱、协同是银行干部管理和内部治理的基本规律和方法。严管保证党员干部的先进性和纯洁性，厚爱形成向心力和凝聚力，协同产生生产力和战斗力。

（一）严管。好干部是"选"出来的，更是"管"出来的。培养一名好干部，如同培育一棵树苗，要植好根、扶正身，施肥浇水、修枝剪叶、驱虫防病，真正严到位、管到位。习近平总书记强调，金融是最需要监管的领域。这是由金融工作的特点所决定的。金融是一个特殊行业，掌握着稀缺资源和庞大资产体量，风险点多面广，必须强监督、严管理。要坚决防止金融"例外论""特殊论"，金融领域干部是党的干部，必须从严管理。

首先，要明确管什么。管政治。突出加强对遵守政治纪律和政治规矩、落实党中央决策部署情况的管理监督。管思想。持续抓好思想教育，不忘初心、牢记使命，增强"四个意识"、坚定"四个自信"、做到"两个维护"。管作风。锤炼真抓实干的优良作风，持之以恒反对"四风"，把从严从实要求落实到干事创业做人各个方面。管纪律。强化纪律意识和纪律约束，使监督管理有力度、纪律约束有硬度，确保干成事、不出事。

其次，要明确怎么管。管好关键人。重点是把"关键少数"、关键岗位人员管住管好。管到关键处。加强对权力集中、资金密集、资源富集、资产聚集的重点环节的监管，加强对银行风险易发高发及易受外部"围猎"侵蚀领域的监管，防止出现监管"飞地"。管在关键时。加强对"三重一大"决策等重要时点的监管，防止违规决策、"拍脑袋"决策。管住关键事。加强对贷款发放、资产交易、招标、采购、第三方合作、不良资产处置等事项的监管，防止利益输送、谋取私利。

最后，严管也要讲协同。对干部的严管，要形成协同效应和整体效应。把行为管理和思想管理统一起来，把工作圈管理和社交圈管理衔接起来，把"八小时之内"管理和"八小时之外"管理贯通起来，把日常管理和关键时刻管理结合起来。

（二）厚爱。严管不能忘了厚爱。刚性约束强调的往往是底线要求，要真正把员工的积极性、主动性、创造性都充分激发出来，既要有管理的硬度，也要有关爱的温度。关心爱护员工，是党的优良传统。在 1938 年 10 月召开的第六届中央委员会第六次全体会议上，毛泽东同志提出 5 条爱护干部方法，一是指导他们，让他们放手工作，敢于负责。二是提高他们、教育他们，使其在理论上和工作能力上提高一步。三是检查他们的工作，帮助总结经验、发扬成绩、纠正错误。四是对于犯错误的干部，一般应采取说服的方法，帮助他们改正错误。五是照顾他们的困难，对有疾病、生活、家庭困难的干部，必须在可能限度内用心给以照顾，至今仍有重要指导意义。

我们要坚持政治上鼓励、工作上支持、能力上培养、经验上历练、待遇上保障、心理上关怀，增强干部员工的荣誉感、获得感和归属感，为敢于担当、勇于作为者解除后顾之忧。要有针对性地做好思想政治工作，完善谈心谈话制度，健全薪酬保障体系，拓展员工职业发展空间，加强人文关怀和柔性管理，使员工安心、安身、安业。特别是，对广大基层干部员工要充分理解、充分信任、格外关心、格外爱护，把党中央关于为基层减负的决策部署落实落细，持续解决困扰基层的形式主义问题，帮助干部员工在负重前行的同时，也能轻装上阵。

（三）协同。协同是指银行各业务单元和资源要素之间通过统筹协作，实现共同目标或放大整体效能。从理论逻辑看，万物皆有联，无物可孤存。唯物辩证法揭示了物质世界普遍联系的特性，要求我们在认识和改造世界过程中，全面而不是片面、系统而不是零散、普遍联系而不是单一孤立地研究和解决问题、推动工作。从实践逻辑看，随着银行规模不断增长、经营领域不断拓展、管理半径不断扩大，其内部业务单元增多、分工细化是必然趋势。对内降低协同成本，对外加强协同，成为银行发展不可或缺的方面。对于银行的职能部门来讲，既要扫好自身门前雪，又要清理他人瓦上霜。

打好"协同牌"，下好"联动棋"，发挥好整体合力，要着眼"三讲"。一讲格局和眼界。一个手掌，摊开是"五个指头"，握紧才是"一个拳头"。在客户需求日益多元化、价值链效应日渐增强的情况下，任何机构、任何条线都要有"协同"意识和"一盘棋"思想，学会换位思考，学会算大账、算整体账，共同攥紧"拳头"。二讲体制和机制。在联动上不能光靠思想自觉，还必须有机制性安排。三讲策略和方法。在协同中，也要做到两点论和重点论的统一，既抓整体协同，也突出协同重点，找到解"疙瘩"中的"线头"，牵住"牛鼻子"，带动全局。

严管和厚爱是辩证统一的，严管是最大的厚爱，厚爱的前提是严管。但无论是严管还是厚爱，都必须讲协同。通过协同，严管和厚爱能够有效联动，互相促进，更好地发挥正向聚合作用，既增强干部干事创业的精气神，也进一步促进金融事业发展。

初心、使命、理想

党的初心和使命，是党的性质宗旨、奋斗目标的集中体现。理想信念是中国共产党人的精神支柱和政治灵魂。以坚定的理想信念坚守初心、担当使命，就是要解决好从哪里来、到哪里去、为什么人、担什么责的问题。

（一）初心和使命。中国共产党人的初心和使命，就是为中国人民谋幸福，为中华民族谋复兴。这个初心和使命是激励中国共产党人不断前进的根本动力。

初心是党魂，是情怀。守初心，就是要牢记全心全意为人民服务的根本宗旨，以坚定的理想信念坚守初心，牢记人民对美好生活的向往就是我们的奋斗目标。以真挚的人民情怀滋养初心，时刻不忘我们党来自人民、根植人民，人民群众的支持和拥护是我们胜利前进的不竭力量源泉。以牢固的公仆意识践行初心，永远铭记人民是共产党人的衣食父母，共产党人是人民的勤务员，永远不能脱离群众、轻视群众、漠视群众疾苦。党的初心和党员初心是统一的。党的初心召唤、引领、凝聚党员初心，党员初心承载、支撑、汇聚党的初心。银行党员干部要"以党心为我心"，把党的初心内化于心、外化于行，做到"心心相印"，以此汇聚起践行初心、推动党和国家金融事业发展的磅礴力量。

使命是责任，是担当。担使命，就是要牢记我们党为中华民族谋复兴的历史使命，勇于担当负责，积极主动作为，用科学的理念、长远的眼光、务实的作风谋划事业。保持斗争精神，敢于直面风险挑战，知重负重、攻坚克难，以坚韧不拔的意志和无私无畏的勇气战胜前进道路上的一切艰难险阻。中国梦的本质是国家富强、民族振兴、人民幸福。中国梦把国家、民族和人民融为一体，形成了最大公约数和最大同心圆。其中，人民是中国梦的主体，是中国梦的创造者和享有者。银行要做有家国情怀、有奋斗理想的企业，把自身愿景目标、把每个员工的人生理想，融入中国梦之中，把小我融入大我，既敢于有梦，也勇于追梦。梦想不是等来的，也不是盼来的。在这个金融千帆竞发、百舸争流的时代，只有保持强烈渴望建功立业的心气，保持舍我其谁的担当，才能激流勇进、勇立潮头，书写圆梦的精彩篇章。

（二）理想。革命理想高于天。中国共产党的理想信念，就是马克思主义真理信仰、共产主义远大理想和中国特色社会主义共同理想。理想信念是共产党人精神上的"钙"。衡量一名党员干部是否具有坚定的理想信念，就是看能否守初心担使命。理想信念不可能凭空产生，也不可能轻而易举坚守。只有不断培植精神家园，解决好世界观、人生观、价值观"总开关"问题，牢记党的宗旨，才能炼就"金刚不坏之身"。

坚定理想信念，牢记初心使命，必须坚持不懈用党的创新理论武装头脑。持续推动学习贯彻习近平新时代中国特色社会主义思想走深走实，在学懂弄通做实上下功夫，筑牢信仰之基、补足精神之钙、把稳思想之舵。

坚定理想信念，牢记初心使命，必须强化全心全意为人民服务的宗旨意识。银行是服务行业。银行践行宗旨意识，就是要在服务客户、服务基层、服务员工上持续用力。要做到心中有民，坚持群众立场，在创造性抓好政策落地中，增民利、得民心。要做到实干为民，在实践中"上山问樵，下水问渔"，多问计于客户、问计于员工，力戒形式主义、官僚主义，积极为基层减负赋能。要做到创新惠民，积极适应和引领客户需求，破解为民服务难题，建设"人民满意银行"。

　　坚定理想信念，牢记初心使命，必须增强斗争精神，勇于担当作为。金融是国之重器。要围绕金融工作"三项任务"，以初心定向，以恒心护航，以担当承载使命，以奋斗实现理想。要深化金融供给侧结构性改革，对标经济高质量发展，提高服务实体经济的适应性、竞争力、普惠性。要坚持底线思维，打好防范化解金融风险的攻坚战，促进创建良好的经济金融生态。要加快改革创新，在大变局中开创经营发展新格局。

　　初心是使命的价值本源，使命是初心的实践归宿，初心侧重精神认识，使命侧重客观实践，二者相依相随、形影不离。理想信念则是筑牢初心使命的根基，使党的初心和使命铭刻于心，落实于行。初心如磐，使命在肩，理想如炬，共同汇聚起新长征路上重整行装再出发的磅礴力量。

坚持"48 字"工作思路 [*]

　　"48 字"工作思路，是工商银行总行党委在 2019 年年中工作会议上，贯彻落实中央部署、结合工商银行实际，反复研究、通盘考虑后提出的战略思路。其中，"党建引领、从严治理"是根本，"客户至上、服务实体"是宗旨，"科技驱动、价值创造"是趋势，"国际视野、全球经营"是方向，"转型务实、改革图强"是动力，"风控强基、人才兴业"是保障。

　　"48 字"思路以党的建设为引领，以客户为中心，以高质量发展为导向，以防范风险为底线，有机统一、相互促进，共同构建起工商银行未来发展的强大引擎。

　　1. "党建引领、从严治理"是根本。保证工商银行始终沿着正确的方向前进，不断提高决策科学性和治理有效性。我们要坚持党建引领、从严治理，做旗帜鲜明讲政治、两加强两全面、两手抓两手硬的银行。

　　2. "客户至上、服务实体"是宗旨。激励我们不忘初心、坚守本源，始终致力于满足人民群众对金融服务的新期待新要求。我们要坚持客户至上、服务实体，做不忘初心、坚守本源、有情怀、负责任、受尊重的银行。

---

　　* 本文发表于《现代商业银行》，2020 年第 15 期，个别文字较原文略有改动。

3. "科技驱动、价值创造"是趋势。以金融科技赋能经营管理，为股东、客户、员工和社会创造卓越价值。我们要坚持科技驱动、价值创造，做面向未来、创新领跑、智能智慧、价值卓越的银行。

4. "国际视野、全球经营"是梦想也是方向。促进工商银行融入国家高水平对外开放新格局，更好运用两个市场、两种资源。我们要坚持国际视野、全球经营，做服务国家对外开放新格局、统筹两个市场、境内外一体化发展的银行。

5. "转型务实、改革图强"是动力。坚持问题导向、与时俱进，向转型要空间，向改革要活力。我们要坚持转型务实、改革图强，做按规律办事、经营活力足、发展动力强、竞争优势突出的银行。

6. "风控强基、人才兴业"是保障。推动工商银行夯实基础、行稳致远。我们要坚持风控强基、人才兴业，做安全稳健、以人为本、凝心聚力、行稳致远的银行。

落实"48字"工作思路，要强化"比"的意识，做到"三比三看三提高"（与市场同业比，看自己的优势和差距，提高市场战斗力；与兄弟单位比，看自己在集团中的位置，提高对集团的贡献度；与自己比，看自己的进步率，提高经营业绩的成长性）。要强化"学"的意识，增强能力本领；要强化"拼"的意识，做到担当作为；要强化"进"的意识，干在实处、奋勇争先。

深入运用"三比三看三提高"工作方法[*]

"三比三看三提高":一是与市场同业比,看自己的优势和差距,提高市场战斗力;二是与兄弟单位比,看自己在集团中的位置,提高对集团的贡献度;三是与自己比,看自己的进步率,提高经营业绩的成长性。"三比三看三提高"的要义是全面、准确、科学地比较看得见的数字和现象,进而透过现象看本质,读懂数字背后的深层次因素,通过补短板、增优势、抓重点、强执行,最终实现自身竞争能力、综合实力和市场地位的全面提高,真正做到知己知彼、百战不殆。

"三比三看三提高"前提是比较,要找准对象,明确口径,拉长周期,不断提升战斗力、贡献度和成长性;基础是分析,要读懂数字背后的"故事",找出现象背后的规律;关键是变革,要把比较分析的结论落实到改变现状、赢得未来的行动上;落脚是提高,要坚持顶层设计与基层实践相结合、突出重点与统筹兼顾相结合、强化管理与上下联动相结合,让提高的部分越来越多、优势越来越大、质量越来越高。

"三比三看三提高"的工作方法,是战略思维、辩证思维在银行实践中的探索,体现的是问题导向、目标导向和结果导向的统一。需要强调的是,"三比三看三提高"的工作方法,不仅要运用在业务发展上,更要运用在其他各个方面:要看看自身的党建工作,是不是比同业更扎实、更到位;自身的风险管理,是不是比同业更全面、更有效;

＊ 本文发表于《现代金融导刊》,2020 年第 4 期,个别文字较原文略有改动。

自身的内部控制，是不是比同业更严密、更高效；自身的发展基础，是不是更坚实、更深厚。总之，要通过"三比三看三提高"的工作方法，推动党建工作、业务经营、风控案防、发展基础等各方面全面提高。

坚守"人民金融"底色
打造第一个人金融银行[*]

习近平总书记指出，人民对美好生活的向往，就是我们的奋斗目标。工商银行打造第一个人金融银行，就是贯彻习近平新时代中国特色社会主义思想，坚持以人民为中心，践行党全心全意为人民服务根本宗旨的具体行动；也是贯彻新发展理念，助力现代化经济体系建设，进一步提高金融服务适应性、竞争力和普惠性的战略举措。

2020 年以来，面对突如其来的新冠疫情冲击，我国经济展现了强大韧性和巨大回旋空间，以国内大循环为主体、国内国际双循环相互促进的新发展格局正在形成，内需作为经济增长主引擎的作用持续提升。我们也希望，通过建设第一个人金融银行，为拉动国内需求、服务新发展格局作出工商银行新的贡献。

工商银行作为我国个人金融业务的传统大行，坚守"人民金融"底色，坚持客户至上、服务实体，把满足人民群众金融需求作为工作的出发点和落脚点，形成了独特的个人金融服务品牌。目前，工商银行服务的个人客户超过 6.6 亿人，个人金融资产超过 15 万亿元，个人金融产品近 5500 种，市场知名度和客户美誉度稳居市场前列。

我们提出，建设第一个人金融银行，主要考虑是立足良好发展基础、适应客户更高要求，打造个人金融战略"升级版"。这里讲的"第

---

* 本文发表于《现代商业银行》，2020 年第 16 期，个别文字较原文略有改动。

一",既包括经营规模第一,也包括经营质态第一,结构、质量、风控最优;既包括服务品牌第一,赢得客户、同业、监管和社会的高度认同,也包括价值创造第一,营业贡献和协同效应持续提升。同时,我们也希望通过发挥"机构—公司—个人"(GBC)联动机制作用,通过线上线下融合、境内境外融合,将个人金融的"第一"扩展为整个工商银行金融服务生态的最优,实现客户在工商银行"一点接入、全生态响应、全功能服务"。

我们将着力打造"贴心工行",贯彻全量客户战略,聚焦重点客群和源头市场,突出"分层分群、千人千面"的品牌特质,打造专属客群服务,以"服务+"作为核心表达,做到服务无止境、贴心更加倍,比客户想得更多、比现在做得更多。

我们将着力打造"极智工行",突出"产品随需、价值创造"的品牌特质,以"智慧+"作为核心表达,通过手机银行等线上平台,打造一系列体验式活动,体现"更开放、更实惠、更便捷"价值理念,提升个人客户体验,塑造良好服务口碑。

我们将着力打造"无界工行",突出"场景共建、生态共享"的品牌特质,以"场景+"作为核心表达,通过推广特色服务场景,展示人工智能、区块链、大数据、开放银行等新技术新模式在个人金融领域的应用,彰显科技赋能与价值创造。

我们将着力打造"放心工行",突出"安全放心、便利民生"的品牌特质,以"安全+"作为核心表达,打造账户安全口碑,以"智能网点、工行驿站"丰富"您身边的银行、可信赖的银行"品牌内涵,树立好"让人民放心的银行"形象。

后　　记

我于 1990 年进入金融行业工作，到 2024 年初离任，整整 34 年。在此期间，我先后就职于中国银行、中国工商银行。两家银行历史悠久、底蕴深厚，深耕于此，我经历了银行从专业化向商业化、市场化转型的几个阶段，见证了中国商业银行股份制改革、境内外上市、现代企业制度建立及公司治理完善等重要节点和过程，得以全面观察世界和中国经济金融的发展变化，细致梳理金融业转型发展的逻辑脉络，逐步洞悉商业银行经营管理的内在规律，并对一些重大问题、重要实践进行思考。

中国金融业发展借鉴了西方金融理论，但始终坚持中国特色，坚持以我为主、为我所用，积极运用马克思主义中国化、时代化成果指导金融实践。这是中国金融发展取得历史性成就的关键所在。反观有的国家，对西方理论生搬硬套、削足适履，不仅引发了金融危机，中断了自身良好发展势头，甚至导致经济社会发展的严重倒退，教训深刻、发人深省。

在世界百年未有之大变局加速演进的当下，金融发展面临很多新问题、新挑战，需要金融理论与时俱进、持续创新。历经多年发展，中国金融已经逐渐靠近全球金融实践的前沿；我国金融实践中面临的问题，很多也是全球金融发展面临的共性问题。如何将中国金融发展经验总结提炼为一般性规律，为全球金融发展贡献中国智慧、提出中国方案，是中国金融从业者的共同责任。

中国金融体系以银行为主导，其中国有商业银行发挥着重要作用。西方的理论普遍认为，私有制比公有制更有经济效率，倡导金融自由化、产权私有化。但我国的实践表明，以国有体制为主导的金融体系有其突出优势，能够发挥集中力量办大事的制度优势，为经济发展筹集大量资金，更好地促进科技创新和产业发展。同时，我国商业银行也注重学习借鉴西方银行经营经验，不断完善经营机制，提高经营效率。在这一过程中，我们成功抵御了亚洲金融危机、国际金融危机带来的冲击和考验，化解了巨额不良资产，培育出一批位居世界前列的商业银行。这些都是中国特色金融发展的宝贵经验，也是继往开来、不断拓展中国特色金融发展之路的重要基础。

党的十八大以来，中国特色社会主义进入新时代，中国金融发展也进入了新时期，大型商业银行的经营发展面临新的挑战。如何践行金融工作的政治性、人民性，更好地服务国家战略、服务实体经济、服务人民群众；如何推动党建与公司治理深度融合，完善中国特色现代金融企业制度；如何在金融科技影响加深和内外部环境变化加快的情况下牢牢守住不发生系统性风险的底线；如何进一步加快改革创新步伐，在激烈的市场竞争中赢得主动；如何优化调整全球经营布局，促进内外循环畅通，服务构建新发展格局；等等，都是摆在大型商业银行面前的难题。对这些难题进行探索和实践，是开拓中国特色金融发展之路赋予国有商业银行的职责使命。

本次结集出版的文章，主要写于2019—2025年，时间跨度6年多。书中所涉内容立足于中国金融发展的实践，涵盖党建、经营、发展、风控、安全、改革、开放等领域，兼具宏微观、内外部视角，既有多年从事银行工作的实践总结，也有关于大型商业银行高质量发展的思考探索，包含了对中国特色金融发展之路的认识，希望能为理解新时代中国金融业改革提供一个切入点，为推动金融高质量发展提供参考和启发。

在本书付梓之际，回看那些熟悉的文字，映入脑海的是这些年来与大家砥砺同行、携手奋斗的岁月，充满内心的是无尽的感动、感谢。能得到领导、同事和朋友们的关心、帮助，为我国金融业发展作出一些努力，是职业生涯的幸运。借此机会，谨致谢忱。同时，也感谢中国金融出版社和本书编辑。

党的二十大擘画了以中国式现代化全面推进强国建设，民族复兴伟业的美好蓝图。新征程上，如何坚定不移走好中国特色金融发展之路，不断以金融力量服务好中国式现代化是我们的使命。任重道远，共同努力。

陈四清
2025 年 4 月